Ramsés
Bajo la acacia de Occidente

Christian Jacq

Ramsés

*BAJO LA ACACIA DE OCCIDENTE******

Traducción de
Manuel Serrat

CÍRCULO DE LECTORES

MAPA DE EGIPTO

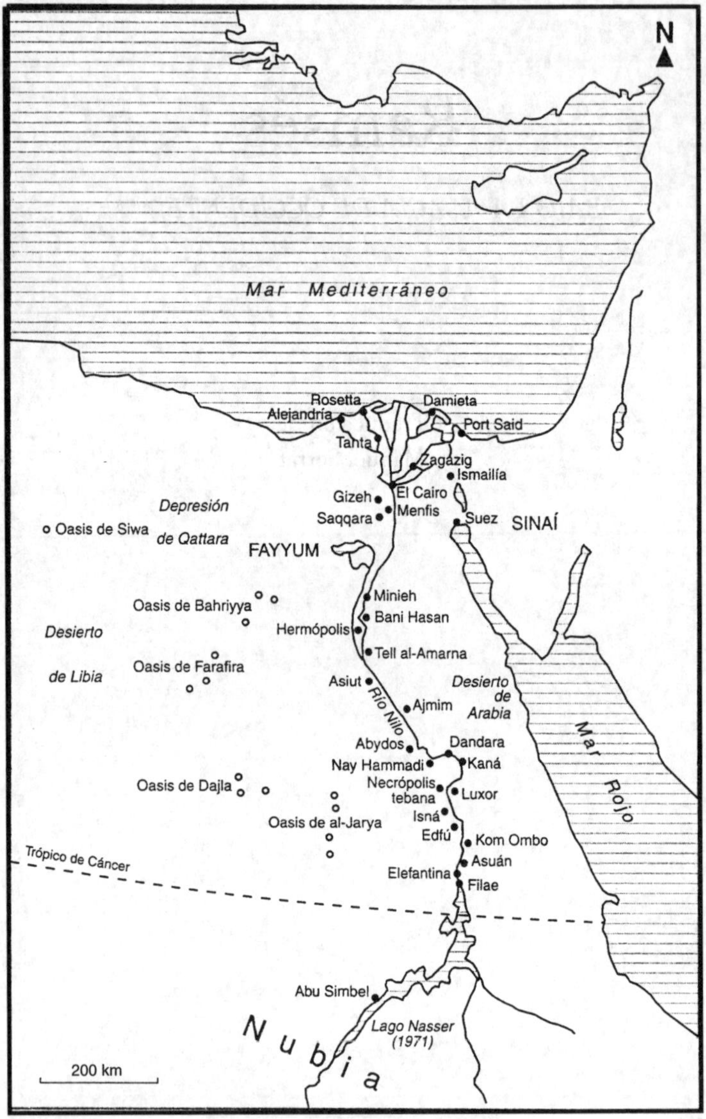

MAPA DEL ANTIGUO PRÓXIMO ORIENTE O NUEVO IMPERIO

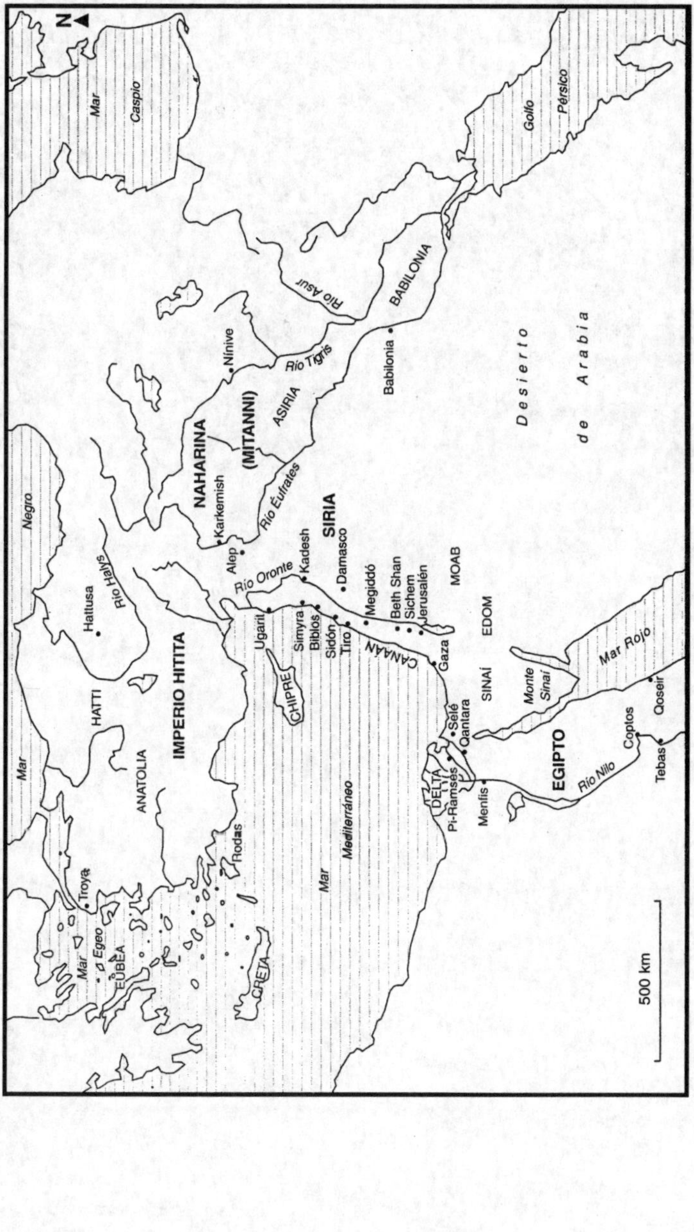

I

Los rayos del sol poniente cubrían de oro celeste la fachada de los templos de Pi-Ramsés, la capital que Ramsés el Grande había hecho construir en el Delta. La ciudad de turquesa, denominada de ese modo por el color de las tejas barnizadas que adornaban la fachada de las mansiones, encarnaba la riqueza, el poder y la belleza.

Era agradable vivir allí, pero aquella noche Serramanna, el gigante sardo, no disfrutaba de la suavidad del aire ni de la ternura de un cielo que se teñía de rosa. Tocado con un casco adornado con cuernos, con la espada al costado, el bigote rizado, el antiguo pirata, convertido en jefe de la guardia personal de Ramsés, galopaba de muy mal humor hacia la ciudad del príncipe hitita Uri-Techup, en arresto domiciliario desde hacía varios años.

Uri-Techup, hijo destronado del emperador del Hatti, Muwattali, enemigo jurado de Ramsés. Uri-Techup, que había asesinado a su propio padre para ocupar su lugar. Pero había sido menos astuto que Hattusil, el hermano del emperador. Cuando Uri-Techup creía tener el país en sus manos, Hattusil se había apoderado del trono, obligando a su rival a que se diera a la fuga, organizada convenientemente por el diplomático Acha, amigo de infancia de Ramsés. Serramanna sonrió. ¡El implacable guerrero anatolio en fuga! En el colmo de la ironía, había sido Ramsés, el hombre al que Uri-Techup odiaba más en el mundo, quien le había concedido asilo político, a cambio de informaciones sobre las tropas hititas y su armamento.

Cuando en el año 21 del reinado de Ramsés, y ante la sorpresa de ambos pueblos, Egipto y el Hatti habían firmado un tratado de paz y de ayuda mutua en caso de agresión exterior, Uri-Techup creyó que su última hora había llegado. ¿No era acaso la víctima expiatoria por excelencia y un perfecto regalo ofrecido por Ramsés a Hattusil para sellar su entendimiento? Pero por respeto al derecho de asilo, el faraón se había negado a extraditar a su huésped.

Ahora, Uri-Techup no contaba ya. Y a Serramanna no le gustaba en absoluto la misión que Ramsés le había confiado.

La mansión del hitita se hallaba en el lindero norte de la ciudad, en el centro de un palmeral; al menos habría gozado de una existencia lujosa en esa tierra de faraones que tanto había deseado destruir.

Serramanna admiraba a Ramsés y le sería fiel hasta el final; así pues, ejecutaría la terrible orden que el rey le había dado, pero a regañadientes.

A la entrada de la mansión había dos policías, elegidos por Serramanna, armados con puñales y bastones.

–¿Sin novedad?

–Nada, jefe. El hitita duerme la mona en el jardín, junto al estanque.

El gigante sardo cruzó el umbral de la propiedad y, con apresuradas zancadas, tomó la arenosa avenida que llevaba al estanque. Tres policías más vigilaban permanentemente al ex general en jefe del ejército hitita, que se pasaba el tiempo comiendo, bebiendo, nadando y durmiendo.

Unas golondrinas jugaban en el cielo, una abubilla rozó el hombro de Serramanna. Con las mandíbulas crispadas, prietos los puños, maligna la mirada, se preparaba para actuar. Por primera vez lamentaba estar al servicio de Ramsés.

Como una fiera venteando la proximidad del peligro, Uri-Techup despertó antes de oír los pesados pasos del gigante.

Grande, musculoso, Uri-Techup llevaba los cabellos largos; en su torso resaltaba un bosque de vello rojo. Ignorando el frío, incluso durante el invierno anatolio, no había perdido ni una pizca de su fuerza.

Tendido en las losas que bordeaban el estanque, con los ojos entornados, el hitita vio acercarse al jefe de la guardia personal de Ramsés el Grande y comprendió que había llegado la hora.

Tras la firma del monstruoso tratado de paz entre Egipto y el Hatti, Uri-Techup ya no se sentía seguro. Había pensado en más de una ocasión en evadirse, pero los hombres de Serramanna no le habían dado la oportunidad. Si hubiera escapado a la extradición habría sido degollado como un cerdo por un animal tan implacable como él mismo.

–Levántate –ordenó Serramanna.

Uri-Techup no solía recibir órdenes. Con lentitud, como si saboreara sus últimos gestos, se levantó e hizo frente al hombre que iba a cortarle el cuello.

Los ojos del sardo reflejaban un furor contenido a duras penas.

–Hiere, carnicero –dijo el hitita con desdén–, puesto que tu dueño lo exige. Ni siquiera te concederé el placer de defenderme.

Los dedos de Serramanna se crisparon sobre el pomo de su corta espada.

–Lárgate.

Uri-Techup creyó haber oído mal.

–¿Qué quieres decir?

–Eres libre.

–¿Libre?... ¿Qué quieres decir?

–Abandonas esta casa y te vas adonde quieras. El faraón aplica la ley. Ya no existe ninguna razón para retenerte aquí.

–¡Bromeas!

–Es la paz, Uri-Techup. Pero si cometes el error de quedarte en Egipto y provocas el menor disturbio, te detendré.

Y te aseguro que ya no serás considerado un dignatario extranjero, sino un criminal de derecho común. Cuando llegue el momento de hundirte la espada en el vientre, no vacilaré.

–De momento, no tienes derecho a tocarme. ¿Es eso, no es cierto?

–¡Lárgate!

Una estera, un taparrabos, unas sandalias, una hogaza de pan, un manojo de cebollas y dos amuletos de loza que podría cambiar por alimento: ése era el escaso equipaje concedido a Uri-Techup, quien durante varias horas vagó por las calles de Pi-Ramsés como un sonámbulo. La recuperada libertad actuaba como la embriaguez, y el hitita no conseguía ya razonar.

«No hay más hermosa ciudad que Pi-Ramsés –afirmaba una canción popular–; se considera al pequeño como al grande, la acacia y el sicomoro conceden su sombra a los paseantes, los palacios resplandecen de oro y turquesa, el viento es suave, los pájaros juegan alrededor de los estanques.» Uri-Techup se dejó hechizar por el encanto de la capital, construida en una región fértil, junto a un brazo del Nilo, enmarcada por dos anchos canales. Prados que abundaban en generosa hierba, numerosos vergeles que albergaban famosos manzanos, vastos olivares de los que se decía que proporcionaban más aceite que arenas había en la ribera, viñedos que daban un vino dulce y afrutado, casas floridas... Pi-Ramsés era muy distinta de la abrupta Hattusa, la capital del Imperio hitita, ciudad fortificada en la altiplanicie de Anatolia.

Un pensamiento doloroso como un mordisco arrancó a Uri-Techup de su sopor. Nunca sería el emperador del Hatti, pero se vengaría de Ramsés, que había cometido el error de concederle la libertad. Si suprimía al faraón, al que todo el mundo consideraba un dios desde su victoria de Kadesh sobre la coalición que debería haberle aplastado, Uri-Techup sumiría Egipto en el caos, y tal vez todo el Próximo Oriente. ¿Qué le quedaba salvo su ardiente deseo de perjudicar y destruir, qué le consolaría de haber sido el juguete de un adverso destino?

A su alrededor circulaba una abigarrada muchedumbre en la que se mezclaban egipcios, nubios, sirios, libios, griegos y otros, llegados para admirar la capital que los hititas habían querido arrasar antes de inclinarse ante Ramsés.

Derribar a Ramsés... Uri-Techup no tenía ninguna posibilidad de lograrlo. No era más que un guerrero vencido.

–Señor... –murmuró una voz a su espalda.

Uri-Techup se volvió.

–Señor... ¿Me reconocéis?

Uri-Techup inclinó los ojos hacia un hombre de mediana estatura, con los ojos marrones y vivos; una cinta de lino ceñía sus espesos cabellos, una barba rojiza, corta y puntiaguda adornaba su mentón. El obsequioso personaje llevaba un vestido a franjas coloreadas que le llegaba hasta los tobillos.

–Raia... ¿Eres tú?

El mercader sirio se inclinó.

–Tú, un espía hitita... ¿Has vuelto a Pi-Ramsés?

–Es la paz, señor; una nueva era ha comenzado, las antiguas faltas se han olvidado. Era un comerciante rico y considerado, he reanudado mi negocio. Nadie me lo reprochó, de nuevo soy estimado por la alta sociedad.

Raia, antiguo miembro de la desmantelada red de espionaje hitita en Egipto, encargada de desestabilizar a Ramsés, había conseguido huir de los investigadores egipcios. Tras una estancia en Hattusa, había regresado a su país de adopción.

–Mejor para ti.

–Mejor para ambos.

–¿De qué estás hablando?

–¿Creéis acaso que este encuentro ha sido fruto del azar?

Uri-Techup miró a Raia con más atención.

–¿Me has seguido?

–Corrían distintos rumores sobre vos: o una eliminación brutal o una liberación. Desde hace más de un mes, mis hombres vigilaban constantemente la mansión donde permanecíais en arresto domiciliario. Os he dejado recuperar la afición a este mundo y... heme aquí. ¿Puedo ofreceros una cerveza fresca?

Uri-Techup vaciló, pues la jornada se revelaba fértil en emociones fuertes. Pero su instinto le dijo que el mercader sirio podía ayudarle a concretar sus proyectos.

En la taberna hervían las discusiones. Raia asistió a la metamorfosis de Uri-Techup: poco a poco, el exiliado volvió a ser un guerrero cruel, dispuesto a todas las conquistas. El mercader sirio no se había equivocado; a pesar de los años de exilio, el ex general en jefe del ejército hitita no había perdido su rabia y su violencia.

–No suelo deshacerme en palabras, Raia; ¿qué esperas de mí?

El mercader sirio se expresó en voz baja.

–Sólo os haré una pregunta, señor: ¿deseáis vengaros de Ramsés?

–Me humilló. ¡Yo no he firmado la paz con Egipto! Pero aplastar al faraón parece imposible.

Raia movió la cabeza.

–Eso depende, señor, eso depende...

–¿Dudas de mi valor?

–Con el debido respeto, eso no bastará.

–¿Por qué tú, un mercader, vas a correr el riesgo de lanzarte a tan peligrosa aventura?

Raia esbozó una crispada sonrisa.

–Porque mi odio no es menos ardiente que el vuestro.

2

Ataviado con un amplio collar de oro, un taparrabos blanco parecido al que utilizaban los faraones del tiempo de las pirámides, y unas sandalias del mismo color, Ramsés el Grande celebró los ritos del alba en su templo de millones de años, el Ramesseum, erigido en la orilla occidental de Tebas. Despertó en paz el poder divino oculto en el naos. Gracias a él, la energía circularía entre el cielo y la tierra, Egipto sería la imagen del cosmos y el deseo de destruir, innato en la especie humana, sería eliminado.

A los cincuenta y cinco años, Ramsés era un atleta de metro ochenta, con la cabeza alargada, coronada por una cabellera de un rubio veneciano, amplia frente, abultadas arcadas superciliares, ojos agudos, nariz larga, delgada y aquilina, orejas redondas y finamente dibujadas. De su persona emanaba magnetismo, fuerza y autoridad natural. En su presencia, los caracteres más templados perdían su aplomo, ¿acaso no animaba un dios a ese faraón que había cubierto el país de monumentos y aplastado a todos sus enemigos?

Treinta y seis años de reinado... Sólo Ramsés conocía el verdadero peso de las pruebas que había soportado. Habían comenzado con la muerte de su padre, Seti, cuya ausencia le había dejado desamparado precisamente cuando los hititas preparaban la guerra; sin la ayuda de Amón, su padre celestial, Ramsés, traicionado por sus propias tropas, no habría triunfado en Kadesh. Había gozado la felicidad y la paz, es cierto, pero su madre, Tuya, que encarnaba la legitimidad del poder, se había reunido con su ilustre marido en los parajes de luz donde vivían eternamente las almas de los justos. Y el destino, inexorable, había golpeado de nuevo, del modo más atroz, infligiendo al rey una herida de la que jamás sanaría. Su gran esposa real, Nefertari, había muerto en sus brazos en Abu Simbel, en Nubia, donde Ramsés había hecho edificar dos templos para glorificar la unidad indestructible de la pareja real.

El faraón había perdido a sus tres seres más queridos, los tres seres que le habían moldeado y cuyo amor no tenía límite. Sin embargo, debía seguir reinando, encarnando Egipto con la misma fe y el mismo entusiasmo.

Cuatro compañeros más le habían abandonado, tras haber obtenido tantas victorias a su lado: sus dos caballos, tan valerosos en el campo de batalla; su león, *Matador*, que le había salvado la vida en más de una ocasión, y su perro de un amarillo dorado, *Vigilante*, que había gozado de una momificación de primera clase. Otro *Vigilante* le había sucedió, y luego un tercero, que acababa de nacer.

También había desaparecido el poeta griego Homero, que había terminado sus días en su jardín de Egipto, contemplando su limonero. Ramsés pensaba con nostalgia en sus entrevistas con el autor de la *Ilíada* y de la *Odisea*, que se había prendado de la civilización de los faraones.

Tras la muerte de Nefertari, Ramsés había sentido la tentación de renunciar al poder y confiarlo a su primogénito, Kha; pero su círculo de amigos se había opuesto a ello, recordando al monarca que un faraón era designado para toda la vida. Fueran cuales fuesen sus sufrimientos de hombre, debía cumplir su tarea hasta el final de su existencia. Así lo exigía la Regla, y Ramsés, como sus predecesores, se adecuaría a ella.

Aquí, en su templo de millones de años, emisor del flujo mágico que protegía su reino, había obtenido Ramsés la fuerza necesaria para proseguir. Aunque una importante ceremonia le aguardara, el monarca se demoró en las salas del Ramesseum que, rodeado por un recinto de trescientos metros de longitud, albergaba dos grandes patios con pilares en los que se representaba al rey como Osiris, una vasta sala de cuarenta y ocho columnas, de treinta y un metros de profundidad y cuarenta de anchura, y un santuario donde residía la presencia divina. Señalando el acceso al templo había unos pilonos de setenta metros de altura de los que los textos decían que llegaban hasta el cielo; en el lado sur del primer patio se encontraba el palacio. Alrededor del lugar santo había una vasta biblioteca, almacenes, un tesoro que contenía metales preciosos, los despachos de los escribas y las casas de los sacerdotes. Aquella ciudad-templo funcionaba día y noche, pues el servicio de los dioses no conocía el reposo.

Ramsés permaneció unos instantes, demasiado cortos, en la parte del santuario consagrada a su esposa, Nefertari, y a su madre, Tuya; contempló los bajorrelieves que describían la unión de la reina con el perfume del dios Amón-Ra, secreto y luminoso al mismo tiempo, y el amamantamiento del faraón, que se aseguraba así una perpetua juventud.

En palacio debían de impacientarse. El rey se desprendió de los recuerdos, no se detuvo ante el coloso tallado en un solo bloque de granito rosa de dieciocho metros de altura, llamado «Ramsés, luz de los reyes», ni ante la acacia plantada el segundo año de su reinado, y se dirigió hacia la sala de audiencias, de dieciséis columnas, donde se reunían los diplomáticos extranjeros.

Con los ojos verdes de mirada aguda, la nariz pequeña y recta, los labios finos, el mentón apenas prominente, Iset la bella, superados ya los cincuenta, seguía siendo vivaz y alegre. Los años no pasaban por ella; su gracia y su poder de seducción seguían intactos.

–¿El rey ha salido por fin del templo? –preguntó, inquieta, a su camarera.

–Todavía no, majestad.

–¡Los embajadores estarán furiosos!

–No os atormentéis; ver a Ramsés es tan gran privilegio que nadie osará impacientarse.

Ver a Ramsés... ¡Sí, era el mayor de los privilegios! Iset recordó su primera cita amorosa con el príncipe Ramsés, aquel fogoso muchacho que parecía apartado del poder. ¡Qué felices habían sido en su choza de cañas, al borde de un trigal, disfrutando el secreto de un placer compartido! Luego había aparecido la sublime Nefertari que, sin saberlo, poseía las cualidades de una gran esposa real. Ramsés no se había equivocado; y sin embargo, era Iset la bella quien le había dado dos hijos, Kha y Merenptah. Durante un breve período había sentido rencor contra Ramsés; pero Iset se sentía incapaz de asumir la abrumadora función de una reina y no tenía más ambición que compartir, por poco que fuera, la existencia del hombre al que amaba con locura.

Ni Nefertari ni Ramsés la habían rechazado; como «segunda esposa», según el protocolo, Iset había gozado la incomparable felicidad de codearse con el monarca y vivir a su sombra. Algunos consideraban que malgastaba su vida, pero a Iset no le importaban las críticas; para ella, mejor era ser la sierva de Ramsés que la esposa de un dignatario estúpido y pretencioso.

La muerte de Nefertari la había sumido en una profunda aflicción; la reina no era una rival, sino una amiga por la que sentía respeto y admiración. Consciente de que ninguna palabra atenuaría el desgarro del monarca, había permanecido a la sombra, muda y discreta.

Y había ocurrido lo inconcebible.

Al final del período de luto, tras haber cerrado personalmente la puerta de la tumba de Nefertari, Ramsés había pedido a Iset la bella que se convirtiera en la nueva gran esposa real. Ningún soberano podía reinar solo, pues el faraón era la unión de los principios masculino y femenino, conciliados y armonizados.

La hermosa Iset jamás había aspirado a ser reina de Egipto; la comparación con Nerfertari la aterrorizaba. Pero la voluntad de Ramsés no se discutía; Iset había aceptado, a pesar de su angustia. Se convertía en «la dulce de amor, aquella que veía a los dioses Horus y Set apaciguados por fin en el ser del faraón, la soberana de las Dos Tierras, el Alto y el Bajo Egipto, aquélla cuya voz ofrecía alegría»... Pero para ella esos títulos tradicionales no tenían ninguna importancia. El verdadero milagro era compartir la existencia de Ramsés, sus esperanzas y sus sufrimientos. Iset era la esposa del mayor monarca que la tierra hubiese conocido nunca, y la confianza que le concedía le bastaba para ser feliz.

–Su majestad pregunta por vos –dijo la camarera.

Tocada con una peluca en forma de despojo de buitre, coronada por dos altas plumas, vestida con una larga túnica blanca ceñida al talle por un cinturón rojo de colgantes extremos, adornada con un collar y brazaletes de oro, la gran esposa real se dirigió hacia la sala de audiencias. Su educación de muchacha noble y acomodada le había enseñado a comportarse durante las ceremonias oficiales; esta vez estaría, como el faraón, en el punto de mira de dignatarios sin indulgencia.

Iset la bella se inmovilizó a un metro de Ramsés.

Él, su primer y único amor, seguía impresionándola. Era demasiado grande para ella, nunca percibiría la magnitud de su pensamiento, pero la magia de la pasión colmaba aquel infranqueable foso.

–¿Estás listas?

La reina de Egipto se inclinó.

Cuando apareció la pareja real, las conversaciones cesaron. Ramsés e Iset la bella ocuparon su trono.

Amigo de infancia del faraón y ministro de Asuntos Exteriores, el elegantísimo Acha, que de buena gana creaba moda, se adelantó. Al observar el refinado personaje, con su pequeño y cuidado bigote, sus ojos chispeantes de inteligencia y ademanes casi desdeñosos, nadie habría imaginado que sentía pasión por la aventura y que no había vacilado en poner en peligro su vida en territorio hitita durante una peligrosa misión de espionaje. Aficionado a las mujeres bellas, las hermosas ropas y la buena carne, Acha posaba sobre el mundo una mirada irónica, desengañada a veces, pero en la que ardía un deseo que nada ni nadie conseguiría apagar: actuar por la gloria de Ramsés, el único ser por el que sentía, a pesar de que no se lo había confesado nunca, una admiración sin límites.

–Majestad, el Sur se somete a vos y os trae sus riquezas, pidiéndoos el aliento de vida; el Norte implora el milagro de vuestra presencia; el Este reúne sus tierras para ofrecéroslas; el Oeste se arrodilla humildemente, sus jefes se inclinan ante vos.

El embajador del Hatti se destacó de la masa del grupo de los diplomáticos y mostró sus respetos a la pareja real.

–El faraón es el dueño del fulgor –declaró–, el aliento de fuego que da vida o destruye. Que su *ka* exista eternamente, que su tiempo sea feliz, que para él llegue a su hora la crecida, pues pone en marcha la energía divina, él, que participa a la vez del cielo y de la tierra. Bajo el reinado de Ramsés ya no hay rebeldes, cada país está en paz.

Los regalos siguieron a los discursos. De lo más profundo de Nubia a los protectorados de Canaán y Siria, el imperio de Ramsés el Grande rindió homenaje a su dueño.

El palacio se había adormecido; sólo el despacho del rey seguía aún iluminado.

–¿Qué ocurre, Acha? –preguntó Ramsés.

–Las Dos Tierras son prósperas, reina la abundancia en cada provincia, los graneros llegan al cielo, eres la vida de tu pueblo, eres...

–Los discursos han terminado. ¿Por qué el embajador hitita se lanza a tan exagerados elogios?

–La diplomacia...

–No, hay algo más. ¿De qué se trata?

Acha pasó un manicurado índice por su perfumado bigote.

–Reconozco que me siento turbado.

–¿Acaso Hattusil cuestiona la paz?

–Nos haría llegar mensajes de otro tipo.

–Dame tu verdadera opinión.

–Créeme, estoy perplejo.

–Con los hititas, permanecer en la duda sería un error fatal.

–¿Debo entender que me encargas que descubra la verdad?

–Hemos vivido demasiados años apacibles ya; en estos últimos tiempos, te adormecías.

3

Pequeño, enclenque y flaco a pesar de las enormes cantidades de alimento que ingería a cualquier hora del día y de la noche, Ameni era, como Acha, un amigo de infancia de Ramsés. Con alma de escriba, trabajador infatigable, reinaba sobre un restringido equipo de unos veinte especialistas que, sobre todos los temas esenciales, preparaban síntesis para el faraón. Ameni daba pruebas de una notable eficacia y, a pesar de los envidiosos que no le ahorraban infundadas críticas, Ramsés le otorgaba toda su confianza.

Aunque sufría continuos dolores de espalda, el escriba, cuya tez era tan pálida que a menudo parecía que iba a desmayarse, seguía obstinándose en llevar personalmente montones de tablillas de madera y de papiros. Sin embargo, agotaba a sus subordinados, necesitaba sólo breves períodos de sueño y manejaba durante horas y horas los pinceles para redactar notas confidenciales que sólo Ramsés conocía.

Puesto que el faraón había decidido pasar varios meses en Tebas, Ameni se había desplazado con sus ayudantes. Portasandalias del rey, oficialmente, al escriba le importaban un pimiento los títulos y los honores; su única obsesión, al igual que la del dueño de Egipto, era la prosperidad del país. Así pues, no se concedía ni un momento de reposo por miedo a cometer un error fatal.

Ameni comía puré de centeno y queso fresco cuando Ramsés entró en sus despacho atestado de documentos.

–¿Has acabado de almorzar?

–No tiene importancia, majestad. Tu presencia aquí no presagia nada bueno.

–Tus últimos informes parecían más bien tranquilizadores.

–«Parecían»... ¿A qué se debe esta restricción? ¡Tu majestad no imaginará que le oculto el menor detalle!

Con la edad, Ameni se volvía gruñón. Encajaba mal la crítica, se quejaba de las condiciones de trabajo y no vacilaba en regañar a quienes intentaban darle consejos.

–No imagino nada semejante –dijo Ramsés con serenidad–, intento comprender.

–¿Comprender qué?

–¿No existe algún terreno que te cause cierta preocupación?

Ameni reflexionó en voz alta.

–La irrigación está perfectamente asegurada, así como el mantenimiento de los diques... Los jefes de provincia obedecen las directrices y no manifiestan ningún inoportuno deseo de independencia... La agricultura está bien administrada, la población no pasa hambre y está correctamente alojada, la organización de las fiestas no presenta defecto alguno, las comunidades de maestros de obras, canteros, talladores de piedra, escultores y pintores trabajan en todo el país... No, no veo por qué tendría que inquietarme.

Ramsés debería haberse tranquilizado, pues Ameni no tenía igual para percibir un fallo en el sistema administrativo y económico del país; y sin embargo, el rey seguía preocupado.

–¿Acaso tu majestad me oculta alguna información esencial?

–Sabes muy bien que soy incapaz de hacerlo.

–¿Qué ocurre entonces?

–El embajador hitita se ha mostrado excesivamente halagador para con Egipto.

–¡Bah! Esa gente sólo sabe hacer la guerra y mentir.

–He sentido la proximidad de una tormenta que nace en el seno de Egipto, una tormenta preñada de devastador granizo.

Ameni se tomó en serio la intuición del monarca; al igual que su padre, Seti, Ramsés mantenía vínculos particulares con el terrorífico dios Set, señor de las perturbaciones celestes y del rayo, pero defensor también de la barca solar a la que intentaban destruir los monstruos.

–«En el seno de Egipto» –repitió el escriba, turbado–. ¿Qué significa ese presagio?

–Si Nefertari estuviera aquí todavía, su mirada descifraría el porvenir.

Ameni enrolló un papiro y guardó sus pinceles, triviales gestos para disipar la tristeza que se apoderaba de su alma tanto como la de Ramsés. Nefertari era la belleza, la inteligencia y la gracia, la apacible sonrisa de un Egipto colmado; cuando tuvo la suerte de verla, Ameni casi había olvidado su trabajo. Pero al secretario particular del faraón no le gustaba demasiado Iset la bella; sin duda Ramsés no se había equivocado al asociarla al trono, aunque la función de reina fuera demasiado pesada para los hombros de esa mujer, tan alejada de las realidades del poder. Al menos amaba a Ramsés, y esta cualidad disipaba muchos defectos.

–¿Tiene tu majestad una pista que ofrecerme?

–Lamentablemente no.

–Entonces será preciso que aumentemos la vigilancia.

–No me gusta demasiado esperar los golpes.

–Lo sé, lo sé –gruñó Ameni–; y yo que deseaba tomar un día de descanso... Dejaré para más tarde este privilegio.

Predominantemente blanca, con algunas manchas rojas en el lomo y los flancos teñidos de verde, de un metro veinte de largo, la víbora cornuda, de cabeza plana y gruesa cola, se arrastró lateralmente hacia la pareja que hacía el amor al abrigo de una palmera. Tras haber pasado la jornada enterrado en la arena, el reptil salía de caza al caer la noche. En períodos cálidos, su mordedura provocaba una muerte inmediata.

Ni el hombre ni la mujer, abrazados con ardor, parecían conscientes del peligro. Felina, flexible como una liana, risueña, la joven nubia obligaba a su amante, un cincuentón robusto y rechoncho, de cabellos negros y piel mate, a desplegar todos los recursos de su virilidad. Unas veces dulce, otras apremiante, la nubia no daba descanso alguno al egipcio, que la asaltaba con el ardor de un primer encuentro. En la calidez de la noche, compartían un placer ardiente, como un sol de estío.

La víbora estaba sólo a un metro de la pareja.

Con fingida brutalidad, el hombre tumbó de espaldas a la mujer y le besó los pechos. Floreciente, ella le recibió. Clavándose la mirada, se devoraban con avidez.

Con un gesto rápido y firme, Loto agarró la víbora cornuda por el cuello. El reptil silbó y mordió el vacío.

–Hermosa presa –comentó Setaú sin dejar de hacer el amor con su esposa–. Veneno de primera calidad obtenido sin fatiga.

De pronto, la hermosa Loto se mostró menos acuciante.

–Tengo un mal presentimiento.

–¿A causa de esta víbora?

–Ramsés está en peligro.

Encantador de serpientes y amigo de infancia del faraón, quien le había encargado administrar una provincia nubia, Setaú se tomaba muy en serio las advertencias de la bella hechicera con la que se había casado. Entre ambos habían capturado un incalculable número de reptiles, a cual más peligroso, y recogido el veneno indispensable para la fabricación de remedios activos contra graves enfermedades.

Independientes, huraños, Setaú y Loto habían acompañado, sin embargo, a Ramsés por los campos de batalla, tanto al Sur como al Norte, y curado a los soldados heridos. Colocados a la cabeza de un laboratorio de Estado, habían conocido una felicidad sin límites cuando el faraón les solicitó que hicieran fructificar el territorio nubio que tanto querían. Ciertamente, el virrey de Nubia, funcionario conformista y friolento, intentaba poner trabas a sus iniciativas, pero temía a aquella pareja que hacía custodiar su morada por las cobras.

–¿De qué peligro se trata? –se preocupó Setaú.

–No lo sé.

–¿Ves algún rostro?

–No –respondió Loto–, es una especie de malestar, pero por unos instantes he sabido que Ramsés era amenazado –añadió, y se levantó manteniendo aún la víbora en su puño cerrado–. Debes intervenir, Setaú.

–¿Qué puedo hacer desde aquí?

–Vayamos a la capital.

–El virrey de Nubia aprovechará nuestra ausencia para anular las reformas.

–No importa; si Ramsés necesita nuestra ayuda, debemos estar a su lado.

Desde hacía mucho tiempo, el arisco Setaú, al que ningún alto funcionario podía dictar su conducta, no discutía ya las directrices de la dulce Loto.

El sumo sacerdote de Karnak, Nebú, se había convertido en un anciano. Como había escrito el sabio Ptah-hotep en sus célebres *Máximas,* la extremada vejez se traducía en un perpetuo agotamiento, una debilidad que no dejaba de renovarse y una tendencia a dormirse, incluso durante el día. La visión disminuía, cada vez se oía menos, faltaba la fuerza, el corazón se fatigaba, apenas se hablaba, los huesos dolían constantemente, desaparecía el gusto, se tapaba la nariz, y resultaba tan penoso levantarse como sentarse.

Pese a aquellos males, el anciano Nebú seguía cumpliendo la misión que Ramsés le había confiado: velar por las riquezas del dios Amón y de su ciudad-templo de Karnak. El sumo sacerdote delegaba casi todas las tareas materiales en Bakhen, el segundo profeta, que ejercía su autoridad sobre ochenta mil personas empleadas en las canteras, los talleres, los campos, los vergeles y las viñas.

Cuando Ramsés le había nombrado sumo sacerdote, Nebú no se había engañado; el joven monarca exigía que Karnak le obedeciera y no manifestara veleidad de independencia alguna. Pero Nebú no era un hombre de paja y había luchado para que Karnak no fuera expoliado en beneficio de otros templos. Como el faraón se había preocupado por mantener la armonía en todo el país, Nebú había sido un pontífice feliz.

Informado por Bakhen, el anciano no salía ya de su modesta morada de tres habitaciones, construida junto al lago sagrado de Karnak. Por la noche le gustaba regar los arriates de iris que tenía plantados a ambos lados de la puerta de entrada; cuando ya no tuviera fuerzas para hacerlo, solicitaría al rey que le liberara de sus funciones.

Al descubrir que un jardinero arrancaba las malas hierbas, Nebú no ocultó su descontento.

–¡Nadie está autorizado a tocar mis iris!

–¿Ni siquiera el faraón de Egipto?

Ramsés se levantó y se dio la vuelta.

–Majestad, os ruego que...

–Haces bien velando personalmente por este tesoro, Nebu. Has trabajado bien por Egipto y por Karnak. Plantar, ver cómo crece, cuidar esa vida frágil y tan bella... ¿Acaso hay más noble tarea? Tras la muerte de Nefertari, pensé en hacerme jardinero, lejos del trono, lejos del poder.

–No tenéis derecho a hacerlo, majestad.

–Esperaba mayor comprensión.

–Que un viejo como yo aspire al descanso es lógico, pero vos...

Ramsés contempló la luna ascendente.

–Se aproxima la tormenta, Nebú; necesito hombres leales y competentes para afrontar los elementos desencadenados. Sea cual sea tu edad y tu estado de salud, deja para más tarde tus proyectos de retirarte. Sigue controlando Karnak como hasta ahora.

4

El embajador del Hatti, enteco hombrecillo de unos sesenta años, se presentó ante la puerta del Ministerio de Asuntos Exteriores. De acuerdo con la costumbre, depositó un ramo de crisantemos y lises en el altar de piedra, a los pies de una estatua de babuino, encarnación de Thot, dios de los escribas, de la lengua sagrada y del conocimiento. Luego se dirigió a un oficial armado con una lanza.

–El ministro me aguarda –declaró en tono seco.

–Voy a avisarle.

Vestido con una túnica roja y azul a franjas, con los cabellos negros abrillantados por una goma aromática y el rostro ensombrecido por una estrecha barba, el embajador aguardó caminando de un lado a otro.

Sonriente, Acha fue a su encuentro.

–Espero no haberos hecho aguardar demasiado. Vayamos al jardín, querido amigo, allí estaremos tranquilos.

Alrededor de un estanque cubierto de lotos azules, las palmeras y los azufaifos dispensaban una sombra agradable. Un criado depositó en una mesilla copas de alabastro llenas de cerveza fresca y una cesta de higos, y desapareció.

–No temáis –dijo Acha–, nadie puede oírnos.

El embajador hitita vaciló antes de sentarse en una silla plegable de madera, provista de un almohadón de lino verde.

–¿Qué teméis?

–A vos, Acha.

El jefe de la diplomacia egipcia no perdió su sonrisa.

–Realicé misiones de espionaje, es cierto, pero esa época ya ha terminado. Ahora me he convertido en un personaje oficial, que aprecia su respetabilidad y no tiene el menor deseo de lanzarse a tortuosas empresas.

–¿Por qué voy a creeros?

–Porque, como vos, tengo un solo objetivo: fortalecer la paz entre nuestros pueblos.

–¿Respondió el faraón a la última carta del emperador Hattusil?

–Naturalmente. Ramsés le dio excelentes noticias de la reina Iset y de sus caballos, y se felicitó por el perfecto respeto del tratado que une para siempre Egipto y el Hatti.

El rostro del embajador se ensombreció.

–A nuestro modo de ver, es del todo insuficiente.

–¿Qué esperabais?

–Al emperador Hattusil le ha sorprendido el tono de las últimas cartas del faraón; tiene la sensación de que Ramsés le considera un súbdito y no un igual.

La agresividad del diplomático apenas se disimulaba.

–¿Ha tomado ese descontento proporciones alarmantes? –interrogó Acha.

–Eso temo.

–¿Tan pequeña diferencia puede poner en cuestión nuestras alianzas?

–Los hititas son orgullosos. Quien hiera su orgullo provocará su venganza.

–¿No es aberrante magnificar un pequeño incidente?

–Para nosotros es de suma importancia.

–Temo comprenderos... ¿No será esta posición materia de negociaciones?

–No lo es.

Acha temía esa eventualidad. En Kadesh, Ramsés había derrotado a la coalición dirigida por Hattusil; su rencor no había desaparecido, buscaba cualquier pretexto para reafirmar su supremacía.

–¿Llegaríais hasta...?

–Hasta denunciar el tratado –precisó el embajador hitita.

Acha decidió utilizar su arma secreta.

–¿Os devolvería este texto a sentimientos más conciliadores?

El egipcio entregó al hitita una carta redactada por Ramsés. Intrigado, el diplomático leyó en voz alta la misiva:

> Que tu salud sea buena, Hattusil, hermano mío, así como la de tu esposa, tu familia, tus caballos y tus provincias. Acabo de examinar tus reproches: creo que te he tratado como a uno de mis súbditos y eso me aflige. Puedes estar seguro de que te concedo las consideraciones debidas a tu rango; ¿quién sino tú es el emperador de los hititas? Te garantizo que te considero un hermano.

El embajador pareció sorprendido.

–¿Es Ramsés el autor de esta carta?

–No lo dudéis.

–¿Reconoce su error el faraón de Egipto?

–Ramsés desea la paz. Y tengo que anunciaros una decisión importante: la apertura, en Pi-Ramsés, de un palacio de los países extranjeros donde vos mismo y los demás diplomáticos gozaréis de una administración permanente y un personal cualificado. La capital egipcia será así centro de un diálogo constante con sus aliados y vasallos.

–Notable –concedió el hitita.

–¿Quiere eso decir que vuestras belicosas intenciones se esfumarán rápidamente?

–Me temo que no.

Esta vez, Acha se sintió realmente inquieto.

–¿Debo concluir que nada atenuará la susceptibilidad del emperador?

–En lo esencial, Hattusil también desea consolidar la paz, pero pone una condición.

El embajador hitita reveló las verdaderas intenciones del emperador. Acha ya no tenía ganas de sonreír.

Como todas las mañanas, unos ritualistas celebraban el culto del *ka* de Seti en su magnífico templo de Gurnah, en la orilla occidental de Tebas. El responsable de la necrópolis se disponía a depositar en un altar una ofrenda de uva, higos y madera de enebro cuando uno de sus subordinados le murmuró unas palabras al oído.

–¿El faraón aquí? ¡Pero no me han avisado!

El sacerdote se volvió y descubrió la alta estatura del monarca, vestido con una túnica de lino blanco. El poder y el magnetismo de Ramsés bastaban para distinguirle de los demás celebrantes.

El faraón tomó la bandeja de las ofrendas y penetró en la capilla donde vivía el alma de su padre. En aquel templo Seti había anunciado la coronación de su hijo menor, concluyendo así la iniciación a la que lo había sometido, con amor y rigor, desde la adolescencia. Las dos coronas, «las grandes de magia», habían sido sólidamente sujetas a la cabeza del Hijo de la Luz, cuyo destino se había convertido en el de Egipto.

Suceder a Seti parecía imposible. Pero la verdadera libertad de Ramsés había consistido en no elegir, en acatar la Regla y satisfacer a los dioses, de modo que los hombres fueran felices.

Hoy, Seti, Tuya y Nefertari recorrían los hermosos caminos de la eternidad y bogaban en barcas celestiales; en la tierra, sus templos y sus tumbas inmortalizaban su nombre. Hacia su *ka* se volvían los humanos cuando sentían el deseo de penetrar en los misterios del otro mundo.

Una vez finalizado el rito, Ramsés se dirigió hacia el jardín del templo, dominado por un sicomoro en el que anidaban garzas reales.

La suave y grave melodía del oboe le encantó. Una música lenta, tristes inflexiones iluminadas por una sonrisa, como si la esperanza lograra siempre disipar la aflicción.

Sentada en un murete, al abrigo del follaje, la intérprete tocaba con los ojos cerrados. Con los cabellos negros y brillantes, los rasgos del rostro puros y regulares como los de una diosa, Meritamón, de treinta y tres años de edad, estaba en el apogeo de su belleza.

A Ramsés se le puso el corazón en un puño. Meritamón se parecía tanto a su madre, Nefertari, que casi era su sosias. Dotada para la música, había elegido, desde muy joven, entrar en el templo y vivir una existencia recluida al servicio de la divinidad. Ése había sido el sueño de Nefertari, que Ramsés había roto al pedirle que fuera su gran esposa real. Meritamón podría haber ocupado el primer lugar entre las intérpretes sagradas del templo de Karnak, pero prefería residir aquí, junto al alma de Seti.

Las últimas notas emprendieron el vuelo hacia el sol; la intérprete dejó su oboe en el murete y abrió los ojos.

–¡Padre! ¿Hace mucho que estás aquí?

Ramsés se acercó a su hija y la abrazó largo rato.

–Te añoro, Meritamón.

–El faraón es el esposo de Egipto, su hijo es el pueblo entero. ¿Cómo es posible que tú, que tienes más de cien hijos e hijas, te acuerdes todavía de mí?

Él se apartó y la admiró.

–Los «hijos reales»... Se trata sólo de títulos honoríficos. Tú eres la hija de Nefertari, mi único amor.

–Ahora tu esposa es Iset la bella.

–¿Me lo reprochas?

–No, hiciste bien; no te traicionará.

–¿Aceptas venir a Pi-Ramsés?

–No, padre. El mundo exterior me aburre. ¿Hay algo más

esencial que la celebración de los ritos? Todos los días pienso en mi madre: realizo su sueño y estoy convencida de que mi felicidad alimenta su eternidad.

–Te legó su belleza y su carácter; ¿tengo alguna posibilidad de convencerte?

–Ninguna, lo sabes muy bien.

Tomó suavemente sus manos.

–¿Realmente ninguna?

Ella sonrió con la gracia de Nefertari.

–¿Te atreverás a darme una orden?

–Eres el único ser a quien el faraón renuncia a imponer su voluntad.

–Esto no es una derrota, padre; en el templo soy más útil que en la corte. Hacer vivir el espíritu de mis abuelos y mi madre me parece una tarea fundamental. Si no mantuviéramos el vínculo con los antepasados, ¿qué mundo erigiríamos?

–Sigue tocando esta música celestial, Meritamón; Egipto la necesitará.

La angustia oprimió el corazón de la muchacha.

–¿Qué peligro temes?

–Amenaza tormenta.

–¿Acaso no eres tú el dueño?

–Toca, Meritamón, toca también para el faraón; crea armonía, hechiza a las divinidades, atráelas hacia el doble país. Amenaza tormenta y será terrorífica.

5

Serramanna golpeó con tal fuerza la pared de la sala de guardia que incluso se desprendió un pedazo de yeso.

–¿Qué quieres decir con que ha desaparecido?

–Desaparecido, jefe –confirmó el soldado encargado de la vigilancia del príncipe hitita Uri-Techup.

El gigante sardo agarró a su subordinado por los hombros, y el infeliz, aunque robusto, creyó que iba a ser destrozado.

–¿Te estás burlando de mí?

–¡No, jefe, os juro que no!

–Entonces, ¿se ha largado delante de tus narices?

–Se ha esfumado entre la multitud.

–¿Y por qué no has hecho que registraran las casas del barrio?

–¡Uri-Techup es un hombre libre, jefe! No tenemos razón alguna para lanzar tras él a la policía. El visir nos inculparía por abuso de poder.

Serramanna gruñó como un toro furioso y soltó a su subordinado. El muy torpe tenía razón.

–¿Cuáles son las órdenes, jefe?

–Aumentad la protección en torno al faraón. Al primero que rompa la disciplina, le hundiré el casco en el cráneo.

Los miembros de la guardia personal de Ramsés no se tomaron la amenaza a la ligera. En un acceso de furia, el antiguo pirata era capaz de ponerla en práctica.

Para calmar su rabia, Serramanna plantó una serie de puñales en el corazón de un blanco de madera. La desaparición de Uri-Techup no presagiaba nada bueno. Corroído por el odio, el hitita utilizaría su recuperada libertad como un arma contra el dueño de Egipto, ¿pero cuándo y de qué modo?

Asistido por Acha, Ramsés en persona inauguró el palacio de los países extranjeros ante una cohorte de diplomáticos. Con su habitual ardor, Acha pronunció un cálido discurso en el que las palabras «paz», «cordial entendimiento» y «cooperación económica» aparecieron a intervalos regulares. Un suntuoso banquete clausuró, como era debido, la ceremonia que señalaba el advenimiento de Pi-Ramsés como capital del Próximo Oriente, acogedora para todos los pueblos.

Ramsés había heredado de su padre el poder de penetrar en los secretos de los seres; a pesar de los dones de interpretación de Acha, supo que su amigo estaba angustiado y que sus preocupaciones se relacionaban con la tormenta que el soberano había previsto.

Apenas concluidas las mundanidades, ambos hombres se aislaron.

–Brillante perorata, Acha.

–Las obligaciones del oficio, majestad. Esta iniciativa te hará más popular aún.

–¿Cómo reaccionó el embajador hitita ante mi carta?

–De un modo excelente.

–Pero Hattusil exige más, ¿no es cierto?

–Es muy posible.

–No soy muy diplomático, Acha. Te exijo que me digas la verdad.

–Será mejor que te avise: si no aceptas las condiciones de Hattusil, nos declararán la guerra.

–¡Chantaje! En ese caso, ni siquiera quiero conocerlas.

–¡Escúchame, te lo ruego! Hemos trabajado demasiado por la paz, para verla destruida en un instante.

–Habla sin ocultarme nada.

–Sabes que Hattusil y su esposa, Putuhepa, tienen una hija. Según dicen, es una muchacha de gran belleza y despierta inteligencia.

–Mejor para ella.

–Hattusil desea reforzar la paz; a su entender, el mejor modo de conseguirlo es celebrando una boda.

–¿Debo entender...?

–Me has entendido a la primera palabra. Para sellar definitivamente el entendimiento, Hattusil no sólo exige que te cases con su hija sino también, y sobre todo, que la conviertas en tu gran esposa real.

–¿Olvidas que Iset la bella realiza esta función?

–Para un hitita, este tipo de detalles tiene poca importancia. La mujer debe obediencia a su marido; si la repudia, sólo puede doblegarse y callar.

–Estamos en Egipto, Acha, no en un país bárbaro. ¿Me recomiendas acaso que aparte a Iset para volverme a casar con una hitita, hija de mi peor enemigo?

–Hoy tu mejor aliado –rectificó el ministro de Asuntos Exteriores.

–¡Es una exigencia absurda e indignante!

–En apariencia sí; en realidad, no carece de interés.

–No infligiré semejante humillación a Iset.

–No eres un marido como los demás; la grandeza de Egipto debe estar por encima de los sentimientos.

–¿Has tratado ya a tantas mujeres que te has vuelto cínico, Acha?

–La fidelidad me es ajena, es cierto, pero te estoy dando mi opinión como ministro además de como un amigo.

–Es inútil que les pregunte a mis hijos Kha y Merenptah; conozco de antemano su respuesta.

–¿Quién podría reprocharles venerar a su madre, Iset la bella, la gran esposa real de Ramsés? La paz o la guerra... ésa es la elección que afrontas.

–Cenemos con Ameni; deseo consultarle.

–Tendrás también la opinión de Setaú, que acaba de llegar de Nubia.

–¡Por fin una noticia excelente!

Setaú, el encantador de serpientes enamorado de Nubia, Acha, el diplomático de penetrante vista, Ameni, el escriba riguroso y abnegado... ya sólo faltaba Moisés para reconstituir la comunidad de estudiantes de la Universidad de Menfis que, muchos años antes, compartían los goces de la amistad y se preguntaban sobre la naturaleza del verdadero poder.

El cocinero de Ramsés se había superado: pastel de puerros y calabacines con caldo de carne, cordero lechal asado al tomillo acompañado con puré de higos, riñones en adobo, queso de cabra, pasteles de miel cubiertos de zumo de algarroba. En honor de aquel reencuentro, Ramsés había hecho servir un vino tinto del año 3 de Seti, cuyo paladar provocó en Setaú una especie de éxtasis.

–¡Seti merece todos los elogios! –exclamó el amigo de las cobras, que vestía su eterna túnica de piel de antílope, con sus múltiples bolsillos saturados de remedios contra el veneno–. Cuando un reino produce semejantes maravillas, es porque ha sido bendecido por los dioses.

–En el terreno de la elegancia –deploró Acha–, no has hecho progreso alguno.

–Exacto –aprobó Ameni.

–Tú, escriba, limítate a comer dos veces lo que pesas. ¿Cuál es tu secreto para no engordar?

–El trabajo al servicio del reino.

–¿Tienes algo que reprochar a mi modo de hacer fructificar Nubia?

–Si así fuera, ya haría mucho tiempo que habría redactado un informe negativo.

–Cuando vuestra habitual esgrima haya terminado –intervino Acha–, tal vez podamos abordar temas más serios.

–Moisés es el único que falta –recordó Ramsés, soñador–; ¿dónde está ahora, Acha?

–Sigue vagando por el desierto y librando batallas, nunca llegará a su Tierra Prometida.

–Moisés se ha equivocado al elegir el camino, pero ese camino le conducirá a alcanzar su objetivo.

–Como tú –reconoció Ameni–, siento nostalgia; ¿pero cómo olvidar que nuestro amigo hebreo traicionó a Egipto?

–No es hora de ponerse a recordar –interrumpió Setaú–. Para mí, un amigo que se aleja así ya no es un amigo.

–¿Le rechazarías si presentara disculpas? –preguntó Ramsés.

–Cuando un hombre ha superado ciertos límites ya no puede dar marcha atrás. El perdón es la coartada de los débiles.

–Afortunadamente –consideró Acha–, Ramsés no te ha confiado nuestra diplomacia.

–Con las serpientes no hay medias tintas; el veneno te cura o te mata.

–Moisés ya no está en el orden del día –estimó Ameni.

–He venido hasta aquí porque Loto me lo ha pedido –explicó Setaú–; gracias a sus dotes de vidente advirtió que Ramsés estaba en peligro. ¿Es eso cierto?

El faraón no lo desmintió. Setaú se volvió hacia Ameni.

–En vez de devorar ese pastel, dinos lo que has descubierto.

–¡Nada... nada! Para mí todo está en orden.

–¿Y por tu lado, Acha?

El diplomático se lavó los dedos en un bol de agua con limón.

–Hattusil exige que Ramsés se case con su hija.

–¿Dónde está el problema? –preguntó Setaú divertido–. Ese tipo de matrimonio diplomático se practicó con buenos resultados en el pasado, y esa hitita sólo sería una esposa secundaria más.

–En el presente caso, la situación es más compleja.

–¿Es horrible la novia?

–El emperador hitita quiere que su hija sea la gran esposa real.

Setaú se indignó.

–Eso significa... que nuestro viejo enemigo obliga al faraón a repudiar a Iset.

–La fórmula es algo brutal –consideró Acha–, pero no carece de perspicacia.

–Detesto a los hititas –reconoció Setaú vaciando una nueva copa de vino–. Iset la bella no es Nefertari, cierto, pero no merece semejante suerte.

–Por una vez estoy de acuerdo contigo –declaró Ameni en tono huraño.

–Sois demasiado impulsivos –les reprochó Acha–: olvidáis que está en juego la paz.

–Los hititas no nos impondrán su ley –protestó Setaú.

–Ya no son nuestros enemigos –les recordó el ministro de Asuntos Exteriores.

–¡Te equivocas! Hattusil y sus congéneres nunca renunciarán a apoderarse de Egipto.

–No lo entiendes; el emperador hitita desea la paz, pero impone condiciones. ¿Por qué rechazarlas sin reflexionar?

–Sólo me fío de mi instinto.

–Yo he reflexionado –afirmo Ameni–. No me gusta demasiado Iset la bella, pero es la reina de Egipto, la gran esposa real que Ramsés eligió tras la muerte de Nefertari. Nadie, ni siquiera el emperador de los hititas, tiene derecho a ofenderla.

–¡Insensata actitud! –consideró Acha–. ¿Deseáis acaso enviar a la muerte a miles de egipcios, ensangrentar nuestros protectorados del norte y poner en peligro la propia paz?

Ameni y Setaú interrogaron a Ramsés con la mirada.

–Tomaré la decisión a solas –dijo el faraón.

6

El jefe del convoy vacilaba. No sabía si seguir por la costa, pasando por Beirut, para dirigirse hacia el sur, atravesar Canaán y llegar a Silé, o tomar la pista que bordea el Ante-Líbano y el monte Hermón, dejando Damasco al este.

Fenicia no carecía de encanto: bosques de encinas y cedros, nogales de fresca sombra, higueras de deliciosos frutos, acogedoras aldeas donde era agradable permanecer unos días.

Pero era preciso entregar enseguida olíbano en Pi-Ramsés, aquel olíbano cosechado en la península arábiga a costa de penosos esfuerzos.

A aquel incienso blanco que los egipcios denominaban *sonter,* «el que diviniza», se le añadía la rojiza mirra, no menos preciosa. Los templos necesitaban esa rara sustancia para celebrar los ritos; en los santuarios se exhalaban sus perfumes, que ascendían hasta el cielo y encantaban a los dioses. Embalsamadores y médicos la utilizaban también.

El árbol del incienso de Arabia, de pequeñas hojas de un verde oscuro, medía de cinco a ocho metros de altura; en agosto y septiembre se abrían sus flores doradas de corazón púrpura mientras, bajo la corteza, brotaban gotitas de resina blanca. Un experto capaz de rascar la corteza obtenía tres cosechas anuales recitando la vieja fórmula mágica: «Sé feliz conmigo, árbol del incienso, el faraón te hará crecer».

Los transportistas llevaban también cobre de Asia, estaño

y vidrio, pero aquellos materiales, buscados y fáciles de vender, no tenían el valor del olíbano. Una vez efectuada la entrega, el patrón descansaría en su hermosa mansión del Delta.

Con la frente desnuda, dilatado el vientre, el proveedor de olíbano era un buen comensal, pero no bromeaba con el trabajo. Verificaba personalmente el estado de los carros y la salud de los asnos; por lo que a sus empleados se refiere, estaban correctamente alimentados y gozaban de largas paradas, pero no estaban autorizados a gemir, so pena de perder el trabajo.

El jefe del convoy optó por la pequeña ruta montañosa, más difícil pero menos larga que el camino costero; la sombra sería allí generosa y los animales disfrutarían de un relativo frescor.

Los asnos avanzaban a buen paso, los veinte miembros del convoy canturreaban, el viento facilitaba la marcha.

–Patrón...

–¿Qué pasa?

–Tengo la impresión de que nos siguen.

El jefe del convoy se encogió de hombros.

–¿Cuándo olvidarás tu pasado de mercenario? Ahora reina la paz y viajamos seguros.

–No lo niego, pero de todos modos nos siguen. Es extraño.

–¡No somos los únicos mercaderes!

–Si son vagabundos, que no cuenten conmigo para darles mi ración.

–Deja de preocuparte y vigila tus asnos.

La cabeza del convoy se inmovilizó de pronto.

Furioso, el jefe remontó la columna y comprobó que un montón de ramas impedía avanzar a los asnos.

–¡Despejad todo eso!

Cuando los hombres de delante comenzaban la tarea, una nube de flechas los derribó. Atónitos, sus colegas intentaron huir, pero no lograron escapar de sus agresores. El ex mercenario blandió un puñal, escaló la rocosa pendiente y se arrojó sobre uno de los arqueros. Pero un atleta de cabellos largos le abrió el cráneo con el filo de un hacha de mango corto.

El drama no había durado más que unos minutos. Sólo el jefe del convoy había sido respetado. Tembloroso, incapaz de huir, vio acercarse al asesino de amplio torso cubierto de vello rojizo.

–Déjame vivir... ¡Te convertiré en un hombre rico!

Uri-Techup soltó una carcajada y hundió su espada en el vientre del infeliz. El hitita detestaba a los mercaderes.

Sus acólitos fenicios recuperaron sus flechas y se pusieron en camino. Los asnos obedecieron las órdenes de sus nuevos dueños.

El sirio Raia temía la violencia de Uri-Techup, pero no había encontrado mejor aliado para defender la causa de las facciones que rechazaban la paz y deseaban derribar a Ramsés a toda costa. Durante aquella tregua, Raia se enriquecía; sin embargo estaba convencido de que la guerra estallaría de nuevo y los hititas se lanzarían al asalto de Egipto. El antiguo general en jefe Uri-Techup sería elegido en plebiscito por sus tropas y les insuflaría el gusto por la victoria. Haberle ayudado a salir del abismo le valdría a Raia, en un porvenir más o menos lejano, una posición privilegiada.

Cuando el hitita apareció en su almacén, Raia no pudo contener un imperceptible movimiento de retroceso. Tenía la sensación de que aquel ser cruel, gélido e hirviente a la vez podía cortarle el cuello por el simple placer de matar.

–¡Ya estáis de regreso!

–¿No estás contento de volver a verme, Raia?

–Al contrario, príncipe. Pero vuestra tarea no era sencilla y...

–La he simplificado.

La fina barba del mercader sirio tembló. Había solicitado a Uri-Techup que se pusiera en contacto con los fenicios y les comprara el cargamento de olíbano procedente de la península arábiga. Las negociaciones podían ser largas, pero Raia había dado a Uri-Techup bastantes placas de estaño para convencer al jefe del convoy de que cediera su carga. El sirio había añadido también una placa de plata, de contrabando, raras vasijas y hermosas piezas de paño.

–Simplificado... ¿De qué modo?

–Los mercaderes parlotean; yo actúo.

–De modo que habéis conseguido fácilmente que el jefe del convoy os vendiera el olíbano.

Uri-Techup sonrió con malicia.

–Muy fácilmente.

–Y sin embargo, es duro regateando.

–Nadie discute con mi espada.

–¿No habréis...?

–Contraté mercenarios y hemos eliminado a los hombres del convoy, incluido su jefe.

–¿Pero por qué...?

–No me gusta parlamentar y, después de todo, tengo el olíbano. ¿No es eso lo esencial?

–¡Habrá una investigación!

–Arrojamos los cuerpos al fondo de un barranco.

Raia se preguntó si no debería haber llevado la tranquila existencia de un mercader; pero era demasiado tarde para retroceder. A la menor reticencia, Uri-Techup no vacilaría en librarse de él.

–¿Y ahora?

–Debemos destruir el olíbano –estimó Raia.

–¿No vale una fortuna el cargamento?

–Sí, pero el comprador, fuera cual fuese, nos traicionaría; este olíbano estaba destinado a los templos.

–Necesito armas, caballos y mercenarios.

–¡No corráis el riesgo de venderlo!

–¡Los consejos de los mercaderes son siempre detestables! Tú lo venderás por mí, en pequeñas cantidades, a negociantes que salgan hacia Grecia y Chipre. Y comenzaremos a formar redes de fieles decididos a arruinar este maldito país.

El plan de Uri-Techup no era irrazonable. Gracias a intermediarios fenicios, Raia se desharía del olíbano sin excesivos riesgos. Absolutamente hostil a Egipto, Fenicia albergaba a muchos decepcionados por la política de Hattusil.

–Necesito respetabilidad –prosiguió el hitita–; Serramanna no dejará de acosarme, salvo si parezco ocioso y decidido a gozar de los placeres de la vida.

Raia reflexionó.

–Lo que necesitáis es casaros con una viuda acomodada y honorable que esté falta de amor.

–¿Tienes alguna a mano?

Raia se rascó la barbita.

–Mi clientela es vasta... Se me ocurren dos o tres candidatas. La semana próxima organizaré un banquete y os presentaré.

–¿Cuándo saldrá de la península arábiga el próximo cargamento de olíbano?

–Todavía no lo sé, pero tenemos tiempo. Mi red de informadores no dejará de avisarnos... aunque una nueva acción violenta podría provocar la reacción del ejército egipcio.

–No quedará rastro alguno de violencia y las autoridades egipcias se sentirán perplejas. Habremos echado mano a la cosecha de todo el año. ¿Por qué estás tan convencido de que la falta de olíbano hará vacilar a Ramsés?

–Para Egipto, el ajustado cumplimiento de los ritos es esencial; cuando no se celebran de acuerdo con las reglas establecidas desde el tiempo de los antepasados, el equilibrio del país está en peligro. En cuanto los sacerdotes adviertan que carecen de olíbano y mirra, se rebelarán contra Ramsés.

¿Y qué podrá hacer salvo comprobar su imprevisión? Será acusado de despreciar a los dioses, descontentará al clero y al pueblo. Si conseguimos propagar algunas noticias falsas que contribuyan a la confusión y privar a Ramsés de uno o dos apoyos importantes, estallarán graves disturbios en las principales ciudades.

Uri-Techup imaginó un Egipto pasado a fuego y sangre, entregado a los desvalijadores, con las coronas del faraón pisoteadas por el ejército hitita y la mirada de Ramsés llena de terror.

El odio deformó el rostro de Uri-Techup hasta el punto de que el mercader sirio se asustó; durante unos instantes, el hitita entró en el reino de las tinieblas, perdiendo contacto con el mundo de los hombres.

–Quiero golpear enseguida y con fuerza, Raia.

–La paciencia es indispensable, señor; Ramsés es un temible adversario. La precipitación nos llevaría al fracaso.

–He oído hablar de sus protecciones mágicas... Pero se debilitan con la edad, y Nefertari ya no está ahí para ayudar al maldito monarca.

–Nuestra red de espionaje había conseguido manipular al hermano de Ramsés y al ministro Meba –recordó Raia–; ellos murieron, pero he conservado preciosos contactos con la Alta Administración. Los funcionarios son a veces parlanchines; uno de ellos me dijo que las relaciones diplomáticas entre el Hatti y Egipto podrían degradarse.

–¡Es una noticia formidable! ¿Cuál es la causa de la discordia?

–El secreto está todavía muy bien guardado, pero sabré algo más.

–La suerte está cambiando, Raia. ¿Y crees que soy menos temible que Ramsés?

7

La sierva de Iset la bella enjabonó largo rato la espalda de la reina antes de derramar sobre su esbelto cuerpo agua tibia perfumada. Utilizaba una sustancia rica en saponina, extraída de la corteza y de la carne del fruto del balanites, árbol precioso y generoso. Soñadora, la reina de Egipto se confió a su manicura y a su peluquera. Un servidor le acercó una copa de leche fresca.

Iset la bella se sentía más cómoda en Pi-Ramsés que en Tebas. Allí, en la orilla occidental, estaba la tumba de Nefertari, en el Valle de las Reinas, y su capilla del Ramesseum, donde Ramsés en persona solía celebrar el culto; aquí, en la capital cosmopolita creada por el faraón, la existencia era muy agitada y la gente pensaba menos en el pasado y en el más allá.

Iset se miró en un espejo de bronce pulido, en forma de disco y cuyo mango representaba una mujer desnuda, de largas piernas, con la cabeza coronada por una umbela de papiro.

Sí, era bella todavía; su piel era suave como una tela preciosa, su rostro había conservado una extraordinaria frescura, el amor brillaba en su mirada. Pero su belleza nunca igualaría la de Nefertari y agradecía a Ramsés que no le hubiera mentido afirmando que olvidaría, algún día, a su primera gran esposa real. Iset no estaba celosa de Nefertari; sino que, al contrario, la añoraba muchísimo. Iset la bella nunca había deseado su puesto; haberle dado dos hijos a Ramsés bastaba para su felicidad.

¡Qué distintos eran! El mayor, Kha, de treinta y siete años, titular de altas funciones religiosas, se pasaba la mayor parte del tiempo en las bibliotecas de los templos; a los veintisiete años, el menor, Merenptah, era tan atlético como su padre y demostraba una gran afición al mando. Tal vez uno de los dos debería reinar; pero el faraón podía elegir también, como sucesor, a uno de sus numerosos «hijos reales», la mayoría de los cuales eran brillantes administradores.

A Iset no le importaban el poder ni el porvenir. Saboreaba uno a uno los instantes del milagro que el destino le ofrecía. Vivir junto a Ramsés, participar a su lado en las ceremonias oficiales, verle reinar sobre las Dos Tierras... ¿Había existencia más maravillosa?

La sierva trenzó los cabellos de la reina, los perfumó con mirra, colocó luego una corta peluca a la que añadió una diadema de perlas y cornalina.

–Perdonadme la familiaridad... ¡Pero vuestra majestad está arrobadora!

Iset sonrió. Tenía que estar bella para Ramsés, con el fin de hacerle olvidar que su juventud había desaparecido.

Cuando iba a levantarse, él entró en la habitación. Ningún hombre podía compararse con él, ninguno poseía su inteligencia, su fuerza y su prestancia. Los dioses se lo habían dado todo y él devolvía la ofrenda a su país.

–¡Ramsés! No estoy vestida todavía.

–Tengo que hablarte de un asunto grave.

Iset la bella había temido aquella prueba. Nefertari sabía gobernar, ella no; verse asociada a la conducción del navío del Estado la aterrorizaba.

–Tu decisión será la acertada.

–Esto te afecta directamente, Iset.

–¿A mí? Puedo jurarte que no he intervenido en modo alguno, que...

–Está en causa tu propia persona, y la paz está en juego.

–¡Explícate, te lo ruego!

–Hattusil exige que me case con su hija.

–Una esposa diplomática... ¿por qué no?

–Exige mucho más: que se convierta en mi gran esposa real.

Iset la bella permaneció inmóvil unos instantes, luego sus ojos se llenaron de lágrimas. El milagro acababa de terminar. Era necesario que desapareciera y cediese su lugar a una joven y hermosa hitita, símbolo del cordial entendimiento entre Egipto y el Hatti. En la balanza, Iset la bella pesaba menos que una pluma.

–La decisión es tuya –declaró Ramsés–; ¿aceptas abandonar tus funciones y retirarte?

La reina esbozó una pobre sonrisa.

–Esa princesa hitita debe de ser muy joven...

–Poco importa su edad.

–Me has hecho muy feliz, Ramsés; tu voluntad es la de Egipto.

–¿Así pues, aceptas?

–Sería criminal poner obstáculos a la paz.

–¡Pues bien, yo no pienso ceder! El emperador del Hatti no va a dictar sus decisiones al faraón de Egipto. No somos un pueblo de bárbaros que trata a las mujeres como criaturas inferiores. ¿Qué señor de las Dos Tierras se atrevió a repudiar nunca a su esposa real, que participa del ser del faraón? ¡Y a mí, a Ramsés, un guerrero de Anatolia se atreve a pedirme que viole la ley de nuestros antepasados!

Ramsés tomó tiernamente las manos de Iset la bella.

–Has hablado en nombre de Egipto, como debía hacerlo una verdadera reina; ahora me toca actuar a mí.

La luz de poniente se filtró por una de las tres grandes ventanas con celosías de piedra que iluminaban el vasto despacho de Ramsés y cubrió de oro la estatua de Seti. Devuelta a la vida por la magia del escultor y la abertura ritual de la boca y los ojos, la efigie del monarca seguía transmitiendo un mensaje de rectitud que sólo su hijo captaba cuando la paz del anochecer se adornaba con el esplendor divino.

Blancos muros, una gran mesa en la que se había desplegado un mapa del Próximo Oriente, un sillón de respaldo recto para el faraón, sillas de paja para sus visitantes, una biblioteca con los libros consagrados a la protección del alma real y un armario para papiros: ése era el austero marco en el que Ramsés el Grande tomaba, solo, las decisiones que comprometían el porvenir de su país.

El monarca había consultado a los sabios de la Casa de Vida de Heliópolis, a los sumos sacerdotes puestos a la cabeza de los santuarios principales, a Ameni, al visir y a los ministros, luego se había encerrado en su despacho y había dialogado con el alma de su padre. Antaño, habría hablado con Nefertari y Tuya; Iset la bella conocía sus límites y no le era de gran ayuda. El peso de la soledad aumentaba; muy pronto tendría que poner a prueba a sus dos hijos, para saber si uno u otro sería apto para proseguir la obra iniciada desde el primer faraón.

Egipto era fuerte y frágil. Fuerte, porque la ley de Maat perduraba más allá de las pequeñeces humanas; frágil, porque el mundo cambiaba, concediendo una parte cada vez mayor a la tiranía, a la avidez y al egoísmo. Los faraones serían sin duda los primeros que lucharían para que reinase la diosa Maat, encarnación de la Regla universal, de la justicia, del amor que vinculaba entre sí los elementos y los componentes de la vida. Pues sabían que sin Maat, este mundo sería sólo un campo cerrado donde los bárbaros combatirían con armas cada vez más destructoras para incrementar sus privilegios y destruir cualquier vínculo con los dioses.

La tarea del faraón, cumplida en armonía con las potencias invisibles, consistía en defender el lugar privilegiado que ocupaba Maat y protegerlo del desorden, de la violencia, de la injusticia, de la mentira y del odio. Y lo que el emperador del Hatti exigía era contrario a Maat.

Un guardia introdujo a Acha, vestido con una túnica de lino y una camisa de manga larga, la finura de cuya ejecución era excepcional.

–No me gustaría trabajar en un lugar semejante –dijo a Ramsés–; realmente es demasiado austero.

–A mi padre no le gustaban las decoraciones recargadas, y a mí tampoco.

–Ser faraón no deja suficiente lugar a la fantasía; quienes te envidian son unos imbéciles o unos inconscientes ¿Ha tomado su decisión tu majestad?

–Mis consultas han terminado.

–¿He conseguido convencerte?

–No, Acha.

El ministro de Asuntos Exteriores miró el mapa del Próximo Oriente.

–Me lo temía.

–Las exigencias de Hattusil son un insulto. Ceder a ellas supondría renegar de la institución faraónica.

Acha posó el índice en el territorio del Imperio hitita.

–Una negativa equivale a una declaración de guerra, majestad.

–¿Condenas mi decisión?

–Es la del faraón y la de Ramsés el Grande. Tu padre habría tomado la misma.

–¿Me tendías una trampa?

–Hacía mi trabajo de diplomático, en favor de la paz. ¿Sería acaso amigo de Ramsés si no le pusiera a prueba?

Los labios del rey esbozaron una sonrisa.

–¿Cuándo dará tu majestad la orden de movilización general?

–El jefe de mi diplomacia es muy pesimista.

–Tu respuesta oficial provocará el furor de Hattusil y no vacilará ni un momento en abrir las hostilidades.

–Te falta confianza en ti mismo, Acha.

–Soy realista.

–Si hay alguien que aún puede salvar la paz, ése eres tú.

–Dicho de otro modo, el faraón me ordena partir hacia Hattusa, precisar tu posición al emperador hitita y hacerle cambiar de decisión.

–Lees mis pensamientos.

–No hay posibilidad de éxito.

–Acha... ¿Acaso no has conseguido otras hazañas?

–He envejecido, majestad.

–¡Por lo tanto tienes experiencia! Limitarse a una controversia sobre esa boda imposible no bastará; es conveniente mostrarse más ofensivo.

El diplomático frunció el entrecejo; creía conocer bien a Ramsés pero, una vez más, el faraón le sorprendía.

–Firmamos un tratado de ayuda mutua con nuestro gran amigo Hattusil –prosiguió el rey–; le explicarás que temo un ataque libio en nuestra frontera occidental. Ahora bien, desde que se instauró la paz, nuestro armamento ha envejecido y carecemos de hierro. Solicitarás pues al emperador hitita que nos proporcione una importante cantidad. Gracias a él y de acuerdo con nuestros pactos, podremos defendernos contra el agresor.

Atónito, Acha se cruzó de brazos.

–¿Realmente es ésta mi misión?

–Olvidaba un detalle: exijo que el hierro nos sea entregado cuanto antes.

8

Kha, el hijo de Ramsés e Iset la bella, se había negado a seguir la carrera del Ejército y la Administración. Aquellas tareas profanas no le seducían, mientras que sentía una verdadera pasión por los escritos de los sabios y los monumentos del Antiguo Imperio. Con el rostro anguloso y severo, el cráneo afeitado, los ojos de un azul oscuro, más bien delgado, los andares algo rígidos a causa de unas articulaciones que a veces le dolían, Kha era un investigador nato. Se había formado luchando contra Setaú y sus trucos mágicos y reinaba con firmeza sobre el clero del dios Ptah de Menfis. Desde hacía mucho tiempo, Kha había delegado el aspecto temporal de su cargo para dedicarse a las fuerzas oscuras que se manifestaban en el aire y en la piedra, en el agua y en la madera.

La Casa de Vida de Heliópolis conservaba «las almas de la luz», es decir, los archivos secretos quc databan de la edad de oro, durante la cual los faraones habían edificado pirámides y los sabios redactado rituales. ¿Acaso no se habían penetrado, en aquella época bendita, los secretos de la vida y de la muerte? No contentos con haber explorado los misterios del universo, aquellos sabios los habían transcrito en jeroglíficos con el fin de transmitir su misión a las generaciones futuras.

Reconocido por todo el mundo como el mejor experto en la tradición, Kha había sido elegido como organizador de la primera fiesta-*sed* de Ramsés, que marcaba su trigésimo año de reinado. Tras tan largo período asumiendo el poder, la potencia mágica del faraón se consideraba agotada; así pues, había sido necesario reunir a su alrededor a todos los dioses y diosas, para que aquella comunidad sobrenatural le devolviera una nueva energía. Aunque algunos demonios habían intentado, en vano, oponerse a la regeneración de Ramsés[1].

Kha no se limitaba a descifrar grimorios; le obsesionaban vastos proyectos, tan vastos que necesitaría el aval del faraón. Antes de exponer esos sueños a su padre, tenía que hacerlos poco a poco realidad. Por ello, desde el alba, recorría la cantera de la montaña roja, junto a Heliópolis, para encontrar bloques de cuarcita. En aquellos lugares, según el mito, los dioses habían terminado con los hombres rebelados contra la luz, y su sangre había impregnado para siempre la piedra.

Aunque no había recibido la formación de un cantero o un escultor, Kha comulgaba por instinto con el material en bruto; percibía la energía latente que recorría las venas de la piedra.

–¿Qué buscas, hijo mío?

Brotando de la luz del joven sol que, vencedor de las tinieblas, imponía su imperio al desierto, Ramsés contempló a Kha.

El primogénito del rey dejó de respirar. Kha no ignoraba que Nefertari había sacrificado su vida para salvarle de los maleficios de un mago negro, y a veces se preguntaba si Ramsés no sentiría cierto resentimiento contra él.

–Te equivocas, Kha. No tengo que hacerte reproche alguno.

–¡Descifras mis más secretos pensamientos!

1. Sobre este episodio véase mi trilogía *El juez de Egipto:* 1.° *La pirámide asesinada;* 2.° *La ley del desierto;* 3.° *La justicia del visir,* publicada también por Círculo de Lectores.

–¿No deseabas verme?

–Creía que estabas en Tebas y hete aquí, en la Montaña roja.

–Un grave peligro amenaza Egipto, debo afrontarlo. Es indispensable meditar en este lugar.

–¿No estamos en paz con los hititas?

–Tal vez se trate sólo de una tregua.

–Evitarás la guerra o vencerás... De cualquier modo, sabrás proteger Egipto de la desgracia.

–¿No deseas ayudarme?

–La política... No, soy incapaz de ello. Y tu reinado durará mucho tiempo si respetas los ritos ancestrales. Precisamente quería hablar contigo de esta necesidad.

–¿Qué quieres proponerme?

–Es preciso empezar a preparar tu próxima fiesta de regeneración.

–¿Tres años después de la primera?

–En adelante, habrá que celebrar el rito a intervalos regulares y frecuentes. Ésa es la conclusión de mis investigaciones.

–Haz lo que creas necesario.

–No podías darme mayor alegría, padre mío; ni una sola divinidad faltará a tu próximo jubileo. El gozo se extenderá por las Dos Tierras, la diosa Nut sembrará los cielos malaquita y turquesa.

–Tienes otro proyecto, Kha; ¿a qué templo destinas los bloques de cuarcita que estás buscando?

–Desde hace varios años me intereso por nuestros orígenes; entre nuestros primeros ritos, estaba la carrera de un toro llamado *Apis,* que encarnaba la capacidad del rey para cruzar todos los espacios. Conviene honrar más aún a ese extraordinario animal y concederle una sepultura digna de su poder... sin olvidar la restauración de viejos monumentos, como algunas pirámides que han sufrido las injurias del tiempo y del invasor hicso. ¿Me concedes equipos de constructores para realizar estos trabajos?

–Elige tú mismo al maestro de obras y a los talladores de piedras.

El severo rostro de Kha se iluminó.

–Este lugar es extraño –advirtió Ramsés–; la sangre de los rebeldes impregna estas piedras. Aquí, el eterno combate de la luz contra las tinieblas ha dejado huellas profundas. La Montaña roja es un poderoso lugar por el que es conveniente aventurarse con prudencia. No estás aquí por casualidad, Kha: ¿qué tesoro buscas?

El primogénito del rey se sentó en un bloque pardusco.

–El libro de Thot. El libro que contiene el secreto de los jeroglíficos. Está en alguna parte de la necrópolis de Saqqara; lo encontraré aunque mi búsqueda dure varios años.

A sus cincuenta y cuatro años, Tanit era una fenicia muy hermosa, cuyas formas abundantes atraían la mirada de hombres mucho más jóvenes; viuda de un rico comerciante, amigo del sirio Raia, había heredado una considerable fortuna que ella disfrutaba sin freno, organizando banquete tras banquete en su suntuosa mansión de Pi-Ramsés.

La fugosa fenicia se había consolado muy pronto de la muerte de un marido que le parecía vulgar y aburrido. Tras haber fingido tristeza durante unas semanas, Tanit se había arrojado en brazos de un magnífico nubio de evidentes atributos. Pero al igual que había sucedido con sus anteriores amantes, se había cansado de él; pese a su virilidad, se agotaban antes que ella. Y una amante tan ávida de placer como Tanit no podía perdonarles esa deplorable falta de resistencia.

Tanit podría haber regresado a Fenicia, pero cada vez le gustaba más Egipto. Gracias a la autoridad y a la influencia de Ramsés, la tierra de los faraones tenía un perfume paradisíaco. En ninguna otra parte una mujer podía vivir con tanta libertad como en Egipto.

Al caer la tarde llegaron los invitados. Ricos egipcios que negociaban con la dama Tanit, altos funcionarios fascinados por la fenicia, compatriotas que acechaban su fortuna, sin mencionar las caras nuevas que la dueña de la casa descubría divertida. ¿Había algo más excitante que sentir, posada en ella, la mirada de un hombre cargada de deseo? Tanit sabía mostrarse risueña unas veces, lejana otras, no dejando nunca adivinar cómo acabaría el encuentro con su interlocutor. Mantenía la iniciativa en cualquier circunstancia, y tomaba la decisión. El varón que intentara dominarla, no tenía posibilidad alguna de seducirla.

Como de costumbre, los manjares serían suculentos, especialmente el solomillo de liebre a la salsa de cerveza y acompañado por caviar de berenjena, y notables los vinos; gracias a sus relaciones con palacio, Tanit había obtenido incluso algunas jarras de vino tinto de Pi-Ramsés, que databan del año 21 de Ramsés, fecha del tratado de paz con los hititas. Y, como de costumbre, la fenicia pondría sus lascivos ojos en los más apuestos hombres, en busca de una futura presa.

–¿Cómo estáis, amiga mía?

–¡Raia! Es una alegría veros de nuevo. Estoy de maravilla.

–Si no temiera halagaros, diría que vuestra belleza no deja de aumentar.

–El clima me sienta bien. Y, además, el dolor de haber perdido a mi añorado esposo comienza a calmarse.

–Afortunadamente, ésa es la ley de la naturaleza; una mujer como vos no está hecha para la soledad.

–Los hombres son mentirosos y brutales –dijo haciendo una mueca–; debo desconfiar de ellos.

–Hacéis bien siendo prudente, pero estoy convencido de que el destino os concederá de nuevo la felicidad.

–¿Y los negocios?

–Trabajo, mucho trabajo... Fabricar conservas de lujo exige una mano de obra muy cualificada, que reclama altos salarios. En cuanto a los jarros exóticos, que tanto aprecia la buena sociedad, se necesitan muchas negociaciones y viajes para importarlos. Los artesanos serios no son baratos. Y como mi reputación se basa en la calidad, debo invertir sin cesar; por eso nunca seré rico.

–La suerte os ha sonreído... Creo que vuestras preocupaciones han terminado.

–Me acusaron, falsamente, de excesivas simpatías por los hititas; de hecho, comercié con ellos sin preocuparme por la política. La instauración de la paz hizo olvidar las viejas querellas. Ahora, la colaboración con nuestros colegas extranjeros es alentada incluso. ¿No es ésta, acaso, la más hermosa victoria de Ramsés?

–El faraón es tan seductor... Lástima que sea inaccesible.

La paz, el tratado firmado por Ramsés y Hattusil, la pérdida del espíritu de conquista del Imperio hitita, el triunfante Egipto... Raia no soportaba ya las cobardías y las defecciones que habían causado el desastre. Había luchado para que la supremacía del ejército anatolio se extendiera por todo el Próximo Oriente, y no renunciaba a ese combate.

–¿Puedo presentaros a un amigo? –le preguntó a Tanit, quien se mostró intrigada enseguida.

–¿De quién se trata? –quiso saber.

–De un príncipe hitita que vive en Egipto. Ha oído hablar mucho de vos, pero es un hombre bastante tímido; he debido insistir para que aceptara asistir a este banquete, pues las mundanidades le asustan.

–Mostrádmelo.

–Está allí, junto al macizo de adelfas.

Colocada sobre un pilar, una lámpara iluminaba a Uri-Techup, apartado del grupo de invitados que intercambiaban banalidades. La vacilante luz revelaba la brutalidad de su rostro, la abundancia de sus largos cabellos, la virilidad de su torso cubierto de vello rojizo, la dureza de su musculatura de guerrero.

Tanit enmudeció de emoción. Jamás había contemplado un animal salvaje que desprendiera tan intensa sensualidad. El banquete dejó de existir, sólo tuvo ya una idea en la cabeza: hacer el amor cuanto antes con aquel semental.

9

Ramsés asistía al combate que libraban Serramanna y Merenptah. Provisto de una coraza articulada, un casco con cuernos coronado por un disco de bronce y un escudo redondo, el sardo daba grandes espadazos al escudo rectangular del hijo menor de Ramsés, obligado a retroceder. El faraón había pedido al jefe de su guardia que no tuviera consideraciones con su adversario; puesto que Merenptah quería demostrar su valor en el combate, no podía soñar con un adversario mejor.

A sus veintisiete años, Merenptah, «el amado del dios Ptah», era un apuesto atleta, valeroso, reflexivo, dotado de excelentes reflejos. Aunque el sardo superaba ya los cincuenta, no había perdido ni una pizca de fuerza y dinamismo; resistir era ya una hazaña.

Merenptah cedía terreno, volvía al ataque, paraba los golpes, se desplazaba lateralmente; poco a poco fatigaba a Serramanna.

De pronto, el gigante se inmovilizó y arrojó al suelo su larga espada de hoja triangular y su escudo.

–Basta ya de escaramuzas. Luchemos con las manos desnudas.

Merenptah dudó unos instantes, luego imitó al sardo. Ramsés recordó el enfrentamiento, a orillas del Mediterráneo, en el que había vencido al pirata Serramanna y lo había convertido en jefe de su guardia personal.

El hijo del rey se vio sorprendido por la embestida del coloso, con la cabeza baja; en la escuela militar, Merenptah no había aprendido a combatir como una fiera. Caído de espaldas en el polvo del cuartel, creyó ahogarse bajo el peso del antiguo pirata.

–La instrucción ha terminado –declaró Ramsés.

Ambos hombres se levantaron. Merenptah estaba furioso.

–¡Me ha cogido a traición!

–El enemigo siempre actúa así, hijo mío.

–Quiero reanudar el combate.

–Es inútil, ya he visto lo que quería ver. Puesto que has recibido una lección de provecho, te nombro general en jefe del ejército de Egipto.

Serramanna aprobó la decisión asintiendo con la cabeza.

–En menos de un mes –prosiguió Ramsés–, me entregarás un informe completo y detallado sobre el estado de las tropas y la calidad de su armamento.

Mientras Merenptah recuperaba el aliento, Ramsés se alejó en su carro, que conducía personalmente. ¿A quién confiaría el destino de Egipto: a Kha, el erudito, o a Merenptah, el guerrero? Si sus respectivas cualidades estuvieran reunidas en uno solo y mismo ser, la elección sería fácil. Y Nefertari no estaba ya allí para aconsejar al monarca. Por lo que a los numerosos «hijos reales» se refiere, no desprovistos de aptitudes, ninguno tenía una personalidad tan fuerte como la de los dos hijos de Iset la bella. Y Meritamón, la hija de Nefertari, había decidido vivir recluida en un templo.

Ramsés debía tener en cuenta la opinión que había formado Ameni aquella misma mañana: «Que tu majestad se regenere con los ritos para seguir reinando hasta el total agotamiento de su energía. Para el faraón jamás ha habido otro camino, y nunca habrá otro».

Raia salió de su almacén, cruzó el barrio de los talleres, pasó ante el edificio real y tomó la gran avenida que llevaba a los templos de Pi-Ramsés. Flanqueada de acacias y sicomoros que dispensaban una bienhechora sombra, era como la capital de Ramsés, majestuosa y tranquilizadora.

El mercader dejó a la izquierda el templo de Amón y a la derecha el templo de Ra; con pasos que querían ser tranquilos, se dirigió al templo de Ptah. Cerca del edificio, estuvo a punto de batirse en retirada; en el muro exterior estaban empotradas unas estelas en las que los escultores habían grabado orejas y ojos. ¿No escuchaba el dios las palabras más secretas y no veía las más ocultas intenciones?

«Superstición», pensó Raia, incómodo sin embargo; evitó la vuelta de ángulo del muro donde se había dispuesto una hornacina que albergaba una estatuilla de la diosa Maat. El pueblo podía contemplar así el secreto principal de la civilización faraónica, esa Regla inmutable, nacida más allá del tiempo y del espacio.

Raia se presentó ante la puerta de los artesanos; el guardián le conocía. Intercambiaron algunas frases anodinas sobre la belleza de la capital, el mercader se quejó de la avaricia de ciertos clientes, luego fue autorizado a entrar en la parte reservada a los orfebres. Especialista en jarros preciosos, Raia trataba a bastantes de ellos, y no dejó de preguntar por la familia de uno y por la salud de otro.

–Quisieras arrancarnos nuestros secretos –murmuró un viejo técnico que colocaba lingotes en un carro.

–He renunciado a ello –reconoció Raia–. Me conformo con veros trabajar.

–¿No vendrás aquí para descansar?

–Me gustaría adquirir una o dos piezas hermosas.

–¡Para revenderlas tres veces más caras!

–Es el comercio, amigo mío.

El anciano técnico volvió la espalda a Raia, acostumbrado a esos desplantes. Discreto, casi invisible, observó a los aprendices que llevaban lingotes a unos compañeros, que iban pesándolos controlados por escribas especializados. Luego el metal precioso era depositado en una vasija cerrada, puesta al fuego; un soplete atizaba la llama. Los sopladores tenían a menudo las mejillas hinchadas para no perder el ritmo. Otros técnicos vertían el metal fundido en receptáculos de formas diversas y confiaban el material a los orfebres, que lo trabajaban en un yunque, con martillos de piedra, para moldear collares, brazaletes, jarras, decoración para puertas de templo y estatuas. Los secretos del oficio se transmitían de maestro a discípulo, a lo largo de una iniciación que exigía numerosos años de aprendizaje.

–Magnífico –le dijo Raia a un orfebre que acababa de terminar un pectoral.

–Adornará la estatua de un dios –precisó el artesano.

El mercader se expresó en voz baja.

–¿Podemos hablar?

–Hay bastante ruido en el taller. Nadie nos oirá.

–Me han dicho que tus dos muchachos quieren casarse.

–Es posible.

–Si les ofreciera algunos muebles, ¿te satisfaría?

–¿Cuál es su precio?

–Una simple información.

–No cuentes conmigo para revelarte nuestros procedimientos de fabricación.

–¡No pido nada semejante!

–¿Qué quieres saber?

–Hay cierto número de sirios que se han instalado en Egipto y a quienes me agradaría ayudar a integrarse mejor; ¿no has contratado a uno o dos para tu taller?

–Uno, es cierto.

–¿Satisfecho de su suerte?

–Más o menos.

–Si aceptas decirme su nombre, hablaré con él.

–¿Es todo lo que deseas, Raia?

–Comienzo a envejecer, no tengo hijos, poseo algunos bienes y me gustaría favorecer a un compatriota.

–Egipto te ha enseñado a ser menos egoísta... Eso está bien. Durante el juicio del alma, el gran dios aprecia la generosidad. Tu sirio es uno de los sopladores. El más gordo, con las orejas despegadas.

–Espero que mis regalos contribuyan a la felicidad de tus hijos.

Raia aguardó a que finalizara el trabajo para hablar con su compatriota. Tras dos fracasos con un carpintero y un albañil, satisfechos de su condición, el éxito fue total.

El soplador sirio, ex prisionero capturado junto a Kadesh, se negaba a admitir la derrota de los hititas y deseaba que se rompiera la paz. Agriado, rencoroso y revanchista, era el tipo de hombre que Uri-Techup y Raia necesitaban. Además, el obrero tenía algunos amigos que compartían su punto de vista.

A Raia no le costó convencerle de que trabajara para él y entrara en un grupo de residentes cuya misión sería atacar los intereses vitales de Egipto.

Uri-Techup mordió a su amante en el cuello y la penetró con violencia. Tanit suspiró de satisfacción. Por fin conocía la pasión, esa mezcla de brutalidad y deseo insatisfecho sin cesar.

–Más –suplicó.

El hitita gozaba sin miramientos del abundante cuerpo de la hermosa fenicia. En las fortalezas de Anatolia, Uri-Techup había aprendido a utilizar a las mujeres como merecían.

Por un instante, Tanit sintió cierto espanto; era la primera vez que no controlaba la situación. Aquel hombre bestial, de inagotable savia, era casi terrorífico. Nunca encontraría un amante igual, capaz de compartir sus más delirantes vicios.

En mitad de la noche, cedió.

–Basta... No puedo más.

–¿Ya?

–¡Eres un monstruo!

–Sólo has conocido chiquillos, hermosa mía; yo soy un hombre.

Ella se acurrucó junto a su vientre.

–Eres maravilloso... Me gustaría que el alba no llegara nunca.

–¿Qué importa?

–Pero... ¡Tendrás que marcharte! Nos veremos la próxima noche.

–Me quedo.

–¿Sabes lo que eso significa en Egipto?

–Cuando un hombre y una mujer viven bajo el mismo techo, a la vista de todo el mundo, están casados. Así pues, estamos casados.

Atónita, ella se apartó.

–Volveremos a vernos, pero...

Uri-Techup la obligó a tumbarse de espaldas y se tendió sobre ella.

–Vas a obedecerme, hembra; soy el hijo del difunto emperador del Hatti y heredero legítimo del imperio. Tú eres sólo una zorra fenicia que me dará placer y satisfará todas mis necesidades. ¿Eres consciente del honor que te concedo tomándote por esposa?

Tanit intentó protestar, pero Uri-Techup violó su intimidad con la rabia de un macho cabrío, y ella se vio arrastrada a un torbellino de delicias.

–Si me traicionas –murmuró el hitita con voz ronca–, te mato.

10

Setaú sacó de un cesto de junco una hogaza del pan triangular, un bol de puré de avena, pescado seco, un pichón estofado, una codorniz asada, dos riñones cocidos al vino, una costilla de buey sobre un lecho de cebolla frita, higos y queso a las hierbas. Con lentitud, depositó los manjares uno a uno sobre la mesa de Ameni, obligado a apartar los papiros que consultaba.

–¿Pero qué es eso?

–¿Estás ciego? Una comida adecuada, que apagará tu apetito durante dos o tres horas.

–No necesitaba que...

–Sí, lo necesitabas y mucho. Tu cerebro no funciona correctamente si no tienes la panza llena.

El escriba de tez pálida se rebeló.

–¿Me insultas?

–Es el único modo de llamar tu atención.

–No querrás volver a hablarme de...

–¡Precisamente! Quiero más créditos para Nubia y no me entretendré rellenando cincuenta formularios, como cualquier otro funcionario.

–Tienes un superior jerárquico, el virrey de Nubia.

–¡Un imbécil y un perezoso! Sólo piensa en su carrera y le importa un comino la provincia que Ramsés me encargó que hiciera fructificar. Para cubrirla de templos, para aumentar la superficie cultivable, necesito hombres y material.

–Habría que respetar, también, ciertos reglamentos.

–¡Ah, los reglamentos! Ahogan la vida. ¡Olvídalos, Ameni!

–No soy omnipotente, Setaú; el visir Pazair y el propio rey exigen cuentas.

–Dame lo que te pido, y ya contarás después.

–Dicho de otro modo, me haces responsable de tus errores futuros.

Setaú pareció sorprendido.

–¡Pues claro! Tú, con ese lenguaje oscuro de los escribas, podrás justificarnos.

El pichón estofado era una maravilla; Ameni no le puso mala cara al placer.

–Lo ha cocinado Loto, ¿no es cierto?

–Mi mujer es una auténtica hechicera.

–Estamos en el dintel de la corrupción de un funcionario.

–¿Me satisfarás, Ameni?

–Si Ramsés no sintiera tanto afecto por Nubia...

–Gracias a mí, dentro de unos años, será más rica que una provincia de Egipto.

Ameni la emprendió con la codorniz asada.

–Puesto que esos problemillas quedan resueltos –dijo Setaú–, te confesaré que estoy muy inquieto.

–¿Por qué razón?

–Ayer, al anochecer, estaba haciendo el amor con Loto; de pronto, ella se incorporó gritando: «¡Hay un monstruo que merodea!». No hablaba de las dos cobras que velan al pie del lecho, ni del ejército hitita al que Ramsés vencerá por segunda vez, si es necesario.

–¿Has identificado al monstruo?

–Para mí no queda duda alguna: se trata de la bestia hitita, Uri-Techup.

–Nada tenemos que reprocharle.

–¿Has avisado a Serramanna?

–Claro.

–¿Su reacción?

–Detesta a Uri-Techup, como tú, y piensa que liberarlo fue un error; pero el hitita no ha cometido fechoría alguna. Para mí, ese guerrero vencido es un príncipe castrado. ¿Qué podemos temer de él?

Cuando los primeros rayos del sol iluminaron su habitación, Serramanna abrió los ojos. A su izquierda tenía una nubia dormida. A su derecha, una libia algo más joven. El gigante sardo no recordaba ya sus nombres.

–¡Arriba, chiquillas!

Como controlaba mal su fuerza, la palmada que el gigante propinó al delicado trasero de sus dos compañeras de noche fue menos acariciadora de lo que deseaba. Sus gritos de aves de corral asustadas le produjeron jaqueca.

–Vestíos y largaos.

Serramanna se zambulló en la alberca que ocupaba la mayor parte de su jardín y nadó unos veinte minutos. No conocía mejor remedio para disipar los efectos del vino y de los juegos amorosos.

De nuevo en forma, se disponía a devorar una hogaza de pan fresco, cebollas, tocino y buey seco cuando su criado le anunció la visita de uno de sus subordinados.

–Novedades, jefe; hemos recuperado la pista de Uri-Techup.

–¿Muerto, supongo?

–Muy vivo y... casado.

–¿Con quién?

–Con Tanit, una rica viuda fenicia.

–¡Es una de las mayores fortunas de Pi-Ramsés! Debes de estar equivocado.

–Comprobadlo vos mismo, jefe.

–En marcha.

Con un enorme pedazo de buey seco entre los dientes, Serramanna saltó sobre su caballo.

El guardián de la mansión de la dama Tanit debería haber solicitado al gigante sardo un documento oficial que le autorizara a interrogar al propietario; sin embargo, la huraña mirada de Serramanna le disuadió de ello. Llamó al jardinero y le rogó que condujera al jefe de la guardia personal de Ramsés ante la dueña de la casa.

Vestida con una túnica de lino transparente que no ocultaba en absoluto sus abundantes encantos, Tanit estaba desayunando en una sombreada terraza en compañía de Uri-Techup, quien iba completamente desnudo.

–¡El ilustre Serramanna! –exclamó el hitita, visiblemente alborozado ante esa visita–. ¿Le invitamos a compartir nuestra comida, querida?

–Sabéis quién es ese hombre, dama Tanit.

–Sí, lo sé.

–Sé más precisa.

–Uri-Techup es un príncipe hitita, hijo del difunto emperador.

–También era general en jefe del ejército hitita y el bárbaro más empeñado en destruir Egipto.

–Es un pasado muy lejano –intervino Uri-Techup, zumbón–; Ramsés y Hattusil firmaron una hermosa paz, el faraón me concedió la libertad y todos vivimos felices. ¿No lo crees así, Serramanna?

El sardo advirtió que el cuello de la fenicia mostraba huellas de mordisco.

–Este hitita ha pasado la noche bajo vuestro techo y parece decidido a vivir aquí... ¿Sabéis lo que significa eso, dama Tanit?

–Naturalmente.

–Os obliga a casaros con él, ¿no es cierto?, so pena de torturaros.

–Responde, querida –ordenó Uri-Techup–; dile que eres una mujer libre, como cualquier otra egipcia, y que tomas sola tus decisiones.

La fenicia se puso virulenta.

–Amo a Uri-Techup y lo he elegido por esposo. Ninguna ley puede oponerse.

–Reflexionad bien, dama Tanit; si reconocéis que ese individuo os maltrata, le detengo inmediatamente y no correréis ya peligro alguno. Lo presentaré inmediatamente ante el tribunal y la sanción no será leve. Maltratar a una mujer es un crimen.

–¡Salid de mi casa!

–Me sorprende –añadió Uri-Techup, irónico–; he creído que recibíamos a un amigo y advierto que somos interrogados por un policía agresivo. ¿Tienes un documento oficial que te autorice a entrar en una propiedad privada, Serramanna?

–Tened cuidado, dama Tanit; os exponéis a graves contratiempos.

–Mi esposa y yo mismo podríamos denunciarlo –añadió el hitita–. ¡Pero por esta vez, pase! Desaparece, Serramanna, y deja tranquila a una pareja que sólo piensa en gozar de su felicidad.

Uri-Techup besó con ardor a la fenicia. Olvidando la presencia del sardo, ella comenzó a acariciar a su marido sin el menor pudor.

Los estantes y los armarios del espacho de Ameni amenazaban con derrumbarse bajo el peso de los documentos administrativos. El secretario particular del rey nunca había tenido tantos expedientes para tratar al mismo tiempo; como verificaba personalmente cada detalle, ya sólo dormía dos horas por noche y, a pesar de las protestas de sus colaboradores, había suprimido las vacaciones durante el trimestre siguiente. Generosas primas habían tranquilizado los espíritus.

Ameni se encargaba de las exigencias de Setaú referentes a Nubia y rechazaba los argumentos del virrey, partidario del inmovilismo; daba su opinión al visir Pazair, quien desconfiaba de los especialistas en economía; veía cada día a Ramsés para solicitar mil y una decisiones, tras haber preparado cuidadosamente los datos concretos que el soberano exigía; y estaba lo demás, todo lo demás, porque Egipto debía seguir siendo un gran país, una tierra irremplazable a la que era preciso servir sin pensar en el propio bienestar.

Sin embargo, cuando Serramanna irrumpió en su despacho, el escriba de tez pálida y hundidos rasgos se preguntó si sus hombros soportarían una nueva carga.

–¿Qué pasa ahora?

–Uri-Techup se ha casado, efectivamente, con la fenicia Tanit.

–Tiene suerte. La fortuna de esa dama es abundante.

–¡Es una catástrofe, Ameni!

–¿Pero por qué? Nuestro ex general en jefe languidecerá entre ocios y placeres.

–Ya no puedo vigilarle de modo eficaz. Si descubre a mis hombres, presentará denuncia y le darán la razón. Hoy es un hombre libre; oficialmente no tengo nada que reprocharle, aunque esté preparando un golpe bajo.

–¿Has hablado con Tanit?

–¡La ha golpeado y amenazado, estoy seguro! Pero ella se ha enamorado de él.

–Y pensar que existen ociosos que tienen tiempo de pensar en el amor. ¡Tranquilízate, Serramanna! Uri-Techup ha hecho, por fin, una conquista, pero ésta le apartará para siempre del camino de la guerra.

11

Hattusa[1], la capital del Imperio hitita, no había cambiado. Construida en la meseta de Anatolia central, expuesta a abrasadores estíos y gélidos inviernos, la ciudad fortificada se componía de una parte baja, cuyo monumento más notable era el templo del dios de la Tempestad y de la diosa del Sol, y de una parte alta, dominada por el austero palacio del emperador, deseoso de vigilar permanentemente los nueve kilómetros de murallas erizadas de torres y almenas.

No sin emoción, Acha contempló de nuevo Hattusa, pétrea encarnación del poderío militar hitita; ¿acaso no había estado a punto de perder ahí la vida, durante una misión de espionaje especialmente peligrosa que había precedido a la batalla de Kadesh?

El convoy del jefe de la diplomacia egipcia había tenido que atravesar áridas estepas y meterse en inhóspitos desfiladeros antes de llegar a la capital, rodeada de macizos montañosos cuya presencia era un considerable estorbo para un agresor eventual. Hattusa parecía una fortaleza inexpugnable, edificada sobre pitones rocosos, a costa de increíbles proezas técnicas. ¡Qué lejos estaba de Egipto y de sus ciudades abiertas, cálidas y acogedoras!

Cinco puertas fortificadas daban acceso al interior de Hattusa, dos practicadas en las murallas de la ciudad baja,

1. La actual Bogazkoy, a 150 km al este de Ankara (Turquía).

tres en las de la ciudad alta. La escolta hitita que acompañaba la embajada egipcia desde hacía un centenar de kilómetros la condujo al punto de acceso más elevado, la puerta de las Esfinges.

Antes de cruzarla, Acha celebró el rito hitita. Partió tres panes, derramó vino sobre la piedra y pronunció la fórmula obligatoria: «¡Que esta roca sea eterna!». El egipcio advirtió la presencia de recipientes llenos de aceite y de miel, destinados a impedir que los demonios propalaran sus miasmas por la ciudad. El emperador Hattusil no había modificado las tradiciones.

Esta vez, las fatigas del viaje habían hecho sufrir a Acha. De joven, detestaba quedarse quieto, amaba el peligro y no vacilaba en correr riesgos. Al llegar la madurez, salir de Egipto le resultaba una cruz. Aquella estancia en el extranjero le privaba de un placer irremplazable: ver gobernar a Ramsés. Respetando la regla de Maat, el faraón sabía que «escuchar es mejor que cualquier cosa», de acuerdo con la máxima del sabio Ptah-hotep, el autor preferido de Nefertari; permitía que sus ministros se expresaran largo rato, atento a cada tono, a cada actitud. De pronto, con la rapidez del cocodrilo *Sobek* ascendiendo desde las profundidades de las aguas para hacer que el sol renaciera, Ramsés decidía. Una sencilla frase, luminosa, evidente, definitiva. Manejaba el gobernalle con incomparable destreza, pues era por sí solo el navío del Estado y su piloto. Los dioses que le habían elegido no se habían equivocado; y los hombres habían hecho bien obedeciéndole.

Dos oficiales, con casco, coraza y botas, condujeron a Acha hacia la sala de audiencias del emperador Hattusil. El palacio se levantaba sobre un imponente saliente rocoso, formado por tres picos; en las almenas de las altas torres velaban continuamente soldados de elite. El dueño del país estaba a cubierto de cualquier agresión exterior; por ello los que aspiraban al poder supremo a menudo habían preferido el veneno a un ataque al palacio, sin posibilidad alguna de tener éxito.

Hattusil habría recurrido a él para acabar con Uri-Techup si Acha, cumpliendo su misión con rara destreza, no hubiera logrado favorecer la fuga del general en jefe, responsable de la muerte de su padre, el emperador Muwattali. Uri-Techup, refugiado en Egipto, había proporcionado a Ramsés útiles informaciones sobre el ejército hitita.

Una sola entrada permitía el acceso a «la gran fortaleza», de acuerdo con la apelación del pueblo, que la contemplaba con espanto; cuando la pesada puerta de bronce se cerró a sus espaldas, Acha tuvo la impresión de estar prisionero. El mensaje que debía entregar a Hattusil no le incitaba al optimismo.

Signo alentador, el emperador no le hizo esperar ni un minuto; Acha fue conducido hasta una sala gélida, con pesados pilares y cuyos muros estaban adornados con trofeos militares.

Pequeño, enclenque, con los cabellos sujetos por una cinta, el cuello adornado por un collar de plata y con un brazalete de hierro en el codo izquierdo, Hattusil vestía su habitual túnica larga, roja y negra. Un observador superficial habría pensado que era bastante insignificante, inofensivo incluso; pero eso habría supuesto ignorar el carácter obstinado y la capacidad de estratega del sacerdote de la diosa del Sol que, tras un largo conflicto, había terminado prevaleciendo sobre el temible Uri-Techup. Durante aquella implacable lucha, había recibido la ayuda de su esposa, la hermosa Putuhepa, cuya inteligencia era temida tanto por la casta de los militares como por la de los mercaderes.

Acha se inclinó ante los soberanos, sentados en macizos tronos desprovistos de elegancia.

–Que todas las divinidades de Egipto y del Hatti sean favorables a vuestras majestades, y que su reinado sea duradero como el cielo.

–Acha, te conocemos desde hace bastante tiempo como para dispensarte fórmulas de cortesía; ven a sentarte junto a nosotros. ¿Cómo se encuentra mi hermano Ramsés?

–Muy bien, majestad. ¿Puedo confesar a la emperatriz que su belleza ilumina este palacio?

Putuhepa sonrió.

–El halago sigue siendo una de las armas del jefe de la diplomacia egipcia.

–Estamos en paz, ya no necesito halagaros; mi declaración es, sin duda, irrespetuosa, pero sincera.

La emperatriz se ruborizó.

–Si siguen gustándote las mujeres hermosas –concluyó el emperador–, tendré que desconfiar.

–No me ha abandonado mi pronunciada afición, y no estoy dotado para la fidelidad.

–Sin embargo, salvaste a Ramsés de las trampas que el Hatti le tendía y desmantelaste nuestra red de espionaje.

–No exageremos, majestad; apliqué el plan del faraón y el destino me fue favorable.

–¡Lo pasado pasado está! Hoy tenemos que construir el porvenir.

–Ésa es la opinión de Ramsés: para él lo más importante en estos momentos es el fortalecimiento de la paz con el Hatti. De ella depende la felicidad de nuestros dos pueblos.

–Nos satisface oír estas palabras –intervino Putuhepa.

–Permitidme que insista en la voluntad del faraón –prosiguió Acha–; para Ramsés, el tiempo de los conflictos ha terminado y nada debe volver a encenderlos.

Hattusil se ensombreció.

–¿Qué oculta esta insistencia?

–Nada, majestad. Vuestro hermano Ramsés quiere que conozcáis sus pensamientos más íntimos.

–Le agredecerás la confianza que me concede y le dirás que estamos en perfecta armonía.

–Nuestros pueblos y sus aliados se alegrarán de ello. Sin embargo...

El jefe de la diplomacia egipcia posó el mentón en sus manos unidas, a la altura del pecho, en actitud meditativa.

–¿Qué ocurre, Acha?

–Egipto es un país rico, majestad; ¿dejará algún día de ser objeto de la codicia?

–¿Quién lo amenaza? –preguntó la emperatriz.

–En Libia ha renacido la agitación.

–¿No es el faraón capaz de aplastar la rebelión?

–Ramsés desearía actuar deprisa y utilizar un armamento eficaz.

La mirada inquisitiva de Hattusil escrutó a Acha.

–¿Resulta insuficiente el suyo?

–El faraón desea que su hermano, el emperador del Hatti, le haga llegar gran cantidad de hierro para poder fabricar armas ofensivas y aniquilar la amenaza libia cuanto antes.

Un largo silencio sucedió a la demanda del jefe de la diplomacia egipcia. Luego, Hattusil se levantó, nervioso, y recorrió la sala de audiencias.

–¡Mi hermano me exige una verdadera fortuna! No tengo hierro; ¡y si lo tuviera lo guardaría para mi propio ejército! ¿Intenta el faraón, que es tan rico, empobrecer y arruinar el Hatti? Mis reservas están vacías y no es un buen momento para fabricar hierro.

Acha permaneció impasible.

–Comprendo.

–Que mi hermano Ramsés se libre de los libios con sus armas habituales; más tarde, si sigue necesitando hierro, le mandaré una cantidad razonable. Dile que esta petición me sorprende.

–Se lo comunicaré, majestad.

Hattusil volvió a sentarse.

–Vayamos a lo esencial: ¿cuándo debe salir mi hija del Hatti para convertirse en la gran esposa real del Ramsés?

–Bueno... la fecha no se ha fijado todavía.

–¿No has venido para anunciármela?

–Una decisión tan importante exige reflexión, y...

–Basta de diplomacia –intervino la emperatriz–. ¿Acepta o no Ramsés repudiar a Iset la bella y ascender a nuestra hija al rango de reina de Egipto?

–La situación es delicada, majestad. La justicia egipcia no admite el repudio.

–¿Acaso una mujer dictará la ley? –preguntó con sequedad Hattusil–. Me importa un comino la tal Iset y sus deseos; Ramsés sólo se casó con ella para sustituir a Nefertari, una verdadera reina cuyo papel fue determinante en la construcción de la paz. Iset no cuenta. Para sellar definitivamente nuestra alianza, Ramsés debe casarse con una hitita.

–Vuestra hija podría convertirse en esposa secundaria y...

–Será reina de Egipto o...

Hattusil se interrumpió, como si las palabras que iba a pronunciar le asustaran.

–¿Por qué se empeña Ramsés en rechazar nuestra proposición? –preguntó la emperatriz en un tono conciliador.

–Porque un faraón no repudia a una gran esposa real. Contradice la ley de Maat.

–¿Es una posición definitiva?

–Eso temo, majestad.

–¿Es consciente Ramsés de las consecuencias de su intransigencia?

–A Ramsés sólo le preocupa una cosa: actuar rectamente.

Hattusil se levantó.

–La entrevista ha terminado. Dile esto a mi hermano el faraón: o fija cuanto antes una fecha para su boda con mi hija o será la guerra.

12

A Ameni le dolía la espalda, pero nunca tenía tiempo para que le dieran un masaje. Como si su carga de trabajo no fuera aún suficiente, tenía que echar una mano a Kha en la preparación de la segunda fiesta de regeneración del rey. Alegando su excelente estado de salud, Ramsés deseaba aplazar el acontecimiento; pero su hijo mayor invocaba la autoridad de los textos tradicionales.

A Ameni le gustaba el rigor de Kha y hablaba gustosamente con él de literatura; pero las preocupaciones cotidianas abrumaban en exceso al secretario particular y portasandalias oficial del faraón como para que saborease los placeres de una hermosa prosa.

Al finalizar un gran consejo durante el cual Ramsés había lanzado un vasto programa de plantación de árboles en las provincias del Sur y sermoneado al responsable de la reparación de diques, que se retrasaba con respecto al calendario previsto, Ameni paseaba con el rey por el jardín de palacio.

–¿Tiene tu majestad noticias de Acha?

–Llegó bien a Hattusa.

–Convencer a Hattusil de que renuncie no será fácil.

–¿No ha realizado Acha numerosas hazañas?

–Esta vez, su margen de maniobra es bastante escaso.

–¿Cuáles son esas informaciones demasiado confidenciales para que sean oídas por los miembros del gran consejo?

–En primer lugar, Moisés; luego, un incidente.

–¿Moisés?

–Está en mala posición con sus hebreos. Todo el mundo los teme, se ven obligados a combatir codo con codo para sobrevivir. Si interviniéramos, el problema quedaría resuelto enseguida. Pero se trata de Moisés, nuestro amigo de la infancia, y sé que dejarás que el destino actúe.

–Y si conoces la respuesta, ¿por qué me haces la pregunta?

–La policía del desierto sigue vigilando; si los hebreos quisieran regresar a Egipto, ¿qué decidirías?

–Cuando regresen, ni Moisés ni yo mismo estaremos ya en este mundo. ¿Y el incidente?

–La carga de olíbano que aguardábamos no llegará.

–¿Por qué razón, Ameni?

–He recibido un largo informe del mercader fenicio que trata con los productores: una violenta tormenta de granizo cayó sobre los árboles, que sufrían ya una enfermedad. Este año no habrá cosecha.

–¿Ha sucedido alguna vez una catástrofe semejante?

–He consultado los archivos y puedo responderte afirmativamente. Por fortuna, el fenómeno es raro.

–¿Son suficientes nuestras reservas?

–No se impondrá restricción alguna a los templos. He dado la orden a los mercaderes fenicios de que nos entreguen lo antes posible la próxima cosecha, para que podamos alimentar nuestras reservas.

Raia se sentía jubiloso. Él, tan sobrio por lo general, se había permitido beber, una tras otra, dos copas de cerveza fuerte; la cabeza le daba vueltas, ¿pero cómo no embriagarse ante el encadenamiento de pequeños éxitos que conducían hacia la victoria final?

El contacto con sus compatriotas sirios había superado

cualquier esperanza. La llama encendida por Raia había reavivado las desfallecientes energías de los vencidos, los celosos y los envidiosos; a los sirios se les añadían algunos hititas, decepcionados por la política de Hattusil, a quien consideraban incapaz de intentar de nuevo la conquista de Egipto. Cuando unos y otros se habían entrevistado, en gran secreto, con Uri-Techup en uno de los almacenes de Raia, el entusiasmo había sido general. Con un jefe de aquella envergadura, el poder estaría algún día a su alcance.

Y había también nuevas alegrías que Raia comunicaría a Uri-Techup, cuando éste dejara de admirar a las tres nubias desnudas que danzaban en honor de los invitados de la nueva pareja de moda en Pi-Ramsés, el príncipe hitita y la dama Tanit.

La dama fenicia vivía, al mismo tiempo, un paraíso y un infierno. El paraíso, porque su amante la colmaba a cualquier hora del día y de la noche, con un ardor inagotable y una violencia que la hacía delirar de placer; el infierno, porque temía ser golpeada por aquel monstruo de imprevisibles reacciones. Ella, que había sabido dirigir su existencia a su guisa, se había convertido en una esclava, consentidora y angustiada a la vez.

El centenar de invitados de Tanit y de Uri-Techup sólo tenían ojos para las tres jóvenes danzarinas. Sus pechos, redondos y firmes, no se agitaban y sus piernas, largas y delgadas excitaban a los más hastiados. Pero aquellas deliciosas artistas eran intocables; terminada su actuación, desaparecerían sin hablar con nadie. Y sería necesario aguardar su próxima aparición, durante un banquete tan suntuoso como éste, para apreciar de nuevo un espectáculo de semejante calidad.

Uri-Techup se apartó de su esposa, que discutía con dos hombres de negocios dispuestos a firmar cualquier contrato para no perderse ni una pizca de la coreografía. El hitita se apoderó de un racimo de uva y se sentó en unos almohadones, junto a una columna en la que se habían pintado unos pámpanos. Al otro lado se encontraba Raia. Sin mirarse, ambos hombres podían hablar en voz baja, mientras la orquesta tocaba.

–¿Qué es eso tan urgente, Raia?

–He hablado con un viejo cortesano al que le hago un buen precio por mis más hermosos jarrones; el palacio está conmovido a causa de un rumor. Intento obtener confirmación desde hace dos días. El asunto me parece serio.

–¿De qué se trata?

–Para consolidar la paz, el emperador Hattusil exige que su hija se case con Ramsés.

–Una nueva boda diplomática... ¿Qué importa?

–No, no... Hattusil quiere que se convierta en la gran esposa real.

–¡Una hitita en el trono de Egipto!

–Exactamente.

–¡Impensable!

–Al parecer, Ramsés se ha negado a repudiar a Iset la bella y ceder al ultimátum de Hattusil.

–Dicho de otro modo...

–Eso es, señor: ¡una esperanza de guerra!

–Eso trastorna nuestros planes.

–Es pronto para afirmarlo; a mi entender, es preferible no modificar nada hasta que estemos absolutamente seguros. Al parecer, Acha se encuentra en Hattusa para negociar con el emperador; todavía tengo muchos amigos allí y pronto estaremos informados del giro que tomen los acontecimientos. Y eso no es todo... Me gustaría que conocierais a un personaje interesante.

–¿Dónde está?

–Oculto en el jardín. Podríamos...

–Llévalo a mi habitación y espérame. Pasa por detrás de la viña y entra en la casa por la lavandería. En cuanto el banquete haya terminado, me reuniré con vosotros.

Cuando el último invitado se hubo marchado, Tanit se arrojó al cuello de Uri-Techup. Ardía en ella un fuego que sólo su amante sabría extinguir. Con mano casi tierna, él la arrastró hacia su alcoba, un nido de amor lleno de muebles lujosos, artísticos ramos e incensarios. Antes de cruzar el umbral, la fenicia se arrancó la túnica.

Uri-Techup la empujó al interior de la habitación.

Tanit creyó que era un juego nuevo, pero se inmovilizó al descubrir a Raia, el mercader sirio, en compañía de un hombre extraño, de rostro cuadrado, cabellos ondulados y ojos negros en los que brillaba la crueldad y la locura.

–¿Quién... quién sois? –preguntó.

–Son unos amigos –respondió Uri-Techup.

Aterrorizada, Tanit se apoderó de una sábana de lino y ocultó sus generosas formas. Raia no comprendía por qué el hitita metía a la fenicia en la entrevista. El hombre de los ojos crueles había permanecido inmóvil.

–Quiero que Tanit oiga todo lo que aquí va a decirse –declaró Uri-Techup–, y que se convierta en nuestra cómplice y aliada. En adelante, su fortuna servirá nuestra causa. A la menor jugarreta por su parte, la suprimiremos, ¿estamos de acuerdo?

El desconocido asintió con la cabeza, Raia le imitó.

–Ya ves, querida mía, no tienes posibilidad alguna de escapar de uno de nosotros tres o de quienes nos obedecen. ¿Me he explicado bien?

–Sí... ¡Oh, sí!

–¿Tenemos tu apoyo incondicional?

–Te doy mi palabra, Uri-Techup.

–No lo lamentarás.

Con la mano derecha, el hitita rozó los pechos de su esposa. Aquel simple gesto hizo desaparecer el pánico que se había apoderado de Tanit.

El hitita se volvió hacia Raia.

–Preséntame a tu invitado.

Tranquilizado, el mercader sirio se expresó con lentitud.

–Hemos tenido suerte, mucha suerte... Nuestra red de espionaje estaba dirigida por un mago libio llamado Ofir. A pesar de sus poderes excepcionales y de los golpes que propinó a la familia real, fue detenido y ejecutado. Una grave pérdida para nuestro clan. Pero alguien ha decidido vengar a Ofir: su hermano, Malfi.

Uri-Techup examinó al libio de los pies a la cabeza.

–Loable proyecto... ¿Pero de qué medios dispone?

–Malfi es el jefe de la tribu mejor armada de Libia. Combatir a Egipto es la única razón de su vida.

–¿Aceptará obedecerme sin discutir?

–Se pondrá a vuestras órdenes, a condición de que destruyáis a Ramsés y su imperio.

–Trato hecho. Servirás de intermediario entre nuestro aliado libio y yo. Que sus hombres se entrenen y estén dispuestos a actuar.

–Malfi sabrá mostrarse paciente, señor; hace muchos años que Libia espera lavar con sangre las afrentas infligidas por el faraón.

–Que aguarden mis instrucciones.

El libio desapareció sin haber dicho una palabra.

13

Aunque el sol se había levantado desde hacía mucho tiempo, el palacio de Pi-Ramsés seguía sumido en un profundo silencio. Ciertamente, todos se entregaban a sus ocupaciones, pero evitando el menor ruido; desde los cocineros hasta las camareras, los empleados se movían como sombras.

La cólera de Ramsés había llenado de terror a todo el personal. Los viejos servidores, que conocían al monarca desde su juventud, nunca le habían visto en aquel estado; el poder de Set se había manifestado con la violencia de una tormenta que dejaba atónitas a sus víctimas.

A Ramsés le dolían las muelas.

Por primera vez, a sus cincuenta y cinco años, se sentía afectado por un sufrimiento físico. Enfurecido por la mediocridad de los cuidados que prodigaban los dentistas de palacio, les había ordenado que desaparecieran de su vista. Salvo Ameni, nadie sabía que otro motivo alimentaba el enfado del faraón: Hattusil retenía a Acha en la capital hitita, con el pretexto de proseguir las negociaciones. ¿No se trataba, más bien, de tomarle como rehén?

Las esperanzas de la corte ya sólo descansaban en una persona: el médico en jefe del reino. Si no conseguía aliviar al monarca, su humor podía alterarse más aún.

Pese al dolor, Ramsés seguía trabajando con el único ser capaz de soportarle en semejantes momentos: el propio Ameni, que siempre se mostraba igual de gruñón y que detestaba también las zalemas de los cortesanos. Cuando se trabajaba, no era necesario ser amable; y que el rey fuera desagradable no impedía tratar los asuntos urgentes.

–Hattusil se burla de Egipto –afirmó el faraón.

–Tal vez busca una puerta de salida –sugirió Ameni–. Tu negativa es una ofensa intolerable, pero será el emperador del Hatti quien tome la decisión de iniciar un nuevo conflicto.

–¡El viejo zorro me echará encima la responsabilidad!

–Acha ha jugado bien la partida; estoy convencido de que Hattusil está perplejo.

–¡Te equivocas! Es un revanchista.

–En cuanto Acha consiga hacerte llegar un mensaje, sabremos la verdad. Gracias al código que utiliza, averiguarás si negocia con plena libertad o si está prisionero.

–Le retienen contra su voluntad, es evidente.

Llamaron con discreción a la puerta.

–No quiero ver a nadie –decretó el rey.

–Tal vez sea el médico en jefe –objetó Ameni yendo a abrir.

En el umbral, el gran chambelán se moría de miedo ante la idea de molestar al monarca.

–Ha llegado el médico en jefe –murmuró–; ¿acepta su majestad recibirle?

El gran chambelán y Ameni se apartaron para dejar pasar a una joven hermosa como una aurora de primavera, como un loto que florece, como una ola cabrilleando en mitad del Nilo. Con los cabellos casi rubios, un rostro muy puro de tiernas líneas, tenía una mirada directa y ojos de un azul de estío. En su esbelto cuello lucía un collar de lapislázuli; en sus muñecas y tobillos, brazaletes de coralina. Su túnica de lino permitía adivinar unos pechos firmes y altos, unas caderas sin grasa, perfectamente modeladas, y unas piernas largas y finas. Neferet, «la bella, la perfecta, la cumplida»... ¿De qué otro modo podía llamarse? Incluso Ameni, que no había tenido tiempo para interesarse por las mujeres, criaturas volubles e incapaces de concentrarse durante horas sobre un papiro técnico, tuvo que admitir que ésta podría haber rivalizado en belleza con Nefertari.

–Llegáis muy tarde –se lamentó Ramsés.

–Lo siento, majestad; estaba en provincias, practicando una intervención quirúrgica que espero que haya salvado la vida a una niña.

–¡Vuestros colegas son imbéciles e incapaces!

–La medicina es, a la vez, un arte y una ciencia; tal vez les haya faltado destreza.

–Afortunadamente, el anciano doctor Pariamakhú está jubilado; todos aquellos a quienes ya no cuida tienen posibilidades de salvarse.

–Pero vos sufrís.

–¡No tengo tiempo para sufrir, Neferet! Curadme enseguida.

Ameni enrolló el papiro contable que acababa de presentar a Ramsés, saludó a Neferet y volvió a su despacho. El portasandalias del faraón no soportaba los gritos de dolor ni la visión de la sangre.

–¿Consiente vuestra majestad en abrir la boca?

Neferet examinó al ilustre paciente. Antes de acceder al envidiado grado de médico generalista, había estudiado y practicado numerosas especialidades, desde la odontología a la cirugía, pasando por la oftalmología.

–Un dentista competente os aliviará, majestad.

–Seréis vos y nadie más.

–Puedo proponeros un especialista...

–Vos, y ahora mismo. Vuestro puesto está en juego.

–Venid conmigo, majestad.

El centro de cuidados de palacio era soleado y ventilado; en los blancos muros había representaciones de plantas medicinales.

El rey se había instalado en un confortable sillón, con la cabeza echada hacia atrás; su nuca descansaba en un almohadón.

–Como anestesia local utilizaré uno de los productos fabricados por Setaú; no sentiréis nada –explicó Neferet.

–¿Cuál es la naturaleza del mal?

–Una caries con complicaciones infecciosas que han producido un absceso que voy a drenar. No será necesario extraer la muela, realizaré una obturación con una mezcla de resina y de sustancias minerales. Para la otra muela enferma, pulverizaré un remedio específico que «cebará el mal», como decimos en nuestra jerga: ocre medicinal, miel, polvo de cuarcita, fruto cortado del sicomoro, harina de habas, comino, coloquíntida, brionia, goma de acacia y «sudor» del sauzgatillo son los ingredientes utilizados.

–¿Cómo los habéis elegido?

–Dispongo de tratados de medicina escritos por los sabios de tiempos antiguos, majestad, y compruebo la composición con mi instrumento favorito.

Entre el pulgar y el índice, Neferet sujetaba un hilo de lino en cuyo extremo oscilaba un pequeño fragmento de granito tallado en rombo; comenzaba a girar muy deprisa sobre el remedio apropiado.

–Practicáis la radiestesia, como mi padre.

–Y como vos, majestad; ¿no encontrasteis acaso agua en el desierto? Eso no es todo: tras esta pequeña operación, tendréis que cuidar vuestras encías masticando cada día una pasta a base de brionia, enebro, absenta, fruto del sicomoro, incienso y ocre medicinal. En caso de que sintáis dolor, beberéis una decocción de corteza de sauce[1]; es un analgésico muy eficaz.

–¿Hay otra mala noticia?

–El examen de vuestro pulso y vuestros ojos demuestra

1. De donde procede nuestra moderna aspirina.

que estáis dotado de una excepcional energía que os permitirá sofocar, en cuanto aparezcan, muchas enfermedades; pero en vuestra vejez sufriréis reumatismo... Y tendréis que aceptarlo.

–¡Espero morir antes de esta decadencia!

–Encarnáis la paz y la felicidad, majestad; Egipto desea que lleguéis a edad muy avanzada. Cuidaros es un deber imperioso. ¿No son ciento diez años la edad de los sabios? Ptah-hotep aguardó a haberlos alcanzado antes de redactar sus *Máximas*.

Ramsés sonrió.

–Mirándoos y escuchándoos, el dolor desaparece.

–Es el efecto de la anestesia, majestad.

–¿Os satisface mi política de sanidad?

–Pronto redactaré mi informe anual. En su conjunto, la situación es satisfactoria, pero nunca debemos cesar de desarrollar la higiene pública y privada. Gracias a ella, Egipto permanece al margen de epidemias. Vuestro director de la Doble Casa del Oro y la Plata no debe regatear en la compra de productos caros y raros que entran en la composición de los remedios. Acabo de saber que no recibiremos la habitual entrega de olíbano; y no puedo prescindir de él.

–No os preocupéis, nuestras reservas son abundantes.

–¿Estamos dispuestos, majestad?

En Kadesh, frente a miles de hititas desenfrenados, Ramsés no había temblado. Pero cuando vio que se aproximaban a su boca los instrumentos del dentista, cerró los ojos.

El carro de Ramsés corría tan velozmente que a Serramanna le costaba seguirle. Desde que Neferet le había proporcionado unos cuidados de notable eficacia, el dinamismo del monarca había aumentado. Sólo Ameni, a pesar de sus dolores dorsales, conseguía adoptar el ritmo de trabajo del soberano.

Una carta cifrada de Acha había tranquilizado a Ramsés; el jefe de su diplomacia no estaba prisionero, pero seguía en Hattusa entregado a unas negociaciones de duración indeterminada. Como Ameni había supuesto, el emperador hitita temía lanzarse a una aventura guerrera de incierto final.

Mientras la crecida iba retirándose del Bajo Egipto, al final de un mes de septiembre cuya dulce calidez era un bálsamo para el cuerpo, el carro del rey corría a lo largo de un canal que abastecía algunas aldeas. Nadie, ni siquiera Ameni, conocía la naturaleza de la urgente misión que Ramsés consideraba oportuno realizar personalmente.

Desde la muerte de Chenar, el hermano mayor del rey, y de sus cómplices, era más fácil velar por la seguridad de Ramsés. Pero la libertad de maniobra de Uri-Techup preocupaba al gigante sardo, que deploraba la intrepidez del monarca, apenas atenuada por la edad.

Ramsés se detuvo al pie de un árbol que crecía junto al canal. Sus hojas lanceoladas eran encantadoras.

–¡Ven a ver, Serramanna! Según los archivos de la Casa de Vida, éste es el sauce más viejo de Egipto. De su corteza se extrae una sustancia antiinflamatoria que me ha aliviado. Por eso he venido a agradecérselo. Y haré algo más: plantaré con mis propias manos ramas de sauce en Pi-Ramsés, junto a los estanques, y ordenaré que se actúe del mismo modo en todo el país. Los dioses y la naturaleza nos lo han dado todo: sepamos hacer fructificar sus tesoros.

«Ninguna otra tierra –pensó el antiguo pirata– podría haber engendrado un rey como éste.»

14

Un viento gélido soplaba en la altiplanicie de Anatolia; en Hattusa, el otoño se parecía a veces al invierno. Acha no podía quejarse de la hospitalidad de Hattusil; la comida era aceptable, aunque rústica, y las dos jóvenes hititas encargadas de distraerle cumplían su tarea con celo y convicción.

Pero añoraba Egipto. Egipto, y a Ramsés. Acha deseaba envejecer a la sombra del monarca al que había servido durante toda su vida y por el que había aceptado, con oculto entusiasmo, afrontar los peores peligros. El verdadero poder, que fascinaba al adolescente Acha durante sus estudios en Menfis, lo detentaba Ramsés, y no Moisés, como había creído durante un corto período. Moisés luchaba por la aplicación de una verdad revelada y definitiva, Ramsés erigía día tras día la verdad de una civilización y de un pueblo, porque hacía ofrenda de sus actos a Maat, a lo invisible y al principio de vida. Como sus predecesores, Ramsés sabía que lo inmóvil corría hacia la muerte; se parecía pues a un músico capaz de tocar varios instrumentos y crear sin cesar nuevas melodías con las mismas notas de eternidad. Ramsés no había hecho del poderío legado por los dioses un poder sobre los hombres, sino un deber de rectitud; y esta fidelidad a Maat no permitía a un faraón de Egipto convertirse en un tirano. Su función no consistía en someter a los hombres sino en liberarlos de sí mismos. Ver a Ramsés reinando era contemplar a un tallador de piedra cuando moldeaba el rostro de una divinidad.

Vestido con un manto de lana roja y negra, parecido al que había llevado su difunto hermano, Hattusil entró en los aposentos que le habían asignado al jefe de la diplomacia egipcia.

–¿Estás satisfecho de mi acogida, Acha?

–Con mucho menos lo estaría, majestad.

–¿No te afecta este frío precoz?

–Mentiría si afirmase lo contrario; hace tan buen tiempo en las orillas del Nilo ahora.

–Cada país tiene sus ventajas... ¿No te gusta ya el Hatti?

–Cuanto más envejezco, majestad, más casero me vuelvo.

–Tengo una buena noticia: mi reflexión ha terminado. Mañana mismo podrás ponerte en camino hacia Egipto. Pero también tengo que comunicarte una mala noticia: no transigiré y mis exigencias no han variado. Mi hija debe convertirse en la gran esposa real de Ramsés.

–¿Y si el farón persiste en su negativa?

Hattusil volvió la espalda al egipcio.

–Ayer convoqué a mis generales y les ordené que prepararan nuestras tropas para el combate. Puesto que mi hermano el faraón me pidió hierro, he hecho fabricar para él un arma única.

El emperador se volvió y sacó del bolsillo interior de su manto una daga de hierro que entregó a Acha.

–Una maravilla, ¿no es cierto? A pesar de ser tan ligera y manejable, es capaz de traspasar cualquier escudo. He mostrado la daga a mis generales y les he prometido que yo mismo la recuperaría del cadáver de mi hermano Ramsés si rechaza mis condiciones.

El sol se ponía sobre el templo de Set, el edificio más extraño de Pi-Ramsés. El santuario donde residía el señor de las perturbaciones cósmicas había sido erigido en el emplazamiento de la capital de los hicsos, aquellos odiados ocupantes a los que habían expulsado los primeros reyes de la decimoctava dinastía. Ramsés había transformado aquel lugar nefasto en polo de energía positiva; se había enfrentado a Set y se había apropiado de su poder.

Aquí, en un dominio prohibido donde sólo el hijo de Seti osaba penetrar, el faraón obtenía la fuerza necesaria para librar el próximo combate.

Cuando Ramsés salió del templo, Merenptah, su hijo menor, se acercó a él.

–He realizado mi tarea, padre.

–Has trabajado deprisa...

–Ningún cuartel de Pi-Ramsés y de Menfis ha escapado a mis investigaciones.

–¿No concedes crédito alguno a los informes de los oficiales superiores?

–Bueno...

–Habla con franqueza.

–Ninguno, majestad.

–¿Por qué razón, Merenptah?

–Los he observado. Son gente acomodada, confían tanto en la paz que has instaurado que olvidan realizar maniobras serias. Seguro de su fuerza, orgulloso de sus victorias pasadas, nuestro ejército se adormece.

–¿Cuál es el estado de nuestro armamento?

–La cantidad es suficiente, pero la calidad a menudo es dudosa. Los herreros trabajan despacio desde hace muchos años, numerosos carros necesitan profundas revisiones.

–Encárgate de eso.

–Puedo herir susceptibilidades.

–Cuando la suerte de Egipto está en juego, carece de importancia. Compórtate como un verdadero general en jefe. Jubila a los oficiales incapaces, nombra a hombres seguros para los puestos de responsabilidad, devuelve a nuestro ejército el armamento que necesita. No comparezcas ante mí hasta haber cumplido tu misión.

Merenptah se inclinó ante el faraón y regresó al cuartel general.

Un padre debería hablar de otro modo a su hijo: pero Ramsés era el señor de las Dos Tierras y Merenptah, su posible sucesor.

Iset la bella había perdido el sueño; sin embargo, conocía la felicidad: ver a Ramsés cada día, hacerse confidencias con él, estar a su lado en los rituales y las ceremonias oficiales... Y sus dos hijos, Kha y Merenptah, hacían una brillante carrera.

Pero Iset la bella estaba cada vez más triste y más sola, como si aquel exceso de felicidad la corroyese y la privara de sus fuerzas. Había averiguado la causa de sus noches en blanco: Nefertari había sido artesana de la paz, mientras que ella, Iset, se convertía en sinónimo de conflicto. Al igual que Helena había sido el origen de la terrible guerra de Troya, Iset sería, ante los ojos del pueblo, la que iba a provocar un nuevo enfrentamiento entre Egipto y el Hatti.

Bajo el impulso de Merenptah, cuya autoridad no discutían los oficiales superiores, Pi-Ramsés sufría un acceso de fiebre militar. El entrenamiento intensivo y la producción de armas se había reanudado.

–¿Cuándo podré maquillaros, majestad? –preguntó la peluquera de la reina.

–¿Se ha levantado el rey?

–¡Hace ya mucho rato!

–¿Almorzamos juntos?

–Ha avisado a vuestro mayordomo de que trabajaría durante todo el día con el visir y los jefes de las fortalezas de Canaán, llamados urgentemente a Pi-Ramsés.

–Haz que preparen mi silla de manos.

–¡Majestad! Apenas estáis peinada, no os he puesto la peluca, no os he maquillado...

–Apresúrate.

Iset la bella era un peso muy leve para los doce robustos mocetones que llevaban a la reina del palacio al despacho de Ameni. Como la gran esposa real les había pedido que se apresuraran, gozarían de una prima y un descanso suplementario.

La reina penetró en una verdadera colmena. La veintena de escribas que componían el restringido equipo de Ameni trataba un considerable número de asuntos y no tenía ni un segundo que consagrar a la cháchara. Era preciso leer, resumir para el secretario particular del rey, seleccionar y archivar, sin retrasarse en absoluto.

Iset cruzó la sala de las columnas; algunos funcionarios ni siquiera levantaron los ojos. Cuando penetró en el despacho de Ameni, éste masticaba una rebanada de pan untada con grasa de oca y redactaba una carta en la que regañaba a un supervisor de los graneros.

Sorprendido, el portasandalias de Ramsés se levantó.

–Majestad...

–Sentaos, Ameni. Tengo que hablaros.

La reina cerró la puerta de madera del despacho y corrió el cerrojo. El escriba se sentía incómodo; había admirado a Nefertari tanto como detestaba a Iset, con la que había chocado ya. Contra su costumbre, su aspecto no la favorecía: su mirada apagada y su rostro cansado no podían embellecerse con ningún artificio de maquillaje.

–Vuestra ayuda me es indispensable, Ameni.

–Majestad, no veo...

–Dejad de haceros el astuto conmigo. No ignoro que la corte se sentiría aliviada si el faraón me repudiase.

–¡Majestad!

–Así es, y nada puedo hacer para cambiarlo. Decidme vos, que lo sabéis todo, qué piensa el pueblo.

–Es bastante delicado...

–Quiero conocer la verdad...

–Sois la gran esposa real, ninguna crítica debe alcanzaros.

–La verdad, Ameni.

El escriba bajó los ojos, como si se concentrara en su papiro.

–Hay que comprender al pueblo, majestad; está acostumbrado a la paz.

–El pueblo amaba a Nefertari pero a mí no me aprecia mucho: ésa es la verdad que queréis ocultarme.

–Son las circunstancias, majestad.

–Hablad con Ramsés, decidle que soy consciente de la gravedad de la situación y que estoy dispuesta a sacrificarme para evitar un conflicto.

–Ramsés ha tomado ya su decisión.

–Insistid ante él, Ameni, os lo ruego.

El secretario particular del rey se quedó convencido de la sinceridad de Iset la bella. Por primera vez le pareció digna de ser reina de Egipto.

15

–¿Por qué demoras tu partida? –preguntó el emperador Hattusil a Acha.

–Porque todavía espero haceros cambiar vuestra decisión.

Envuelto en su manto de lana roja y negra, tocado con un gorro, el señor del Hatti temía las gélidas borrascas que barrían las murallas de su capital. A pesar de la protección que le ofrecía su gran capa, el jefe de la diplomacia egipcia sentía los mordiscos del frío.

–Imposible, Acha.

–¿Iniciaréis una inútil guerra a causa de una mujer? Troya nos sirvió de ejemplo. ¿Por qué esclavizarnos a una locura mortífera? Las reinas deben dar la vida, no la muerte.

–Tus argumentos son excelentes... ¡Pero tan egipcios! El Hatti no me perdonaría que quedara en ridículo. Si retrocedo ante Ramsés, mi trono vacila.

–Nadie os amenaza.

–Si mi comportamiento humilla al ejército hitita, no viviré mucho tiempo. Somos un pueblo guerrero, Acha; el tirano que me sustituyera sería peor que yo, no lo dudes.

–Ramsés quiere que vuestro reinado sea duradero, majestad.

–¿Puedo creerte?

–Os doy mi palabra por lo que me es más querido: la vida de Ramsés.

Ambos hombres dieron unos pasos por el camino de ronda que dominaba la capital, erizada de torres de vigía. El ejército estaba presente en todas partes.

–¿No estáis fatigado de guerrear, majestad?

–Los soldados me aburren. Pero sin ellos el Hatti desaparecería.

–A Egipto no le gusta el combate; prefiere el amor y la construcción de templos. ¿Acaso la batalla de Kadesh no pertenece al pasado?

–No me obligues a decir que me hubiera gustado nacer egipcio, Acha.

–Cualquier nuevo conflicto entre Egipto y el Hatti sería un desastre que debilitaría nuestros dos países en beneficio de Asiria. Aceptad que vuestra hija se convierta en esposa diplomática de Ramsés y que Iset la bella siga siendo gran esposa real.

–No puedo retroceder, Acha.

El ministro de Asuntos Exteriores de Ramsés el Grande contempló la ciudad baja, cuyo corazón era el templo del dios de la Tormenta y de la diosa del Sol.

–Los hombres son animales perversos y peligrosos –estimó–; acabarán mancillando la tierra y aniquilando su propia raza. Cuando están encerrados en un proceso de destrucción que ellos mismos han creado, ningún argumento puede apartarlos de él. ¿Por qué se obstinan en correr hacia su propia perdición?

–Porque los humanos se alejan cada vez más de los dioses –respondió Hattusil–. Cuando todos los vínculos se hayan cortado, ya sólo quedarán fanáticos manipulados por tiranos que reinarán sobre un inmenso pueblo de hormigas.

–Es curioso, majestad... Me obligáis a reconocer que me he pasado la vida luchando por Maat, por la armonía entre el cielo y la tierra, como si todo lo demás hubiera sido sólo futilidad.

–¿Habrías sido, de lo contrario, el amigo de Ramsés?

El viento se hizo más violento, el frío aumentó.

–Será mejor regresar, Acha.

–Es tan estúpido, majestad.

–Eso pienso yo también, pero ni tú ni yo podemos hacer nada. Deseemos que las divinidades del Hatti y de Egipto sean testigos de nuestra buena fe y hagan un milagro.

En el muelle del puerto fluvial de Pi-Ramsés se agitaba una excitada muchedumbre. Aquel mismo día, varios barcos procedentes de Menfis, de Tebas y de otras ciudades del Sur habían descargado sus mercancías. El mercado local, muy ordinario por lo común, había tomado una dimensión sin precedentes. Los arrendadores de los mejores puestos, entre ellos muchas mujeres que dominaban el arte del comercio, estaban decididos a hacer sustanciosos beneficios.

Cogidos de la mano, Uri-Techup y Tanit paseaban entre los ociosos, echando una mirada a las telas, a las sandalias, a las arquillas de maderas preciosas y a otras maravillas. Todo Pi-Ramsés había acudido a la cita, y la hermosa fenicia se obligaba a sonreír a sus innumerables conocidas, seducidas por la virilidad del príncipe hitita.

No sin profunda satisfacción, éste había advertido que los esbirros de Serramanna no le seguían ya. Acosar a un ciudadano honesto era delito, Uri-Techup no habría dejado de presentar denuncia.

–¿Puedo... comprar? –imploró la fenicia.

–Vamos, querida, eres libre por completo.

Tanit se lanzó a un frenesí de adquisiciones que calmaron su nerviosismo. De puesto en puesto, la pareja se encontró ante el de Raia. El mercader sirio ofrecía copas de estaño, jarros de alabastro de esbeltas formas y redomas para perfumes, de vidrio coloreado, que las elegantes se arrebataban. Mientras Tanit discutía acerbamente los precios con uno de los ayudantes de Raia, éste se acercó a Uri-Techup.

–Excelentes noticias de Hattusa; las negociaciones entabladas con Acha han fracasado. El emperador no quiere renunciar a sus exigencias.

–¿Se han roto definitivamente las conversaciones?

–Acha regresa a Egipto. La respuesta de Hattusil a Ramsés es una daga de hierro que el emperador ha prometido recuperar del cadáver del faraón tras haberlo vencido.

Uri-Techup permaneció silencioso largo rato.

–Esta noche ven tú mismo a entregar los objetos que mi mujer te haya comprado.

El robusto Setaú se maravillaba cada día más. ¿Cómo lo hacía Loto, su hermosa esposa nubia, para no envejecer? Puesto que no utilizaba ungüentos ni pomadas, sólo la hechicería mantenía intacto un poder de seducción que su marido era incapaz de resistir. Con ella, el amor era un juego delicioso, de inagotables fantasías.

Setaú besó los pechos de Loto.

De pronto, ella se crispó.

–¿No has oído un ruido?

–Tu corazón, que palpita algo más fuerte...

El ardor de Setaú inflamó a Loto, que ya sólo pensó en el placer embriagador y compartido.

La inesperada visitante se inmovilizó. Cuando se había introducido en el laboratorio, esperaba que la pareja estuviese ausente. Pero cuando se encontraban en Pi-Ramsés, Setaú y Loto no se alejaban fácilmente de los recipientes que contenían el veneno de la cobra real, de la cobra negra, de la víbora escupidora o de la víbora cornuda. De acuerdo con la médico en jefe del reino, proseguían sus investigaciones, con la esperanza de poner a punto nuevos remedios o mejorar los antiguos. Los banquetes y las mundanidades les aburrían; ¿cómo preferir interminables horas de vacía conversación al estudio de esas sustancias que provocaban la muerte pero que a la vez podían salvar vidas?

Suspiros y jadeos tranquilizaron a la intrusa; ambos amantes estaban demasiado ocupados para percibir su presencia. A ella le tocaba no cometer torpeza alguna y apoderarse de un frasco de veneno en el más perfecto silencio. ¿Pero cuál elegir? Inútil pregunta. En bruto, y antes del tratamiento, sus efectos eran temibles.

Un paso, luego otro, luego un tercero... Los pies desnudos se deslizaban por las losas. Un metro más y la intrusa se hallaría en el corazón de aquel dominio prohibido.

De pronto se irguió una forma.

Aterrorizada, la mujer se quedó inmóvil. En la penumbra identificó una cobra real que se balanceaba hacia delante y hacia atrás. El miedo fue tan intenso que la ladrona ni siquiera logró gritar. Su instinto le ordenó retroceder, con extremada lentitud, en un movimiento imperceptible.

Tuvo la impresión de que su huida duraba horas. Cuando estuvo fuera de su vista, la cobra guardiana volvió a dormirse.

Ameni volvió a contar los papiros: cuarenta y dos, uno por provincia. Los resultados variarían en función del número de canales y estanques. Gracias al gran lago construido por los faraones del Imperio Medio, el Fayyum, ya bien provisto de numerosas especies de árboles, mejoraría. De acuerdo con las órdenes de Ramsés, se plantarían sauces en todo Egipto y los laboratorios de los templos extraerían de su corteza la sustancia analgésica, ampliamente puesta a disposición de los médicos.

Aquel trabajo suplementario había provocado en Ameni un acceso de furor que sus subordinados habían pagado, pero las directrices del faraón no se discutían. A fin de cuentas, el portasandalias del rey no debía preocuparse de los preparativos para la guerra. Afortunadamente, Merenptah se encargaba muy bien de la tarea.

Con los brazos cargados de papiros, Ameni cerró el paso al monarca, que se dirigía al templo de Amón para celebrar allí los ritos vespertinos.

–¿Tiene tu majestad un instante que concederme?

–Sólo si es un asunto urgente.

–Bueno, no insisto...

–Tu maniobra no es improvisada: ¿qué te preocupa?

–Iset la bella fue a consultarme.

–¿Se interesa por los asuntos del Estado?

–No quiere ser la causa de un conflicto con el Hatti. Debo reconocer que su sinceridad me ha conmovido.

–Si el encanto de Iset actúa sobre ti, ¿no estará en peligro el reino?

–En serio, majestad; la gran esposa real teme realmente ser el origen de una nueva guerra.

–El problema está solucionado, Ameni. Si cedemos una sola pulgada de terreno a los hititas, los combates que hemos librado habrán resultado inútiles. Repudiar a una gran esposa real sería abrir la puerta a la barbarie. Iset no tiene responsabilidad alguna en este drama. El único culpable es Hattusil.

16

Una lluvia glacial caía sobre Hattusa; el convoy del jefe de la diplomacia egipcia estaba listo para partir. Elegante y refinada con su larga túnica a franjas, indiferente al frío, la emperatriz fue a saludar a Acha.

–El emperador está en la cama –reveló.

–Nada grave, espero.

–Un poco de fiebre que desaparecerá enseguida.

–Deseadle una rápida recuperación, majestad.

–El fracaso de la negociación me ha dejado desolada –reconoció Putuhepa.

–A mí también, majestad.

–¿Y si Ramsés acabara cediendo?

–No nos hagamos ilusiones.

–Nunca os había visto tan pesimista, Acha.

–Sólo nos quedan dos esperanzas: un milagro y... vos misma. ¿No podríais atenuar la intransigencia de vuestro esposo?

–Hasta el momento, he fracasado... Pero proseguiré.

–Majestad, querría deciros... No, no tiene importancia.

–Os escucho.

–Realmente no tiene importancia.

¿Cómo podía Acha confesar a la emperatriz del Hatti que, de entre todas las mujeres que había conocido, ella era la única con la que se hubiera casado de buena gana? Habría sido de un mal gusto imperdonable.

Acha miró a Putuhepa con intensidad, como si quisiera grabar en su interior el recuerdo de un rostro inaccesible. Luego se inclinó.

–No os marchéis triste, Acha; haré lo que pueda para evitar lo peor.

–Yo también, majestad.

Cuando el convoy se puso en marcha hacia el sur, Acha no se volvió.

Setaú se sentía maravillosamente. Salió de la alcoba sin despertar a Loto, cuyo cuerpo desnudo, tan conmovedor, no dejaba de suscitar su deseo. Vaciló unos instantes, luego se dirigió a su laboratorio. El veneno de la víbora cornuda, recogido la noche anterior, debía ser tratado aquel día; su trabajo de administrador de una provincia nubia no había hecho olvidar al encantador de serpientes las reglas del oficio.

Una joven sierva que llevaba una bandeja con fruta se quedó petrificada. Asustada por el brutal aspecto de Setaú, no se atrevió a huir; ¿no era aquel hombre el mago que empuñaba las serpientes venenosas sin temor a que le mordieran?

–Tengo hambre, pequeña; vete a buscar pescado seco, leche y pan fresco.

Temblando, la sierva obedeció. Setaú salió al jardín y se tendió en la hierba para impregnarse mejor del sabor de la tierra. Comió con apetito y, luego, tarareando un estribillo reservado a oídos avisados, regresó al ala del palacio destinada a las experimentaciones.

Le faltaba su ropa habitual, su túnica de piel de antílope, saturada de antídotos contra las mordeduras de las serpientes. Aquellos productos tenían que ser utilizados con cuidado, pues el remedio podía resultar peor que la enfermedad. Gracias a aquella farmacia ambulante, Setaú era capaz de combatir numerosas enfermedades.

Antes de tomar a Loto en sus brazos, había dejado su túnica en una silla baja. No, se equivocaba... había sido en la otra habitación. Setaú registró la antecámara, una pequeña sala columnada, la sala de aseo, los lugares excusados.

En balde.

Sólo le quedaba buscar en la alcoba. Sí, claro... Allí había dejado su preciosa túnica.

Loto despertó; Setaú la besó con ternura en los pechos.

–Dime, querida... ¿dónde has puesto mi túnica?

–Nunca la toco.

Nervioso, Setaú registró la habitación, sin resultado.

–Ha desaparecido –concluyó.

Serramanna esperaba que, esta vez, Ramsés le llevara consigo para enfrentarse con los hititas. Desde hacía muchos años, el antiguo pirata sentía deseos de rebanar el gaznate a los bárbaros de Anatolia y cortar las manos de los vencidos, para contarlos. Cuando el rey libró la batalla de Kadesh, el gigante sardo había recibido la orden de permanecer en Pi-Ramsés y encargarse de la seguridad de la familia real; desde entonces, había formado hombres capaces de asumir esa tarea y hoy sólo soñaba con destripar al enemigo.

La irrupción de Setaú en el cuartel donde se entrenaba el sardo no dejó de soprenderle; los dos hombres no siempre se habían llevado bien, pero habían aprendido a apreciarse y se sabían unidos por un punto común: la fidelidad a Ramsés.

El antiguo pirata dejó de golpear el muñeco de madera que destrozaba a puñetazos.

–¿Algún problema, Setaú?

–Me han robado mi bien más precioso: mi túnica medicinal.

–¿Sospechas de alguien?

–Un médico celoso, por fuerza; ¡y ni siquiera sabrá utilizarla!

–¿Puedes ser más concreto?

–Lamentablemente, no.

–Alguien ha querido hacerte una jugarreta, porque desempeñas un papel demasiado importante en Nubia. En la corte no te aprecian mucho.

–Hay que registrar el palacio, las mansiones de los nobles, los talleres, las...

–¡Calma, calma, Setaú! Voy a asignar dos hombres al caso, pero estamos en período de movilización general y tu túnica no puede ser prioritaria.

–¿Sabes a cuánta gente ha salvado ya?

–Soy consciente de ello, pero será mejor que te procures otra.

–Decirlo es fácil. Me había acostumbrado a ésta.

–¡Vamos, Setaú! No me vengas con historias y vayamos a tomar una copa. Luego iremos juntos a casa del mejor curtidor de la ciudad. Después de todo, hay que cambiar de piel un día u otro.

–Quiero conocer al autor del robo.

Ramsés leyó el último informe de Merenptah, claro y conciso. Su hijo menor daba pruebas de gran lucidez. Cuando Acha regresara del Hatti, el faraón iniciaría las últimas negociaciones con Hattusil. Pero el emperador no se engañaría y, como el rey de Egipto, aprovecharía ese período para preparar su ejército para el combate.

Las tropas de elite egipcias estaban en mejores condiciones de lo que Ramsés había supuesto; sería fácil enrolar mercenarios aguerridos y acelerar la preparación de los jóvenes reclutas. En cuanto al armamento, pronto estaría al completo gracias a la intensiva producción de los armeros. Los oficiales nombrados por Merenptah, con el aval de Ramsés, encuadrarían a unos soldados capaces de enfrentarse victoriosamente con los hititas.

Cuando Ramsés se pusiera a la cabeza de su ejército para dirigirse al norte, la seguridad del triunfo inflamaría el corazón de sus regimientos.

Hattusil hacía mal renunciando a la paz; Egipto no sólo lucharía con ardor por su supervivencia, sino que tomaría la iniciativa para sorprender a los guerreros de Anatolia. Esta vez, Ramsés conquistaría la fortaleza de Kadesh.

Sin embargo, una insólita ansiedad oprimía el corazón del rey, como si dudara de la conducta que debía seguir; puesto que Nefertari no estaba ya a su lado para iluminar el camino, el monarca debía consultar a una divinidad.

Ramsés ordenó a Serramanna que preparara una embarcación rápida para dirigirse a Hermópolis[1], en el Medio Egipto. Mientras el soberano cruzaba la pasarela, Iset la bella le dirigió una súplica.

–¿Puedo ir contigo?

–No, necesito estar solo.

–¿Tienes noticias de Acha?

–Pronto estará de regreso.

–Ya conoces mis sentimientos, majestad; dame una orden y obedeceré. La felicidad de Egipto cuenta más que la mía.

–Te lo agradezco, Iset; pero esta felicidad desaparecería si Egipto doblara el espinazo ante la injusticia.

La vela blanca se alejó hacia el sur.

Al borde del desierto, cerca de la necrópolis donde habían sido inhumados los grandes sacerdotes del dios Thot, crecía una inmensa palmera duma, mucho más alta que sus semejantes. Según la leyenda, Thot, el corazón de la luz divina y

1. La ciudad de Khemenu, «la ciudad de los ocho (dioses creadores)» fue llamada por los griegos Hermópolis, «la ciudad de Hermes», ya que Hermes era el nombre griego de Thot, que reinaba sobre el lugar, el actual Ashmunein.

el señor de la lengua sagrada, se aparecía aquí a los fieles que habían preservado su boca de palabras inútiles. Ramsés sabía que el dios de los escribas era un fresco manantial para el silencioso, manantial que permanecía seco para el charlatán. El rey meditó un día y una noche al pie de la palmera duma, para apaciguar el tumultuoso flujo de sus pensamientos.

Al alba, un potente grito saludó el nacimiento del sol.

A menos de tres metros de Ramsés se hallaba un mono colosal, un quinocéfalo de agresivas mandíbulas. El faraón aguantó su mirada.

–Ábreme el camino, Thot, tú que conoces los misterios del cielo y de la tierra. Revelaste la Regla a los dioses y los hombres, modelaste las palabras de poder. Hazme seguir el justo camino, el que sea útil a Egipto.

El quinocéfalo se irguió sobre sus patas traseras. Más alto que Ramsés, levantó sus patas delanteras al sol, en signo de adoración. El rey imitó su gesto, él, cuyos ojos soportaban la luz sin ser abrasado.

La voz de Thot brotó del cielo, de la palmera duma y de la garganta del babuino; el faraón la recogió en su corazón.

17

La lluvia caía desde hacía varios días y la niebla demoraba la marcha del convoy del jefe de la diplomacia egipcia. Acha admiraba los asnos que, a pesar de soportar cargas de setenta kilos, avanzaban con paso seguro, indiferentes al mal tiempo. Egipto veía en ellos una de las encarnaciones del dios Set, de inagotable potencia; sin los asnos, no había prosperidad.

Acha estaba impaciente por abandonar Siria del Norte, atravesar Fenicia y entrar en los protectorados egipcios. Por lo general, los viajes le divertían; pero éste parecía un fardo que a duras penas levantaba. Los paisajes le aburrían, las montañas le incomodaban, los ríos arrastraban negras ideas.

El responsable militar del convoy era un veterano que había pertenecido al ejército de salvamento que acudió a ayudar a Ramsés cuando combatía solo contra los hititas, en Kadesh. El hombre conocía bien a Acha y sentía estima por él; sus hazañas de agente secreto y su conocimiento del terreno obligaban al respeto. El ministro de Asuntos Exteriores tenía también fama de ser un personaje amable, de brillante conversación; pero desde la partida estaba taciturno y triste.

Aprovechando un alto en un aprisco donde animales y hombres se calentaron, el veterano se sentó junto a Acha.

–¿Os sentís mal?

–Sólo fatigado.

–Las noticias no son alentadoras, ¿no es cierto?

–Podrían ser mejores pero, mientras Ramsés siga gobernando, la situación nunca será desesperada.

–Yo conozco bien a los hititas: son brutales y conquistadores. Algunos años de tregua les han vuelto más vengativos todavía.

–Os equivocáis; tal vez nuestro mundo se desgarre a causa de una mujer. Es cierto que es distinta a todas las demás, puesto que se trata de la gran esposa real. Ramsés tiene razón: no hay que hacer concesión alguna cuando los valores fundamentales de nuestra civilización están en juego.

–¡He aquí un lenguaje poco diplomático!

–La edad de la jubilación se aproxima. Me había prometido dimitir cuando los viajes me parecieran agotadores y aburridos; ese día ya ha llegado.

–El rey no querrá separarse de vos.

–Soy tan testarudo como él e intentaré tener éxito en esa negociación; encontrarme un sucesor será más fácil de lo que imagina. Los «hijos reales» no son todos simples cortesanos, algunos están considerados incluso excelentes servidores de Egipto. En mi oficio, cuando la curiosidad se apaga, hay que saber detenerse. El mundo exterior no me interesa ya, ahora sólo deseo sentarme a la sombra de las palmeras y ver correr el Nilo.

–¿No será un simple momento de cansancio? –preguntó el veterano.

–En absoluto. Mi decisión es irrevocable.

–Para mí también será el último viaje. ¡Tranquilidad por fin!

–¿Dónde vivís?

–En una aldea, cerca de Karnak; mi madre es muy mayor ya, seré feliz ayudándole a tener una vejez tranquila.

–¿Estáis casado?

–No he tenido tiempo.

–Yo tampoco –dijo Acha, soñador.

–Todavía sois joven.

–Prefiero aguardar a que la edad apague mi pasión por las mujeres; hasta entonces, asumiré valerosamente esta debilidad. Esperemos que el tribunal del gran dios me lo perdone.

El veterano encendió una hoguera con sílex y leña seca.

–Tenemos excelente carne seca y un vino aceptable.

–Me limitaré a una copa de vino.

–¿Perdéis el apetito?

–Cierto número de apetitos me han abandonado ya. Tal vez sea el comienzo de la sabiduría.

La lluvia había cesado por fin.

–Podríamos ponernos en marcha.

–Hombres y animales están cansados –objetó el veterano–; cuando hayan descansado, avanzarán más deprisa.

–Voy a dormir un poco –afirmó Acha, consciente de que no conseguiría conciliar el sueño.

El convoy atravesó un encinar que dominaba una abrupta pendiente sembrada de agrietados bloques. Por el estrecho sendero sólo se podía avanzar en fila india. El cambiante cielo estaba cubierto de cohortes de nubes.

Una extraña sensación obsesionaba a Acha. Intentaba en vano apartarla, soñando con las riberas del Nilo, con el sombreado jardín de la mansión de Pi-Ramsés donde viviría apacibles días, con los perros, los monos y los gatos, a los que, por fin, podría dedicarles su tiempo.

Su mano diestra se posó en la daga de hierro que le había entregado Hattusil para sembrar la inquietud en el espíritu de Ramsés. Inquietar a Ramsés... ¡Qué poco conocía Hattusil al faraón! Nunca cedería a la amenaza. Acha sintió deseos de arrojar el arma al arroyo que corría por debajo, pero sabía que esa daga no iba a iniciar las hostilidades.

Durante algún tiempo, Acha había pensado que sería bueno unificar las costumbres y abolir las diferencias entre pueblos; sin embargo, ahora estaba convencido de lo contrario. De la uniformidad nacerían monstruos, Estados sin genio alguno, sometidos a poderes tentaculares, y aprovechados que defenderían la causa del hombre para ahogarle mejor y hacerle pasar por el aro.

Sólo alguien como Ramsés era capaz de apartar a la humanidad de su natural tendencia, la estupidez y la pereza, y conducirla hacia los dioses. Y si la vida no ofrecía ya un solo Ramsés a la especie humana, ésta desaparecería en el caos y la sangre de los combates fratricidas.

¡Qué bueno era confiar en Ramsés para las decisiones vitales! El faraón, en cambio, no tenía más guía que lo invisible y el más allá. Solo frente a lo divino, en el naos del templo, lo estaba también frente a su pueblo, al que debía servir sin pensar en su propia gloria. Y, desde hacía milenios, la institución faraónica había superado los obstáculos y atravesado las crisis porque no era sólo de este mundo.

Cuando hubiera abandonado su equipaje de ministro itinerante, Acha reuniría los antiguos textos sobre la doble naturaleza del faraón, celeste y terrenal, y ofrecería la colección a Ramsés. Hablarían de ellos durante dulces veladas, bajo un emparrado o a orillas de un estanque cubierto de lotos.

Acha había tenido suerte, mucha suerte. Ser amigo de Ramsés el Grande, haberle ayudado a desactivar las conjuras y rechazar el peligro hitita... ¿Podía desear algo más exaltante? Cien veces había perdido Acha la esperanza en el futuro, a causa de la bajeza, la traición y la mediocridad; pero cien veces la presencia de Ramsés había hecho brillar de nuevo el sol.

Un árbol muerto, de gran tamaño, ancho tronco y visibles raíces, parecía, sin embargo, indestructible.

Acha sonrió. ¿No era ese árbol muerto fuente de vida? Los pájaros se encontraban en el refugio, los insectos se alimentaban de él. Simbolizaba, por sí solo, el misterio de las relaciones invisibles entre los seres vivos. ¿Qué eran los faraones sino árboles inmensos que llegaban al cielo, que ofrecían alimento y protección a todo un pueblo? Ramsés no moriría nunca porque su función le había obligado a cruzar, en vida, las puertas del más allá; y sólo el conocimiento de lo sobrenatural permitía a un monarca orientar correctamente lo cotidiano.

Acha no había frecuentado en exceso los templos, pero había tratado a Ramsés y, por osmosis, se había iniciado en ciertos secretos cuyo guardián y depositario era el faraón. Tal vez el ministro de Ramsés se cansaba ya de su apacible retiro, antes incluso de haberlo vivido; ¿no sería más exaltante abandonar el mundo exterior y adoptar la existencia de los reclusos, para conocer otra aventura, la del espíritu?

El sendero se hacía empinado, el caballo de Acha sufría. Un collado más y comenzaría el descenso hacia Canaán y el camino hacia la frontera noreste del delta de Egipto. Durante mucho tiempo, Acha se había negado a creer que le satisfaría una vida sencilla, en la tierra donde había nacido, al abrigo de tumultos y pasiones. La mañana de la partida, mirándose a un espejo, había visto su primera cana; la nieve de las montañas de Anatolia se había adelantado. Una señal sin ambigüedad, la victoria de la vejez que tanto había temido.

Sólo él sabía que su organismo estaba desgastado a causa de los excesivos viajes, riesgos y peligros que había corrido; Neferet, la médico en jefe del reino, conseguiría aliviar algunos males y retrasar la degradación, pero Acha no disponía, como Ramsés, de una energía renovada por los ritos. El diplomático había ido más allá de sus fuerzas, su tiempo de vida estaba casi agotado.

De pronto se oyó el terrorífico grito de un hombre herido de muerte. Acha detuvo su caballo y se volvió. Desde la retaguardia llegaron otros gritos. Abajo se combatía y volaban algunas flechas, disparadas desde la copa de las encinas.

Un grupo de libios e hititas armados de cortas espadas y lanzas surgieron de ambos lados del camino.

La mitad de los soldados egipcios fue exterminada en pocos minutos; los supervivientes consiguieron terminar con algunos agresores, muy superiores en número.

–¡Huid! –recomendó el veterano a Acha–. ¡Galopad en línea recta!

Acha no vaciló. Blandiendo la daga de hierro, se arrojó sobre un arquero libio, reconocible por las dos plumas clavadas en sus cabellos, ceñidos por una cinta negra y verde. Con un amplio gesto, el egipcio le cortó la garganta.

–Cuidado, cuid...

La advertencia del veterano se perdió en un estertor. La pesada espada, manejada por un demonio de largos cabellos y pecho cubierto de vello rojizo, acababa de partirle el cráneo.

En el mismo instante, una flecha alcanzó a Acha en la espalda. Sin aliento, el jefe de la diplomacia egipcia se derrumbó en el húmedo suelo.

Había cesado toda resistencia.

El demonio se acercó al herido.

–Uri-Techup...

–¡Eso es, Acha, yo soy el vencedor! Por fin me vengo de ti, diplomático maldito que contribuiste a mi decadencia. Pero tú no eras más que un obstáculo en mi camino. Ahora le llega el turno a Ramsés. Ramsés creerá que el autor de la agresión es el cobarde Hattusil. ¿Qué te parece mi plan?

–Que... el cobarde... eres tú.

Uri-Techup se apoderó de la daga de hierro y la clavó en el pecho de Acha. El pijalle había comenzado ya; si el hitita no intervenía, los libios se matarían mutuamente.

Acha ya no tenía fuerzas para escribir con su sangre el nombre de Uri-Techup. Con el índice, recurriendo a lo más hondo de su agonizante energía, trazó un solo jeroglífico en su túnica, a la altura del corazón, y se encogió definitivamente.

Ramsés comprendería aquel jeroglífico.

18

El palacio estaba sumido en el silencio. Al regresar de Hermópolis, Ramsés comprendió enseguida que acababa de acontecer un drama. Los cortesanos se habían eclipsado. El personal administrativo se agazapaba en los despachos.

–Vete a buscar a Ameni –ordenó el rey a Serramanna–. Que se reúna conmigo en la terraza.

Desde el punto más elevado de palacio, Ramsés contemplaba su capital. Las casas blancas con fachadas de turquesa dormitaban bajo las palmeras; algunos paseantes charlaban en los jardines, junto a los estanques; los altos mástiles con oriflamas, erguidos ante los pilonos, afirmaban la presencia de lo divino.

El dios Thot había exigido al monarca que preservara la paz, fueran cuales fuesen los sacrificios que debieran hacerse; en el laberinto de las ambiciones, debía encontrar el buen camino que evitara matanzas y desgracias. Ensanchando el corazón del rey, el dios del conocimiento le había ofrecido una nueva voluntad; el hijo de Ra, el sol en quien se encarnaba la luz divina, era también el de Thot, el sol nocturno.

Ameni estaba más pálido que de costumbre; sus ojos reflejaban una infinita tristeza.

–¡Tú al menos te atreverás a decirme la verdad!

–Acha ha muerto, majestad.

Ramsés permaneció impasible.

–¿En qué circunstancias?

–Su convoy fue atacado. Un pastor descubrió los cadáveres y avisó a unos policías cananeos. Acudieron al lugar, uno de ellos reconoció a Acha.

–¿Su cuerpo ha sido formalmente identificado?

–Sí, majestad.

–¿Dónde está?

–En una fortaleza, con los demás miembros del convoy diplomático.

–¿Ningún superviviente?

–Ninguno.

–¿Testigos?

–Tampoco.

–Que Serramanna acuda al lugar de la agresión, que recoja el menor indicio y traiga los despojos de Acha y sus compañeros. Descansarán en Egipto.

El gigante sardo y un pequeño grupo de mercenarios habían agotado varios caballos para llegar a la fortaleza y volver a Pi-Ramsés con la misma rapidez. En cuanto regresaron, Serramanna entregó el cadáver de Acha a un embalsamador, que lo había lavado, perfumado y envuelto en un sudario blanco antes de presentarlo al faraón.

Ramsés había tomado a su amigo en brazos y lo había depositado en un lecho de una de las cámaras de palacio.

El rostro de Acha estaba sereno, como si el jefe de la diplomacia egipcia estuviera dormido.

Ante él, Ramsés, flanqueado por Ameni y Setaú.

–¿Quién lo ha matado? –preguntó Setaú, cuyos ojos estaban enrojecidos de tanto llorar.

–Lo sabremos –prometió el rey–; espero el informe de Serramanna.

–Su morada de eternidad está lista –precisó Ameni–; el juicio de los hombres le ha sido favorable, los dioses le harán renacer.

–Mi hijo Kha dirigirá el ritual y pronunciará las antiguas fórmulas de resurrección. Lo que estaba atado aquí abajo, lo estará en el más allá; la fidelidad de Acha a su país le protegerá de los peligros del otro mundo.

–Mataré a su asesino con mis propias manos –anunció Setaú–; en adelante, no me separaré de este pensamiento.

Serramanna se presentó ante el monarca.

–¿Qué has descubierto?

–Acha fue alcanzado por una flecha que se clavó en su omóplato derecho, pero la herida no era mortal. He aquí el arma que le mató.

El antiguo pirata entregó a Ramsés la daga.

–¡Hierro! –exclamó Ameni–. ¡Siniestro regalo del emperador del Hatti! Ése es su mensaje: el asesinato del embajador de Egipto, amigo íntimo de Ramsés.

Serramanna nunca había visto a Ameni en semejante estado de furor.

–Conocemos pues al asesino –concluyó, gélido, Setaú–. Por mucho que Hattusil se agazape en su ciudadela, me introduciré en ella y arrojaré su cadáver desde lo alto de las murallas.

–Emito una reserva –dijo el sardo.

–¡Te equivocas, lo lograré!

–No es una reserva sobre tu deseo de venganza, Setaú, sino sobre la identidad del asesino.

–¿No es hitita esa daga de hierro?

–Claro que sí, pero he encontrado otro indicio.

Serramanna mostró una pluma rota.

–Es el ornamento guerrero de los libios.

–Libios aliados con los hititas... ¡Imposible!

–Cuando las fuerzas del mal deciden unirse –consideró Ameni–, nada es imposible. Está claro que Hattusil ha elegido la prueba de fuerza. Como sus predecesores, sólo piensa en destruir Egipto y está dispuesto a aliarse con los demonios del infierno para lograrlo.

–Hay otro elemento de apreciación –comentó Serramanna–: el convoy incluía un pequeño número de viajeros. Los agresores debían de ser cuarenta, cincuenta a lo sumo. Es una pandilla de bandoleros que tendió una emboscada, no un ejército regular.

–Ésa es tu interpretación –objetó Ameni.

–No, es la realidad; después de haber examinado el paisaje, la estrechez del camino y las huellas dejadas por los jinetes, no me queda la menor duda. Estoy convencido de que no había un solo carro hitita por los alrededores.

–¿Y en qué cambia eso las cosas? –preguntó Setaú–. Hattusil ordenó a un comando que ejecutara a Acha con un hermoso regalo para Ramsés, ¡esta daga de hierro! Puesto que el faraón se niega a casarse con su hija, el emperador del Hatti asesina a uno de sus amigos íntimos, un hombre de paz y de diálogo. Nadie puede alterar el espíritu de los pueblos; los hititas serán siempre bárbaros sin palabra.

–Majestad –declaró Ameni gravemente–, me horroriza la violencia y detesto la guerra. Pero dejar este crimen sin castigo sería una injusticia intolerable. Mientras el Hatti no sea doblegado, Egipto estará en peligro de muerte. Acha dio su vida para hacérnoslo comprender.

Ramsés había escuchado sin manifestar la menor emoción.

–¿Hay algo más, Serramanna?

–Nada, majestad.

–¿No escribió Acha nada en la tierra?

–No tuvo tiempo; el golpe recibido con la daga fue de extremada violencia y la muerte rápida.

–¿Su equipaje?

–Robado.

–¿Su ropa?

–El momificador se la quitó.

–Tráemela.

–Pero... seguro que ya la habrá destruido.

–Tráemela, y rápido.

Serramanna vivió el mayor pavor de su existencia. ¿Por qué iba a interesarse por una túnica y un manto manchados de sangre?

El sardo salió de palacio corriendo, saltó a lomos de su caballo y galopó hasta el pueblo de los embalsamadores, situado fuera de la ciudad. El jefe de los momificadores había preparado el cadáver de Acha para el último encuentro terrenal del faraón y su amigo.

–La ropa de Acha –reclamó el sardo.

–Ya no la tengo –respondió el momificador.

–¿Qué has hecho con ella?

–Bueno... como de costumbre, la he dado al lavandero del barrio norte.

–¿Dónde vive?

–En la última casa de la calle curva, junto al canal.

El gigante sardo se marchó rápidamente; obligó a su caballo a saltar muretes, atravesó huertos, galopó por las callejas, a riesgo de atropellar a los viandantes, y se metió en la calle curva sin reducir la marcha.

A la altura de la última casa, tiró de las riendas para detener al sudoroso caballo y llamó a la puerta.

–¡Lavandero!

Abrió una mujer.

–Está trabajando en el canal.

Abandonando su montura, Serramanna corrió hacia el canal reservado para lavar vestidos y ropa sucia. Agarró por los cabellos al hombre que comenzaba a enjabonar la túnica de Acha.

En la túnica, al igual que en el manto, había huellas de sangre, pero con una diferencia notable: con dedo vacilante, Acha había trazado un signo.

–Es un jeroglífico –comprobó Ramsés–; ¿qué lees, Ameni?

–Dos brazos tendidos, con las palmas abiertas hacia el sol... El signo de la negación.

–«No»... También yo lo leo.

–El comienzo de un nombre o de una palabra... ¿Qué ha querido decir Acha?

Setaú, Ameni y Serramanna estaban perplejos. Ramsés reflexionaba.

–Acha dispuso de unos pocos segundos antes de morir y sólo pudo trazar un jeroglífico. Preveía nuestras conclusiones: el autor del abominable atentado sólo puede ser Hattusil y me veo pues en la obligación de declararle inmediatamente la guerra. Entonces pronunció su última palabra para evitar una tragedia: «No». No, el verdadero culpable no es Hattusil.

19

Los funerales del jefe de la diplomacia egipcia fueron grandiosos. Vestido con una piel de pantera, Kha practicó el rito de la abertura de los ojos, los oídos y la boca sobre el sarcófago de acacia dorada que contenía la momia de Acha. Ramsés cerró la puerta de la mansión de eternidad.

Cuando el silencio cayó sobre la necrópolis, el rey permaneció solo en la capilla abierta al exterior y se encargó de ser el primero en cumplir la función de sacerdote del *ka* de su amigo difunto, depositando sobre el altar un loto, algunos iris, un pan fresco y una copa de vino. En adelante, cada día, un sacerdote pagado por palacio aportaría ofrendas y cuidaría el dominio funerario de Acha.

Moisés se había marchado siguiendo su sueño, Acha había partido al más allá, el círculo de los amigos de infancia se estrechaba. A veces, Ramsés empezaba a lamentar ese reinado demasiado largo y sembrado de sombras. Como Seti, Tuya y Nefertari, Acha era irremplazable. Poco dado a las confidencias, había recorrido la existencia con la elegancia de un felino. Ramsés y él no necesitaban hablar para conocer sus intenciones más secretas.

Nefertari y Acha habían construido la paz; sin su decisión y su valor, el Hatti no habría aceptado renunciar a la violencia. Quien le hubiera matado ignoraba los vínculos indestructibles de la amistad; Acha había sacado de su propia muerte la última energía capaz de vencer la mentira.

Cualquier hombre habría tenido derecho a ahogar su pena en la embriaguez, a intentar borrar su pesadumbre dando primacía, con sus íntimos, a los recuerdos felices. Cualquier hombre, salvo el faraón.

Ver a Ramsés el Grande cara a cara, aun siendo a la vez su primogénito y el general en jefe de su ejército, dejaba sin aliento. Merenptah intentó mantener la prestancia, consciente de que su padre le juzgaría, como Thot pesando los actos de los humanos.

–Padre, me gustaría decirte...

–Es inútil, Merenptah. Acha era un amigo de mi infancia, no de la tuya. El pésame no atenuaría mi dolor. Ahora sólo cuenta la perennidad del *ka,* más allá de la muerte física. ¿Está mi ejército dispuesto a combatir?

–Sí, majestad.

–En adelante se acabó la dejadez. El mundo va a cambiar mucho, Merenptah; debemos estar preparados, permanentemente, para defenderlo. Que tu vigilancia sea constante.

–¿Debo entender que se ha declarado la guerra?

–Acha nos ha librado de caer en una tumba y romper, en primer lugar, el tratado de paz con el Hatti. Pero no por ello se ha salvado la paz; para preservar su honor, que considera herido, Hattusil se verá obligado a invadir Canaán y lanzar una vasta ofensiva contra el Delta.

Merenptah quedó atónito.

–¿Debemos... dejarle hacer?

–Creerá que estamos desorganizados y que somos incapaces de reaccionar. Le atacaremos cuando cometa la imprudencia de meterse en las ramas del Nilo y fraccionar sus tropas. En nuestro terreno, los hititas no sabrán maniobrar.

Merenptah parecía contraído.

–¿Qué te parece este plan, hijo mío?

–Es... audaz.

–¿Quieres decir: peligroso?

–Eres el faraón y debo obedecerte.

–Sé sincero, Merenptah.

–Confío en ti, majestad; confío en ti, como todos los egipcios.

–Manténte dispuesto.

Serramanna confiaba en su instinto de pirata. No creía que la muerte de Acha fuese resultado de un combate en toda regla, librado por un oficial que obedecía las órdenes del emperador Hattusil. Y el mismo instinto le llevaba a otra pista: la de una fiera capaz de matar para debilitar a Ramsés y privarle de una ayuda preciosa, indispensable incluso.

Por ello, el sardo se había apostado junto a la mansión de la dama Tanit y aguardaba la partida de Uri-Techup.

El hitita abandonó la morada a primera hora de la tarde y se alejó en un caballo negro con manchas blancas, no sin antes comprobar si alguien le seguía.

Serramanna se presentó ante el portero.

–Quiero ver a la dama Tanit.

La fenicia recibió al sardo en una soberbia estancia con dos columnas, iluminada por cuatro ventanas altas dispuestas de modo que procurasen una agradable ventilación.

La bella fenicia había adelgazado.

–¿Es una visita oficial, Serramanna?

–Amistosa, de momento; el resto dependerá de vos, dama Tanit.

–¿Se trata, pues, de un interrogatorio?

–No, de una simple entrevista con una persona de bien que se ha equivocado al tomar un mal camino.

–No comprendo.

–Claro que me comprendéis. Acaban de producirse graves acontecimientos: Acha, el ministro de Asuntos Exteriores, fue asesinado al regresar del Hatti.

–Asesinado...

Tanit palideció. Para librarse de Serramanna le bastaba con pedir socorro. Los cuatro libios ocultos en su mansión suprimirían enseguida al sardo. Pero eliminar al jefe de la guardia personal de Ramsés pondría en marcha una investigación, y Tanit sería destrozada por la maquinaria judicial. No, tenía que hacerle frente.

–Exijo que me digáis con todo detalle cómo ha empleado el tiempo vuestro marido, Uri-Techup, durante los dos últimos meses.

–Prácticamente siempre ha estado en casa, pues estamos muy enamorados. Cuando sale, va a una taberna o pasea por la ciudad. ¡Somos tan felices juntos!

–¿Cuándo salió de Pi-Ramsés y cuándo regresó?

–Desde nuestra boda, no ha abandonado la capital, de cuyos encantos goza. Así olvida, poco a poco, el pasado. Gracias a nuestra unión, se convirtió en súbdito del faraón, como vos y yo.

–Uri-Techup es un criminal –afirmó Serramanna–; os amenaza y os aterroriza. Si me decís la verdad, os tomaré bajo mi protección y la justicia os librará de él.

Por un instante, Tanit se sintió tentada a huir hacia el jardín. Serramanna la seguiría, ella le advertiría de la presencia de los libios, sería de nuevo libre... ¡pero nunca volvería a ver a Uri-Techup! Renunciar a tal amante era superior a sus fuerzas.

Durante su ausencia, ella se había puesto enferma; le necesitaba como una droga. Gracias a Uri-Techup, Tanit se saciaba de auténtico placer, un placer inagotable que bien valía todos los sacrificios.

–Aunque me arrastréis ante un juez, Serramanna, no modificaré mis declaraciones.

–Uri-Techup os destruirá, dama Tanit.

Ella sonrió pensando en los febriles retozos que habían vivido pocos minutos antes de la llegada del sardo.

–Si vuestra lista de estúpidas acusaciones ha terminado, salid.

–Me gustaría salvaros, dama Tanit.

–No estoy en peligro.

–Si cambiáis de opinión, poneos en contacto conmigo.

La mujer esbozó una pícara sonrisa y pasó la mano suavemente por el enorme antebrazo del gigante sardo.

–Sois un hombre apuesto... Es una lástima para vos, pero estoy colmada.

Ataviada con un collar de oro del que colgaba un escarabajo de lapislázuli, brazaletes de turquesas en las muñecas y los tobillos, una túnica de lino real plisada y una capa rosa, y la corona de dos altas plumas, la gran esposa real, Iset la bella, recorrió lentamente en carro las avenidas de Pi-Ramsés. El conductor había elegido dos caballos tranquilos, con la espalda cubierta por una gualdrapa multicolor y la cabeza adornada con un penacho de plumas de avestruz teñidas de azul, rojo y amarillo.

El espectáculo era magnífico. La noticia del paso de la reina corrió muy deprisa y, pronto, la muchedumbre se apretujó para admirarla. Los niños arrojaron pétalos de loto ante los caballos, mientras las aclamaciones brotaban sin cesar. Ver tan de cerca a la gran esposa real era una promesa de felicidad. Se olvidaban los rumores de guerra y todos daban la razón a Ramsés: no debía repudiar a Iset la bella, fueran cuales fuesen las consecuencias de su decisión.

Educada en un medio aristocrático, Iset la bella disfrutaba de ese contacto con el pueblo, en el que se mezclaban las clases sociales y las culturas; todos los habitantes de Pi-Ramsés le manifestaban su afecto.

Pese a las reticencias del auriga, la reina exigió visitar los barrios más populares, donde recibió una cálida acogida. ¡Qué agrabable era ser amada!

De regreso a palacio, Iset la bella se tendió en el lecho, como embriagada. No existía nada más conmovedor que esa confianza de una población, rica en esperanzas y en risueños futuros.

Al salir de su capullo, Iset la bella había descubierto el país del que era reina.

Durante la cena, a la que habían sido invitados los jefes de provincia, Ramsés le anunció la inminencia del conflicto. Todos advirtieron que Iset la bella estaba radiante; a pesar de no poder igualar a Nefertari, se hacía digna de su función y suscitaba el respeto de los viejos cortesanos.

Ella dirigió a unos y otros palabras de aliento; Egipto nada debía temer del Hatti, sabría superar la prueba gracias a Ramsés. Los jefes de provincia fueron sensibles a las convicciones de la reina.

Cuando Ramsés e Iset estuvieron solos salieron a la terraza que dominaba la ciudad y Ramsés la estrechó tiernamente contra su pecho.

–Has estado perfectamente en tu lugar, Iset.

–¿Te sientes por fin orgulloso de mí?

–Te elegí como gran esposa real y no me equivoqué.

–¿Se han roto definitivamente las negociaciones con el Hatti?

–Estamos dispuestos a combatir.

Iset la bella apoyó la cabeza en el hombro de Ramsés.

–Suceda lo que suceda, saldrás vencedor.

20

Kha no ocultó su angustia.

–La guerra... ¿Por qué la guerra?

–Para salvar Egipto y permitirte encontrar el libro del conocimiento –respondió Ramsés.

–¿Realmente es imposible entenderse con el Hatti?

–Sus tropas se aproximan a las provincias que controlamos. Ya es hora de desplegar nuestro dispositivo; partiré con Merenptah y te confío la gestión del reino.

–¡Padre mío! No soy capaz de sustituirte, ni siquiera por un corto período.

–Te equivocas, Kha; con la ayuda de Ameni, cumplirás la misión que te confío.

–¿Y... si cometo errores?

–Preocúpate por la felicidad del pueblo y los evitarás.

Ramsés subió a su carro, que conduciría personalmente a la cabeza de los regimientos que había previsto disponer en varios puntos estratégicos del Delta y de la frontera del Nordeste. Tras él iban Merenptah y los generales de los cuatro cuerpos de ejército.

Cuando el rey se preparaba para dar la señal de partida, un jinete entró al galope en el patio del cuartel.

Serramanna saltó a tierra y corrió hacia el carro de Ramsés.

–¡Majestad, debo hablaros!

El faraón había ordenado al sardo que se encargara de la

seguridad de palacio. Era consciente de que decepcionaba al gigante, deseoso de derribar hititas; ¿pero a quién otro elegir para que velara por Kha e Iset la bella?

–No cambiaré mi decisión, Serramanna; te quedas en Pi-Ramsés.

–No se trata de mí, majestad; venid, os lo suplico.

El sardo parecía trastornado.

–¿Qué ocurre?

–Venid, majestad, venid...

Ramsés pidió a Merenptah que comunicara a los generales que la partida se retrasaba.

El carro del faraón siguió el caballo de Serramanna, que tomó el camino de palacio.

La camarera, la costurera y algunas siervas estaban agachadas en los pasillos y lloraban.

Serramanna se inmovilizó en el umbral de la alcoba de Iset la bella. La mirada del sardo sólo reflejaba asombro y angustia.

Ramsés entró.

Un embriagador perfume de lis llenaba la estancia, iluminada por el sol de mediodía. Iset la bella, vestida con una túnica blanca de gala y tocada con una diadema de turquesas, estaba tendida en su cama, con los brazos a lo largo del cuerpo y los ojos abiertos de par en par.

En la mesilla de noche de sicomoro había una túnica de piel de antílope. La prenda de Setaú, que ella había robado en su laboratorio.

–Iset...

Iset la bella, el primer amor de Ramsés, la madre de Kha y de Merenptah, la gran esposa real por la que se disponía a librar batalla... Iset la bella contemplaba el otro mundo.

–La reina ha elegido la muerte para evitar la guerra –explicó Serramanna–. Al envenenarse con los productos que saturaban la túnica de Setaú dejaba de ser un obstáculo para la paz.

–¡Divagas, Serramanna!

–La reina ha dejado un mensaje –intervino Ameni–. Lo he leído y he pedido a Serramanna que te avisara.

De acuerdo con la tradición, Ramsés no cerró los ojos de la difunta; era preciso enfrentarse al más allá con una mirada franca.

Enterrada en el Valle de las Reinas, Iset la bella descansaba en una tumba más modesta que la de Nefertari. El propio Ramsés había practicado los ritos de resurrección en la momia. El culto del *ka* de la reina correría a cargo de un colegio de sacerdotes y sacerdotisas, encargados de que su memoria viviera.

Sobre el sarcófago de la gran esposa real, el faraón había depositado una rama del sicomoro que había plantado en el jardín de su mansión de Menfis, cuando tenía diecisiete años. Aquel recuerdo de juventud lograría que el alma de Iset reverdeciera.

Al finalizar la ceremonia, Ameni y Setaú habían solicitado audiencia a Ramsés. Sin responderles, el rey había subido a la colina. Setaú se había lanzado tras él y, pese al esfuerzo impuesto a su débil constitución, Ameni le había imitado.

La arena, la pedregosa pendiente, el rápido paso de Ramsés que le abrasaba los pulmones... Ameni maldijo a lo largo del sendero, pero llegó a la cumbre desde donde el rey contemplaba el Valle de las Reinas y las moradas de Nefertari e Iset la bella.

Setaú guardó silencio para apreciar el grandioso paraje que se ofrecía a sus ojos. Jadeante, Ameni se sentó en una roca y se secó la frente con el dorso de la mano.

Finalmente se atrevió a romper la meditación del rey.

–Majestad, hay que tomar decisiones urgentes.

–Nada es más urgente que contemplar el país amado por

los dioses. Hablaron y su voz se convirtió en cielo, montaña, agua y tierra. En la tierra roja de Set, hemos excavado la sepultura, cuya cámara de resurrección se baña en el océano de los orígenes que rodea el mundo. Con nuestros ritos preservamos la energía de la primera montaña, y nuestra patria resucita cada día. Lo demás es irrisorio.

–¡Para resucitar es preciso empezar sobreviviendo! Si el faraón se olvida de los hombres, éstos se retirarán para siempre a lo invisible.

Setaú imaginó que el tono crítico de Ameni le valdría una cortante respuesta de Ramsés. Pero el rey se limitó a contemplar la brutal separación entre los cultivos y el desierto, entre lo cotidiano y lo eterno.

–¿En qué estás pensando, Ameni?

–He escrito a Hattusil, el emperador del Hatti, para anunciarle la muerte de Iset la bella. Durante el período de luto, está excluido iniciar la guerra.

–Nadie podría haber salvado a Iset –afirmó Setaú–; había ingerido una excesiva cantidad de sustancias cuya mezcla es mortal. He quemado la maldita túnica, Ramsés.

–No te considero responsable; Iset creyó actuar por el interés de Egipto.

Ameni se levantó.

–Y tenía razón, majestad.

Enojado, el rey se volvió.

–¿Cómo te atreves a hablar así, Ameni?

–Temo tu cólera, pero quiero darte mi opinión: Iset ha abandonado este mundo para salvar la paz.

–¿Y tú qué dices, Setaú?

Como Ameni, Setaú estaba impresionado por la ardiente mirada de Ramsés. Pero debía ser sincero.

–Si te niegas a comprender el mensaje de Iset la bella, Ramsés, la matarás por segunda vez. Actúa de modo que su sacrificio no sea inútil.

–¿Y cómo debería actuar?

–Cásate con la princesa hitita –declaró Ameni con gravedad.

–Ahora nada se opone a ello –añadió Setaú.

Ramsés apretó los puños.

–¿Acaso es vuestro corazón duro como el granito? Iset apenas descansa en su sarcófago y os atrevéis a hablarme de matrimonio.

–No eres un viudo que llora a su mujer –asestó Setaú–, sino el faraón de Egipto que debe preservar la paz y salvar a su pueblo. A él le importan muy poco tus sentimientos, tu alegría o tu tristeza; desea ser gobernado y conducido por el buen camino.

–Un faraón unido a una gran esposa real hitita... ¿No es monstruoso?

–Al contrario –consideró Ameni–; ¿cómo sellar de modo más fulgurante el definitivo acercamiento entre ambos pueblos? Si aceptas esa boda, el espectro de la guerra se alejará durante largos años. ¿Imaginas la fiesta que celebrarán tu padre Seti y tu madre Tuya entre las estrellas? Y no evoco la memoria de Acha, que dio su vida para edificar una paz duradera.

–Te estás convirtiendo en un temible discutidor, Ameni.

–Sólo soy un escriba de salud frágil, sin demasiada inteligencia, pero tengo el honor de llevar las sandalias del dueño de las Dos Tierras. Y no tengo ganas de verlas mancilladas de nuevo de sangre.

–La Regla te impone gobernar con una gran esposa real –recordó Setaú–; eligiendo a la extranjera, ganarás la más hermosa de las batallas.

–¡Detesto a esa mujer!

–Tu vida no te pertenece, Ramsés; Egipto te exige este sacrificio.

–¡Y también vosotros, amigos míos, me lo exigís!

Ameni y Setaú asintieron con la cabeza.

–Dejadme solo, debo reflexionar.

Ramsés pasó la noche en la cima de la colina. Tras haberse alimentado con el sol naciente, se demoró en el Valle de las Reinas y luego se reunió con su escolta. Sin decir palabra, Ramsés subió a su carro y se dirigió con rapidez al Ramesseum, su templo de millones de años. Tras haber celebrado allí los ritos del alba y haberse recogido en la capilla de Nefertari, el faraón se retiró a su palacio, donde procedió a largas abluciones, bebió leche, comió higos y pan fresco.

Con el rostro descansado, como si hubiera dormido varias horas, el monarca abrió la puerta del despacho donde Ameni, con el rostro enfurruñado, redactaba el correo administrativo.

–Elige un papiro virgen de calidad superior y escribe a mi hermano, el emperador del Hatti.

–¿Y... qué debe decir la carta?

–Anúnciale que he decidido convertir a su hija en mi gran esposa real.

21

Uri-Techup apuró la tercera copa de vino de palma. Alicorado, saturado de aromas y resina, el líquido era utilizado por los embalsamadores para la conservación de las vísceras así como por los médicos por sus propiedades antisépticas.

–Bebéis demasiado –observó Raia.

–Hay que saber aprovecharse de los placeres de Egipto... ¡Ese vino es una maravilla! ¿Estás seguro de que no te ha seguido nadie?

–No temáis.

El mercader sirio había aguardado a que avanzara la noche para introducirse en la mansión de la fenicia. No había detectado ninguna presencia sospechosa.

–¿Por qué esa inesperada visita?

–Noticias importantes, señor; muy importantes.

–¿La guerra, por fin?

–No, señor, no... No habrá conflicto entre Egipto y el Hatti.

Uri-Techup arrojó su copa a lo lejos y agarró al sirio por el cuello de la túnica.

–¿Qué estás diciendo? ¡Mi trampa era perfecta!

–Iset la bella ha muerto y Ramsés se dispone a casarse con la hija del emperador Hattusil.

Uri-Techup soltó a su aliado.

–Una hitita reina de Egipto... ¡Impensable! ¡Debes de estar equivocado, Raia!

–No, señor; la información es oficial. Matásteis a Acha inútilmente.

–Era indispensable librarse de ese espía. Ahora tenemos las manos libres. Ningún consejero de Ramsés tiene la inteligencia de Acha.

–Hemos perdido, señor. Es la paz... una paz que nadie conseguirá destruir.

–¡Imbécil! ¿Conoces a la mujer que va a convertirse en la gran esposa real del faraón? ¡Una hitita, Raia, una verdadera hitita, orgullosa, astuta, indomable!

–Es la hija de vuestro enemigo Hattusil.

–¡En primer lugar es una hitita! ¡Y nunca se someterá a un egipcio, por más faraón que sea! Es nuestra mejor oportunidad.

Raia suspiró. El vino de los oasis le había subido a la cabeza el ex general en jefe del ejército hitita; privado de cualquier esperanza, inventaba un mundo imaginario.

–Salid de Egipto –recomendó Raia a Uri-Techup.

–Supón que la princesa hitita esté de nuestro lado, Raia; ¡tendríamos una aliada en el propio corazón de palacio!

–No son más que ilusiones, señor.

–No, es una señal que nos manda el destino, una señal que yo sabré utilizar en mi beneficio.

–Quedaréis decepcionado.

Uri-Techup vació la cuarta copa de vino de palma.

–Hemos omitido un detalle, Raia, pero todavía estamos a tiempo de intervenir. Utilizarás a los libios.

Se movió una cortina, el mercader sirio señaló con el índice el lugar sospechoso.

Como un felino, Uri-Techup avanzó sin hacer ruido hacia la cortina, la corrió con brutalidad y atrajo a una temblorosa Tanit.

–¿Nos escuchabas?

–No, no, venía a buscarte...

–No tenemos secretos para ti, querida, puesto que no puedes traicionarnos.

–¡Tienes mi palabra!

–Ve a acostarte, me reuniré contigo enseguida.

La enamorada mirada de Tanit prometió al hitita una noche animada. En pocas palabras, Uri-Techup dio sus órdenes a Raia.

La armería principal de Pi-Ramsés seguía fabricando espadas, lanzas y escudos a un ritmo continuado. Mientras la boda con la princesa hitita no se hubiese celebrado, los preparativos para la guerra proseguirían.

En un taller cercano a las forjas se conservaban las armas que habían tomado a los hititas. Los artesanos egipcios las habían estudiado con atención para averiguar los secretos de su fabricación. Uno de los técnicos, un joven metalúrgico con mucha inventiva, se interesaba por la daga de hierro que acababan de confiarle en palacio.

Calidad del metal, peso y anchura de la hoja, manejabilidad del pomo... Todo en ella era notable.

Imitarla no resultaría fácil; serían necesarios varios intentos infructuosos para lograrlo. Estimulado, el técnico sopesó la daga.

–Alguien pregunta por ti –anunció un portero.

El visitante era un mercenario de groseros rasgos.

–¿Qué quieres?

–En palacio quieren recuperar la daga de hierro.

–¿Tienes una orden escrita?

–Claro.

–Muéstramela.

De una bolsa de cuero que colgaba de su cintura, el mercenario sacó una tablilla de madera y se la tendió al técnico.

–Pero... eso no son jeroglíficos.

Con un violento puñetazo en la sien, el libio enviado por Raia derribó al egipcio. Luego recogió la tablilla y la daga que su víctima había soltado y salió corriendo del taller.

Tras varios interrogatorios, Serramanna se convenció de que el técnico no era cómplice del ladrón de la daga, uno de tantos mercenarios ávidos de ganancias como había en el ejército egipcio

–Es un soldado a sueldo de Uri-Techup –dijo el sardo a Ameni.

El escriba siguió escribiendo.

–¿Dispones de alguna prueba?

–Me basta mi instinto.

–¿No crees que tu empecinamiento es en balde? Uri-Techup ha obtenido fortuna y placer. ¿Por qué tendría que robar la daga de Hattusil?

–Porque ha elaborado un plan para perjudicar a Ramsés.

–Ahora, cualquier conflicto con los hititas es imposible. Lo esencial es tu investigación sobre el asesinato de Acha. ¿Has progresado?

–Todavía no.

–Ramsés exige que se identifique al asesino.

–El crimen y el robo de la daga... Todo está relacionado. Si me ocurriese alguna desgracia, da primacía a la pista de Uri-Techup.

–Si te ocurriera alguna desgracia... ¿En qué estás pensando?

–Para avanzar, debo infiltrarme en los medios libios. Eso supone un serio riesgo. Cuando me acerque a la verdad, intentarán eliminarme.

–¡Eres el jefe de la guardia personal de Ramsés! Nadie osará meterse contigo.

–No vacilaron en matar al ministro de Asuntos Exteriores y amigo de infancia del faraón.

–¿No existirá un método menos peligroso?

–Me temo que no, Ameni.

En pleno desierto de Libia, lejos de cualquier oasis, la tienda de Malfi era una extraña plaza fuerte, custodiada por hombres seguros. El jefe de la tribu bebía leche y comía dátiles; no consumía vino ni cerveza, bebidas demoníacas que nublaban las ideas.

La guardia personal de Malfi se componía exclusivamente de nativos de su aldea que, sin él, seguirían siendo campesinos pobres. Saciando su hambre, correctamente vestidos, armados con lanzas, espadas, arcos y hondas, eligiendo a las mujeres que les apetecían, rendían un verdadero culto a Malfi, considerado como la encarnación de un genio del desierto. ¿No tenía acaso la rápidez de una pantera, los dedos cortantes como hojas y ojos en la nuca?

–¡Una riña, señor! –le advirtió su aguador.

Malfi se levantó lentamente. Con el rostro cuadrado, la frente amplia, medio oculta por un turbante blanco, salió de la tienda.

El campo de entrenamiento albergaba a unos cincuenta combatientes que se enfrentaban con arma blanca o con los puños desnudos, en pleno mediodía. A Malfi le gustaban las condiciones extremas que ofrecían el calor y el desierto; sólo quienes poseyeran un verdadero temperamento de guerrero saldrían victoriosos de las pruebas impuestas. Dichas pruebas resultaban indispensables dada la tarea que aguardaba al ejército libio en formación: aplastar las fuerzas de Ramsés. Malfi pensaba sin cesar en las generaciones de jefes libios humillados por los faraones; hacía siglos que duraban las hostilidades, salpicadas por las derrotas que los egipcios infligían a las tribus del desierto, valerosas pero mal organizadas.

Ofir, el hermano mayor de Malfi, había utilizado un arma que suponía decisiva: la magia negra, puesta al servicio de la red de espionaje pro hitita que dirigía. Había pagado su fracaso con la vida, y Malfi se había jurado vengarle. Poco a poco federaba las tribus libias de las que sería, antes o después, dueño indiscutible.

Su encuentro con el hitita Uri-Techup le proporcionaba

una posibilidad de éxito suplementaria. Con un aliado tan valeroso como aquél, la victoria no era ya una utopía. Malfi borraría siglos de vergüenza y de frustración.

Un guerrero fornido, de una agresividad poco común, acababa de olvidar que estaba entrenándose y había derribado a puñetazos a dos adversarios a pesar de ser más grandes que él y estar armados con lanzas. Cuando el guerrero vio que Malfi se acercaba, alardeó aplastando con el pie la cabeza de uno de los vencidos.

Malfi sacó un puñal oculto en su túnica y lo clavó en la nuca del guerrero fornido.

Los duelos se interrumpieron de inmediato. Los rostros se volvieron hacia Malfi.

–Seguid entrenándoos y manteniendo el control sobre vosotros mismos –ordenó el libio–; y recordad que el enemigo puede surgir de cualquier parte.

22

Descubrir la gran sala de audiencias de Pi-Ramsés era una maravilla. Incluso los cortesanos, acostumbrados a subir por la escalinata monumental, adornada con figuras de enemigos derribados y sometidos por el faraón a la ley de Maat, vivían aquel ascenso con profunda emoción. En torno a la puerta de acceso, los nombres de coronación de Ramsés, pintados en azul sobre fondo blanco, se inscribían en cartuchos cuyas formas ovales simbolizaban el circuito del cosmos sobre el que reinaba el señor de las Dos Tierras.

Las audiencias plenarias, a las que estaban invitados todos los miembros de la corte, no eran frecuentes; sólo los acontecimientos excepcionales, que ponían en juego el porvenir de Egipto, hacían que Ramsés se dirigiera a la Alta Administración en su conjunto.

La angustia dominaba. De creer en el rumor, el emperador hitita no se apaciguaba. ¿No le había insultado Ramsés al rechazar, al principio, casarse con su hija? La tardía aceptación del faraón no había lavado la afrenta.

El suelo de la gran sala se componía de tejas de terracota barnizadas y coloreadas; entre los motivos decorativos había jardines floridos, patos nadando en un estanque de un verde azulado y peces deslizándose por entre lotos blancos. Ritualistas, escribas, ministros, jefes de provincia, responsables de las ofrendas, custodios de los secretos y grandes damas admiraron aquella fantasía verde pálido, rojo profundo, azul claro, amarillo dorado y blanco marfil que se desplegaba en los muros donde retozaban alubillas, colibríes, golondrinas, paros, ruiseñores y martines pescadores. Cuando la mirada se elevaba, quedaba hechizada por la belleza de los frisos florales en los que se veían amapolas, adormideras, lotos, margaritas y acianos.

El silencio se impuso cuando Ramsés subió por la escalinata que llevaba a su trono de oro, cuyo último peldaño estaba decorado con un león que cerraba sus fauces sobre el enemigo surgido de las tinieblas, el desorden que intentaba destruir sin cesar la armonía de Maat.

Tocado con la doble corona, la blanca del Alto Egipto encajada en la roja del Bajo Egipto, Ramsés llevaba así en la cabeza «las Dos Poderosas», cargadas de magia. En su frente, el uraeus de oro, cobra hembra que escupía el fuego que dispersaba las tinieblas. El rey tenía en su mano derecha el cetro «magia», que se parecía al cayado de un pastor; al igual que este último reunía a sus animales y buscaba a los extraviados, también el faraón debía reunir las energías dispersas. Del delantal de oro de Ramsés parecían brotar rayos de luz. Durante unos segundos, la mirada del monarca se posó en una sublime pintura que representaba el rostro de una muchacha meditando ante un macizo de malvarrosas; ¿no evocaba a Nefertari, cuya belleza, más allá de la muerte, iluminaba el reinado de Ramsés el Grande? El faraón no tenía oportunidad de ser nostálgico; el navío del Estado avanzaba; el gobernalle debía ser manejado.

–Os he reunido aquí para que el país entero, a través de todos vosotros, esté informado de los hechos importantes. Por todas partes circulan enloquecidos rumores, y quiero restablecer la verdad de la que seréis eco.

Ameni estaba en la última fila, con los demás escribas, como si sólo ocupara un puesto secundario; así estaría mejor informado de las reacciones de la concurrencia. Serramanna, por el contrario, había elegido observar desde primera fila. A la menor manifestación de hostilidad, intervendría. Setaú, por su parte, ocupaba el lugar jerárquico que le correspondía, a la izquierda del virrey de Nubia, entre los dignatarios de mayor relieve, muchos de los cuales lanzaban con frecuencia miradas a Loto, que vestía una túnica rosa de tirantes que dejaba los pechos al descubierto.

El jefe de la provincia del Delfín, en el Bajo Egipto, avanzó y se inclinó ante el monarca.

–¿Puedo tomar la palabra, majestad?

–Te escuchamos.

–¿Es cierto que el ministro de Asuntos Exteriores, Acha, está, en realidad, prisionero en Hattusa y que el tratado de paz con los hititas se ha roto?

–Mi amigo Acha fue asesinado cuando regresaba a Pi-Ramsés. Reposa para siempre en tierra de Egipto. La investigación está en marcha, los culpables serán identificados y castigados. La paz con el Hatti es, en gran parte, obra de Acha, y la proseguiremos. El tratado de no beligerancia con los hititas sigue en vigor y lo seguirá siendo por mucho tiempo aún.

–Majestad... ¿Podemos saber quién será la próxima gran esposa real?

–La hija de Hattusil, emperador del Hatti.

Distintos murmullos recorrieron la concurrencia. Un general del cuerpo de ejército pidió la palabra.

–¿Majestad, no será ofrecer demasiado a nuestro antiguo enemigo?

–Mientras Iset la bella reinaba, rechacé la proposición de Hattusil, hoy, esta boda es el único medio de restablecer la paz que desea el pueblo de Egipto.

–¿Tendremos que tolerar la presencia de un ejército hitita en nuestro suelo?

–No, general, sólo la de una mujer.

–Perdonadme la osadía, majestad, pero una hitita en el trono de las Dos Tierras... ¿No será una provocación para quienes combatieron contra los guerreros anatolios? Gracias a vuestro hijo Merenptah, nuestras tropas están listas y bien equipadas. ¿Qué podemos temer de un conflicto con los hititas? En vez de ceder a sus insoportables exigencias, más valdría afrontarlas.

La arrogancia del oficial podía costarle su puesto.

–Tus palabras no carecen de inteligencia –estimó Ramsés–, pero tu mirada es en exceso parcial; si Egipto provocara un conflicto, rompería el tratado de paz y traicionaría su palabra. ¿Crees que un faraón puede comportarse de este modo?

El general retrocedió y se perdió entre los cortesanos convencidos por los argumentos del monarca.

El supervisor de los canales pidió la palabra.

–¿Y si el emperador del Hatti reconsiderara su decisión y se negara a enviar a su hija a Egipto? ¿No os parecería intolerable esta actitud, majestad?

Vestido con una piel de pantera, el sumo sacerdote de Menfis, Kha, se adelantó.

–¿Me permite el faraón que responda?

Ramsés asintió.

–A mi modo de ver –declaró el primogénito del rey–, la política y la diplomacia no ofrecen suficientes garantías para tomar una decisión vital. El respeto a la palabra dada y a la Regla de Maat prevalece sobre todas las cosas; pero hay que poner en práctica también las leyes de la magia de Estado, que nos enseñaron nuestros ancestros. En el año 30 de su reinado, Ramsés el Grande vivió su primera fiesta de regeneración; en adelante, será preciso dar con frecuencia a nuestro soberano las fuerzas invisibles que necesita para gobernar. Por ello, en este trigésimo tercer año, lo más urgente es preparar su segunda fiesta de regeneración. Luego, el horizonte se aclarará y las respuestas a nuestras preguntas llegarán por sí solas.

–Es una organización larga y costosa –protestó el director de la Casa del Oro y de la Plata–; ¿no sería conveniente retrasar esa fecha?

–Imposible –repuso el sumo sacerdote–; el estudio de los textos y los cálculos de los astrólogos llegan a la misma conclusión: la segunda fiesta de regeneración de Ramsés el Grande debe celebrarse en menos de dos meses. Que nuestros esfuerzos se conjuguen para hacer venir a los dioses y las diosas, y que nuestros pensamientos se consagren a la salvaguarda del faraón.

El comandante en jefe de las fortalezas que jalonaban la frontera del Nordeste consideró oportuno dar testimonio. Militar de carrera, hombre de experiencia, numerosos notables le escuchaban.

–Respeto la opinión del sumo sacerdote, ¿pero qué haremos en caso de ataque hitita? Cuando Hattusil sepa que Egipto prepara esa gran fiesta, sin preocuparse de la boda con su hija, se sentirá más humillado todavía e iniciará el asalto. Mientras el faraón celebre los ritos, ¿quién dará las órdenes?

–La propia práctica de los ritos nos protegerá –afirmó Kha con su hermosa voz grave y melodiosa–; siempre ha sido así.

–Es la certidumbre de un iniciado acostumbrado a los secretos de los templos; pero un militar experimentado no creo que esté tan seguro de lo que decís. Hattusil vacila en atacarnos porque teme a Ramsés, el vencedor de Kadesh; le sabe capaz de hazañas sobrenaturales. Si el rey no está a la cabeza de sus tropas, el emperador del Hatti lanzará a sus soldados a la batalla.

–La mejor protección de Egipto es de carácter mágico –estimó Kha–; los destructores, hititas o no, son sólo instrumentos de las fuerzas tenebrosas. Ningún ejército humano las detendrá. ¿Acaso no fue Amón quien durante la batalla de Kadesh dio al brazo de Ramsés más fuerza que miles de agresores?

El argumento dio en el blanco, ningún oficial formuló más objeciones.

–Me gustaría estar en el ritual –precisó Merenptah–,

pero mi lugar está en la frontera, por orden del faraón.

–Tú, junto con diez hijos reales, te encargarás de la seguridad del territorio mientras dure la fiesta.

La decisión de Ramsés tranquilizó a la concurrencia, pero el superior de los ritualistas, visiblemente irritado, se abrió paso hasta la primera fila. El personaje llevaba el cráneo afeitado, su rostro era largo y fino y su silueta más bien ascética.

–Si vuestra majestad me lo autoriza, tengo algunas preguntas que hacerle al sumo sacerdote Kha.

El rey no manifestó oposición alguna. Kha esperaba tener que sufrir esta prueba, pero había deseado que tuviera lugar fuera de la corte.

–¿Dónde piensa celebrar la segunda fiesta de regeneración el sumo sacerdote de Menfis?

–En el templo de Pi-Ramsés, construido a este efecto.

–¿Posee el rey el testamento de los dioses?

–Lo posee.

–¿Quién presidirá el ritual?

–El alma inmortal de Seti.

–¿De dónde procede la luz que ofrecerá al faraón la energía celeste?

–Ésta nace de sí misma y renace a cada instante en el corazón del faraón.

El superior de los ritualistas renunció a hacer más preguntas; no conseguiría coger en falta a Kha.

Con el rostro grave, el dignatario se volvió hacia Ramsés.

–Pese a la competencia del sumo sacerdote, majestad, creo que es imposible celebrar la fiesta de regeneración.

–¿Por qué? –se extrañó Kha.

–Porque la gran esposa real desempeña en ella un papel esencial. Pero el faraón es viudo y no ha tomado aún, por esposa, a la princesa hitita. Además, nunca extranjera alguna tuvo acceso a los misterios de la regeneración.

Ramsés se levantó.

–¿Crees que el faraón no es consciente de esta dificultad?

23

Techonq trabajaba el cuero desde su infancia. Hijo de un libio detenido por la policía egipcia tras un robo de corderos y condenado a varios años de trabajos forzados, no había seguido a su padre cuando regresó a su país para predicar la lucha armada contra el faraón. Primero en Bubastis y luego en Pi-Ramsés, Techonq había encontrado trabajo y, poco a poco, había adquirido incluso cierto renombre en su especialidad. Ahora, cerca de los cincuenta, le habían asaltado los remordimientos. ¿Acaso él, con su redonda panza y su floreciente aspecto, no había traicionado a su país de origen, olvidando con mucha facilidad las derrotas militares de su pueblo y las humillaciones que Egipto le había infligido? Convertido en un artesano acomodado, a la cabeza de una empresa de treinta trabajadores, abría de buena gana sus puertas a los libios en dificultades. Con el transcurso de los meses, se había revelado como un hombre providencial para sus compañeros en exilio. Algunos se integraban deprisa en la sociedad egipcia. Otros conservaban un espíritu revanchista. Pero estaba naciendo otro movimiento; un movimiento que asustaba a Techonq, al que no le apetecía en absoluto ver desaparecer las Dos Tierras. ¿Y si Libia vencía por fin, y si un libio ascendía al trono de Egipto? Pero para ello primero había que eliminar a Ramsés.

Para expulsar esa quimera, Techonq se concentró en su trabajo. Comprobó la calidad de las pieles de cabra, de cordero, de antílope y demás animales del desierto que acababan de entregarle; después del secado, de salarlas y ahumarlas, un equipo de especialistas aplicaría tierra ocre y les daría flexibilidad con orines, gallinaza y excrementos. Era la operación más maloliente que se efectuaba en aquel taller, que recibía las regulares visitas del servicio de higiene.

Al curtido provisional con aceite y alumbre sucedía el auténtico curtido, con un producto rico en ácido tánico, extraído de las vainas de la acacia del Nilo. Si era necesario, zambullirían de nuevo las pieles en aceite, las golpearían y estirarían para darles flexibilidad. Techonq era uno de los mejores, pues no se limitaba a un vulgar curtido con grasa; además, tenía una habilidad particular durante el doblado en caballete y el corte de las pieles. Por ello su clientela era numerosa y variada; el taller de Techonq fabricaba bolsas, collares y correas para perro, cuerdas, sandalias, estuches y vainas para las dagas y espadas, cascos, carcajes, escudos e, incluso, soportes para la escritura. Con una cuchilla de hoja semicircular, Techonq cortaba una tira en una piel de antílope de primera calidad cuando un gigante bigotudo entró en su taller.

Serramanna, el jefe de la guardia personal de Ramsés... La cuchilla resbaló por la piel, abandonó su recorrido e hirió el dedo medio de la mano izquierda del artesano, que no pudo contener un grito de dolor. Brotó la sangre, Techonq ordenó a un ayudante que limpiara la piel mientras él se lavaba la herida antes de cubrirla con miel.

El gigante sardo había presenciado la escena sin moverse. Techonq se inclinó ante él.

–Perdonad que os haya hecho esperar... Un estúpido accidente.

–Es curioso... Sin embargo se afirma que tienes la mano muy segura.

Techonq temblaba de miedo. Él, un descendiente de guerreros libios, debería haber abrumado al adversario sólo con la mirada. Pero Serramanna era mercenario, sardo y colosal.

–¿Necesitáis mis servicios?

–Necesitaría una muñequera de excelente cuero. Cuando manejo el hacha, últimamente, noto cierta debilidad.

–Voy a mostraros algunas y podréis elegir.

–Estoy convencido de que las más sólidas estarán en la trastienda.

–No, yo...

–Claro que sí, Techonq. Ya te he dicho que estoy convencido de ello.

–¡Sí, sí, lo recuerdo!

–Pues bien, vamos.

Techonq sudaba la gota gorda. ¿Qué habría descubierto Serramanna? Nada, no podía saber nada. El libio tenía que sobreponerse y dejar de manifestar un temor desprovisto de cualquier fundamento. Egipto era un verdadero Estado de derecho; el sardo no se atrevería a utilizar la violencia, temiendo ser severamente condenado por un tribunal.

Techonq precedió a Serramanna hasta la pequeña estancia donde conservaba las obras maestras que no tenía intención de vender. Entre ellas había una espléndida muñequera de cuero rojo.

–¿Acaso intentas corromperme, Techonq?

–¡Claro que no!

–Una pieza de este valor... Es digna de un rey.

–¡Vuestras palabras me honran!

–Eres un artesano de elite, Techonq; tu carrera es brillante, tu clientela notable, tu porvenir prometedor... ¡Qué lástima!

El libio palideció.

–No comprendo...

–¿Por qué extraviarte cuando la vida te sonreía?

–Extraviarme, yo...

Serramanna palpó un magnífico escudo de cuero marrón, digno de un general en jefe.

–Lo siento mucho, Techonq, pero puedes tener graves problemas.

–¿Yo? ¿Pero por qué?

–¿Reconoces este objeto?

Serramanna enseñó al artesano un cilindro de cuero que servía como estuche para papiros.

–¿Ha salido de tu taller?

–Sí, pero...

–¿Sí o no?

–Sí, lo admito.

–¿A quién estaba destinado?

–Al ritualista encargado de los secretos del templo.

El sardo sonrió.

–Eres un hombre sincero y recto, Techonq; estaba seguro de ello.

–¡No tengo nada que ocultar, señor!

–Y sin embargo has cometido una falta grave.

–¿Cuál?

–Utilizar ese estuche para transmitir un mensaje subversivo.

Al libio le faltaba el aire. La lengua se le hinchó en la boca y comenzaron a dolerle las sienes.

–Es... Es...

–Es un error de manipulación –precisó Serramanna–. Al ritualista le extrañó bastante encontrar en su estuche una llamada a los libios de Egipto, conminándoles a que se prepararan para una revuelta armada contra Ramsés.

–No, no... ¡Es imposible!

–El estuche procede de tu taller, Techonq, y tú redactaste el mensaje.

–¡No, señor, os juro que no!

–Me gusta tu trabajo, Techonq; te has equivocado metiéndote en una conspiración que te supera. A tu edad, y en tu situación, es un error imperdonable. No tienes nada que ganar y mucho que perder. ¿Qué locura se ha apoderado de ti?

–Señor, yo...

–No hagas falsos juramentos, serías condenado por el tribunal del más allá. Elegiste el mal camino, amigo mío, pero quiero creer que fuiste engañado. En ciertos momentos, todos carecemos de lucidez.

–Es un malentendido, yo...

–No pierdas el tiempo mintiendo, Techonq, mis hombres te espían desde hace mucho tiempo y saben que eres el protector de los libios rebeldes.

–¡Rebeldes no, señor! Sólo hombres en dificultades a quienes un compatriota intenta ayudar... ¿No es muy natural?

–No minimices tu papel. Sin ti, ninguna red oculta podrá formarse.

–Soy un honesto comerciante, yo...

–Seamos precisos, amigo mío: tengo contra ti una prueba que te enviará a la muerte o, en el mejor de los casos, a pasar el resto de tu vida en el penal. Me basta con entregar este texto al visir para que dé la orden de que te encarcelen. Hay un ejemplar proceso a la vista y un castigo a la altura de la falta.

–Pero... ¡Soy inocente!

–Vamos, Techonq, a mí no tienes que convencerme. Con una prueba semejante, los jueces no vacilarán. No tienes posibilidad alguna de librarte. Salvo si yo intervengo.

Un denso silencio se instaló en el reducto donde el libio conservaba sus más hermosas obras.

–¿De qué intervención se trata, señor?

Serramanna palpó el escudo de cuero.

–Sea cual sea su posición, todo hombre tiene deseos insatisfechos; y yo igual que los demás. Tengo una buena paga, vivo en una agradable mansión oficial, tengo tantas mujeres como quiero, pero me gustaría ser más rico y no preocuparme por mi vejez. Ciertamente, podría callar y olvidar esa prueba... Pero todo tiene un precio, Techonq.

–¿Un precio... muy alto?

–No olvides que debo hacer callar, también, al encargado de los secretos. Un honesto porcentaje sobre tus beneficios me bastaría.

–¿Me dejaréis en paz si nos ponemos de acuerdo?

–De todos modos, tengo que hacer mi trabajo, amigo mío.

–¿Qué exigís?

–El nombre de los libios que asesinaron a Acha.

–Señor... ¡Lo ignoro!

–Si dices la verdad, lo conocerás muy pronto. Conviértete en mi principal investigador, Techonq, y no tendrás que lamentarlo.

–¿Y si no consigo satisfaceros?

–Qué lástima, amigo mío... Pero estoy convencido de que evitarás el desastre. De modo oficial, te encargo un centenar de escudos y vainas para las espadas de mis hombres. Cuando vengas a palacio, pregunta por mí.

Serramanna salió del taller, dejando a su espalda a un Techonq desamparado. Ameni había convencido al sardo para que se hiciera pasar por un hombre venal, dispuesto a traicionar al rey para enriquecerse; si Techonq mordía el anzuelo, tendría menos miedo a hablar y pondría a Serramanna sobre la pista.

24

En el trigésimo tercer año del reinado de Ramsés el Grande, el invierno tebano, proveedor a veces de vientos gélidos, se mostraba clemente. Un vasto cielo azul sin nubes, un Nilo apacible, riberas sobre los cultivos verdeaban tras una buena inundación, asnos cargados de forraje que trotaban de una aldea a otra, vacas de ubres hinchadas de leche que se dirigían a los pastos, enmarcadas por boyeros y perros, niñas jugando a muñecas en el umbral de casas blancas mientras los muchachos corrían tras una pelota de tela... Egipto vivía a su ritmo eterno como si nada, nunca, fuera a cambiar. Ramsés disfrutó aquel momento inmóvil inscrito en la cotidianidad. Qué razón habían tenido sus antepasados al elegir la orilla de Occidente para construir allí los templos de millones de años y excavar las moradas de vida donde, todas las mañanas, los cuerpos de luz de los reyes y las reinas eran regenerados por el sol naciente. En aquel lugar se había abolido la frontera entre el aquí y el más allá; lo humano era absorbido por el misterio. Tras haber celebrado el ritual del alba en el templo del *ka* de Seti, en Gurnah, Ramsés se recogió en la capilla donde el alma de su padre se expresaba en cada jeroglífico grabado en las paredes. En el corazón del silencio percibió la voz del faraón convertido en estrella. Cuando avanzó por el gran patio, bañado por una suave luz, cantantes y tañedoras salían en procesión de la sala de columnas. Cuando Meritamón divisó a su padre se separó del grupo, se dirigió hacia él y se inclinó cruzando los brazos sobre su pecho.

Cada día se parecía más a Nefertari. Clara como una mañana de primavera, su belleza parecía haberse alimentado con la sabiduría del templo. Ramsés tomó el brazo de su hija y ambos caminaron lentamente por la avenida de las esfinges, bordeada de acacias y tamariscos.

–¿Te mantienes informada de los acontecimientos del mundo exterior?

–No, padre mío; tú haces reinar a Maat, tú combates el desorden y las tinieblas. ¿No es eso lo esencial? Los ruidos del mundo profano no cruzan los muros del santuario, y es bueno que así sea.

–Tu madre había deseado esta vida, pero el destino le impuso otra.

–¿No eras acaso dueño de ese destino?

–El faraón tiene el deber de actuar en este mundo, aunque su pensamiento permanezca en el secreto del templo. Hoy tengo que preservar la paz, Meritamón; para lograrlo, desposaré a la hija del emperador del Hatti.

–¿Será gran esposa real?

–En efecto, pero tengo que celebrar mi segunda fiesta de regeneración antes de la boda. Por ello debo tomar una decisión que no puede ser efectiva sin tu conformidad.

–No deseo desempeñar ningún papel en la dirección de los asuntos del país, ya lo sabes.

–El ritual no puede cumplirse sin la participación activa de una gran esposa real egipcia. ¿Es pedirte demasiado que cumplas con ese papel simbólico?

–Eso significa... salir de Tebas, ir a Pi-Ramsés, y ¿qué más?

–Aunque reina de Egipto, volverías aquí para vivir la existencia que has elegido.

–¿No me impondrías cada vez más a menudo tareas profanas?

–Sólo recurriría a ti para mis fiestas de regeneración que, según Kha, tendrán que celebrarse cada tres o cuatro años, hasta que mi tiempo de vida se haya agotado. Eres libre de aceptar o rechazarlo, Meritamón.

–¿Por qué me has elegido?

–Porque años de recogimiento te han dado la capacidad espiritual y mágica de desempeñar un abrumador papel ritual.

Meritamón se inmovilizó y se volvió hacia el templo de Gurnah.

–Me pides demasiado, padre mío, pero eres el faraón.

Setaú refunfuñaba. Lejos de su querida Nubia, paraíso de las serpientes, se sentía como exiliado; y, sin embargo, no le faltaba trabajo. Con la ayuda de Loto, que perseguía cada noche por el campo reptiles de buen tamaño, había dado un nuevo dinamismo al laboratorio encargado de preparar remedios a base de venenos. Y, por consejo de Ameni, aprovechaba la estancia en Pi-Ramsés para completar sus conocimientos de administrador. Con la edad, Setaú iba admitiendo que el ardor no bastaba para convencer a los altos funcionarios de que le concedieran créditos y el material que necesitaba en su provincia nubia; sin convertirse en cortesano, aprendía a presentar mejor sus peticiones y obtenía resultados positivos.

Al salir del despacho del encargado de la marina mercante, que había aceptado la construcción de tres barcos cargueros especialmente destinados a Nubia, Setaú se encontró con Kha, cuyo rostro parecía menos sereno que de costumbre.

–¿Problemas?

–La organización de esa fiesta exige una constante atención... y me acabo de llevar una sorpresa muy desagradable. El supervisor de los almacenes divinos del Delta, con el que contaba para proporcionar gran cantidad de sándalos, piezas de lino y copas de alabastro, casi no me ofrece nada. Eso complica especialmente mi tarea.

–¿Te ha dado explicaciones?

–Su esposa me ha dicho que está de viaje.

–¡Desenvuelta actitud! Sólo soy un administrador principiante, pero esto no me convence. Vayamos a ver a Ameni.

Mientras degustaba un muslo de oca asada mojándolo en una salsa de vino tinto, Ameni leía con rapidez los informes redactados por el supervisor de los divinos almacenes del Delta, cuya sede administrativa se hallaba al norte de Menfis. La conclusión del secretario particular de Ramsés estuvo desprovista de ambigüedades.

–Algo no funciona. Kha no se ha equivocado dirigiéndose a ese funcionario y éste no debería tener dificultad alguna para proporcionarle todo lo necesario para la fiesta de regeneración. Esto no me gusta... ¡En absoluto!

–¿No se habrá producido un error en los expedientes de la Administración? –sugirió Kha.

–Es posible, pero no en *mis* expedientes.

–La fiesta puede verse comprometida en parte –reconoció el sumo sacerdote–; para acoger a los dioses y las diosas, necesitamos las más hermosas piezas de lino, las mejores sandalias, los...

–Voy a poner en marcha una investigación técnica en profundidad –anunció Ameni.

–¡Ésa es una idea de escriba! –se rebeló Setaú–. Será largo y complicado, Kha tiene prisa. Debemos actuar de modo más sutil; nómbrame supervisor especial y obtendré rápidamente la verdad.

Ameni puso mala cara.

–Estamos al límite de la legalidad... ¿Y si hubiera peligro?

–Dispongo de auxiliares seguros y eficaces. No perdamos tiempo en vanas palabras y dame un nombramiento escrito.

En los almacenes del norte de Menfis, la dama Cherit dirigía la maniobra con la autoridad de un aguerrido general. Pequeña, morena, hermosa, autoritaria, orientaba a los conductores de rebaños de asnos cargados de productos diversos, distribuía las tareas de manutención, comprobaba las listas y no vacilaba en blandir su bastón en las narices de los raros respondones.

Una mujer de carácter, como a Setaú le gustaban.

Con sus cabellos despeinados, su barba de varios días y su nueva túnica de piel de antílope, que parecía más andrajosa aún que la antigua, Setaú fue descubierto enseguida.

–¿Qué haces por aquí, holgazán?

–Me gustaría hablar con vos.

–Aquí no se habla, se trabaja.

–Precisamente quisiera hablaros de vuestro trabajo.

La dama Cherit soltó una maligna sonrisa.

–Tal vez te disgusta mi modo de mandar...

–Lo que me preocupa es vuestra cualificación exacta.

La morenita se sintió extrañada; un vagabundo no se expresaba de aquel modo.

–¿Quién eres?

–El supervisor especial nombrado por la Administración central.

–Perdonadme... Pero con ese atavío...

–Mis superiores me lo reprochan, pero toleran esa fantasía gracias a mis excelentes resultados.

–Como pura formalidad, ¿podéis mostradme vuestras credenciales?

–Aquí están.

El papiro tenía todos los sellos indispensables, incluso el del visir que aprobaba la iniciativa de Ameni y de Setaú.

La dama Cherit leyó una y otra vez el texto que daba al supervisor poder para inspeccionar a su guisa los almacenes.

–En realidad debería haber enseñado el documento a vuestro marido.

–Está de viaje.

–¿Y no tendría que estar en su puesto?

–Su madre es muy anciana, le necesitaba.

–Habéis ocupado pues el lugar de vuestro esposo.

–Conozco el trabajo y lo hago bien.

–Tenemos un grave problema, dama Cherit; no parecéis en condiciones de entregar a palacio lo que exige para la fiesta de regeneración del rey.

–Bueno... Es una petición imprevista... y, de momento, por desgracia es cierto.

–Necesito explicaciones.

–No estoy al corriente de todo, pero sé que se efectuó un importante traslado de material a otro paraje.

–¿Cuál?

–Lo ignoro.

–¿Por orden de quién?

–Lo ignoro también; en cuanto mi marido regrese, podrá responderos y todo volverá a su cauce, no me cabe la menor duda.

–Mañana por la mañana examinaré vuestros inventarios y el contenido de los almacenes.

–Mañana había previsto hacer limpieza y...

–Tengo prisa, dama Cherit. Mis superiores exigen un informe en el más breve plazo. Pondréis pues vuestros archivos a mi disposición.

–¡Hay tantos!

–Ya me las arreglaré. Hasta mañana, dama Cherit.

25

La dama Cherit no tenía tiempo que perder. Una vez más, su marido había actuado como un imbécil dando una respuesta demasiado rápida a los cuestionarios de la Administración. Cuando le había mostrado la copia de su carta, ella había montado violentamente en cólera. Demasiado tarde para interceptar el correo... Cherit había enviado de inmediato a su marido a una aldea, al sur de Tebas, esperando que el incidente quedara enterrado en la arena y el palacio recurriera a otros almacenes.

Por desgracia, la reacción de las autoridades había sido muy distinta. Pese a su extraño aspecto, aquel supervisor parecía decidido e intratable. Por un instante, Cherit había pensado en sobornarle, pero era una solución demasiado arriesgada. Ahora lo único que podía hacer era aplicar el plan de urgencia previsto para dicho contratiempo.

A la hora de cerrar los almacenes, retuvo a su lado a cuatro mantenedores. Iba a perder mucho en la manipulación, pero era el único medio de escapar a la justicia. Doloroso sacrificio que la privaría de considerables beneficios en las mercancías pacientemente acaparadas.

–En plena noche –ordenó Cherit a sus empleados–, entraréis en el edificio, a la izquierda del almacén central.

–Siempre está cerrado –objetó un mantenedor.

–Yo lo abriré. Transportaréis todo lo que hay en su interior hasta el almacén central lo más rápidamente que podáis y en silencio.

–Ésas no son horas normales, patrona.

–Por eso os daré un salario equivalente a una semana de trabajo. Y si quedo realmente satisfecha, añadiré una prima.

Una amplia sonrisa apareció en el rostro de los cuatro hombres.

–Luego olvidaréis esta noche de trabajo. ¿Estamos de acuerdo?

En la cortante voz de Cherit, la amenaza estaba apenas velada.

–De acuerdo, patrona.

El barrio de los almacenes estaba desierto. A intervalos regulares, rondas de policías, acompañados por perros, recorrían el lugar.

Los cuatro hombres se habían ocultado en un vasto edificio donde se guardaban las narrias de madera utilizadas para el transporte de materiales pesados. Tras haber bebido cerveza y comido pan fresco, habían dormido por turnos.

En mitad de la noche resonó la voz imperiosa de la dama Cherit.

–Venid.

Había corrido los cerrojos de madera y hecho saltar los sellos de barro seco que impedían el paso al edificio donde, oficialmente, su marido conservaba los lingotes de cobre destinados a los talleres de los templos. Sin hacer preguntas, los mantenedores transportaron un centenar de jarras de vino de primera calidad, cuatrocientas cincuenta piezas de lino fino, seiscientos pares de sandalias de cuero, piezas de carro, mil trescientos pequeños bloques de mineral de cobre, trescientos rollos de lana y un centenar de copas de alabastro.

Mientras los mantenedores depositaban las últimas copas,

Setaú apareció al fondo del almacén, donde se había ocultado para presenciar la escena.

–Bien hecho, dama Cherit –afirmó–. De este modo restituís lo que habíais robado, para echar tierra a mi investigación. Bien hecho –repitió–, pero demasiado tarde.

La mujercita morena mantuvo su sangre fría.

–¿Qué exigís a cambio de vuestro silencio?

–El nombre de vuestros cómplices: ¿a quién vendéis los objetos robados?

–No tiene importancia.

–Hablad, dama Cherit.

–¿Os negáis a negociar?

–No forma parte de mi temperamento.

–Peor para vos... ¡No deberíais haber venido solo!

–Tranquilizaos, tengo una aliada.

En el umbral del almacén apareció Loto. Con los pechos desnudos, la delgada y hermosa nubia vestía sólo un corto taparrabos de papiro y sujetaba un cesto de mimbre cubierto por una tapa de cuero.

Dama Cherit sintió ganas de reír.

–¡Poderosa aliada! –se burló.

–Que vuestros esbirros se larguen –dijo Setaú con calma.

–Apoderaos de esos dos –ordenó secamente la dama Cherit a los mantenedores.

Loto dejó el cesto en el suelo, lo abrió e inmediatamente salieron de él cuatro víboras sopladoras, muy excitadas, reconocidas por las tres zonas de color azul y verde que adornaban sus cuellos. Expulsando el aire contenido en sus pulmones, emitieron un terrorífico ruido.

Saltando por encima de los montones de telas, los cuatro mantenedores pusieron pies en polvorosa.

Las víboras rodearon a la dama Cherit, a punto de desmayarse.

–Mejor será que habléis –aconsejó Setaú–; el veneno de esos reptiles es muy tóxico. Tal vez no muráis, pero los daños provocados en vuestro organismo serían irreparables.

–Lo diré todo –prometió la morenita.

–¿Quién tuvo la idea de acaparar los bienes destinados a los templos?

–Fue... mi marido.

–¿Estáis segura?

–Mi marido... y yo.

–¿Desde cuándo dura este tráfico?

–Hace algo más de dos años. Si no hubiera existido esa fiesta de regeneración, no nos habrían pedido nada y todo habría proseguido.

–Tuvisteis que sobornar a algunos escribas.

–¡No hizo falta! Mi marido falsificaba los inventarios, e íbamos sacando los objetos en lotes más o menos importantes, según las oportunidades. El que me disponía a vender estaba bien provisto.

–¿Su comprador?

–Un capitán de barco.

–¿Su nombre?

–Lo ignoro.

–Describidle.

–Alto, barbudo, con una cicatriz en el antebrazo izquierdo y los ojos marrones.

–¿Os paga él?

–Sí, con piedras preciosas y un poco de oro.

–¿Fecha de la próxima transacción?

–Pasado mañana.

–Pues bien –concluyó Setaú alegre–, tendremos el placer de conocerle.

La chalana atracó tras una jornada de navegación sin incidentes. Transportaba grandes jarras de terracota que, gracias a un secreto de fabricación de los alfareros del Medio Egipto, conservaba el agua potable y fresca durante un año. Pero las jarras estaban vacías pues servirían para ocultar los objetos comprados a la dama Cherit.

El capitán había hecho toda su carrera en la marina mercante, y sus colegas le consideraban un profesional excelente. Ningún accidente grave, una autoridad bien aceptada por sus tripulaciones, un retraso mínimo en las entregas... Pero sus amantes costaban muy caras y los gastos aumentaban con mucha más rapidez que su salario; tras algunas reticencias, se había visto obligado a aceptar el trato que le ofrecían: transportar mercancías robadas. La importancia de las primas le permitía darse la gran vida que tanto le gustaba.

La dama Cherit era tan concienzuda como él. El cargamento estaría dispuesto, como de costumbre, y sería necesario poco tiempo para transportarlo del almacén a la chalana. Una actividad banal, que no extrañaba a nadie, tanto menos cuanto las inscripciones, en los cofres de madera y los cestos, se referían a productos alimenticios.

Antes, el capitán tendría una áspera batalla. Por un lado, la dama Cherit se volvía cada vez más ávida, por el otro, el comandatario del marido quería pagar cada vez menos. La discusión podía ser larga, pero los interlocutores estaban obligados a llegar a un entendimiento.

El capitán se dirigió hacia la casa oficial de Cherit. Como ya habían convenido, ella le dirigió una breve señal con la mano desde lo alto de su terraza. Todo era normal pues.

El marino cruzó el jardincillo y entró en la sala de recepción, con dos columnas pintadas de azul. A lo largo de las paredes había diversas banquetas. Enseguida distinguió los ligeros pasos de la dama Cherit bajando la escalera. Tras ella apareció una soberbia nubia.

–Pero... ¿quién es esta mujer?

–No os volváis, capitán –dijo la voz grave de Setaú–; a vuestra espalda hay una cobra.

–Es cierto –confirmó la dama Cherit.

–¿Quién sois? –preguntó el marino.

–Un enviado del faraón. Mi misión consistía en poner fin a vuestras malversaciones. Pero quiero conocer también el nombre de tu patrón.

El capitán se creyó víctima de una pesadilla. El mundo se derrumbaba sobre su cabeza.

–El nombre de tu patrón –repitió Setaú.

El capitán sabía que la condena sería pesada; no iba a ser el único en sufrir el castigo.

–Sólo lo he visto una vez.

–¿Dijo su nombre?

–Sí... Se llama Ameni.

Estupefacto, Setaú dio unos pasos y se puso delante del capitán.

–¡Descríbele!

El capitán veía, por fin, al hombre que quería detenerle. ¡La cobra era él! Convencido de que Setaú había inventado la presencia del reptil para asustarle, dio media vuelta e intentó huir. La serpiente se lanzó y le mordió en el cuello. Por efecto del dolor y la emoción, el marino perdió el conocimiento y se derrumbó.

Segura de que el camino estaba libre, la dama Cherit corrió hacia el jardincillo.

–¡No! –aulló Loto, desprevenida.

La segunda cobra, una hembra, mordió a la hermosa morena en las caderas cuando cruzaba el umbral de su mansión. Sin aliento, con el corazón oprimido, la dama Cherit se arrastró arañando la tierra con sus uñas y, luego, se inmovilizó mientras el reptil regresaba lentamente hacia su compañero.

–No hay posibilidad de salvarlos –deploró Loto.

–Robaron a su país, y los jueces del más allá no serán indulgentes –recordó Setaú, y se sentó, trastornado–. ¡Ameni... Ameni, un corrupto!

26

La última carta del emperador Hattusil era una obra maestra de la diplomacia. Ramsés la había leído con atención más de diez veces y no conseguía formarse una opinión. ¿El emperador deseaba la paz o la guerra? ¿Quería aún casar a su hija con Ramsés o se escondía tras su dignidad ultrajada?

–¿Qué te parece, Ameni?

El portasandalias y secretario particular del rey parecía haber adelgazado, a pesar de lo mucho que comía durante la jornada. Tras un profundo examen, la doctora Neferet le había afirmado que no sufría ninguna enfermedad grave, pero que debía trabajar menos.

–Necesitaríamos a Acha; él sabría descifrar esta prosa.

–¿Tú qué opinas?

–Bueno, soy más bien pesimista por naturaleza, tengo la sensación de que Hattusil te abre una puerta. Tu fiesta de regeneración se inicia mañana; la magia te dará la respuesta.

–Me satisface ir al encuentro de la comunidad de los dioses y las diosas.

–Kha ha actuado de un modo admirable –consideró Ameni–; no faltará nada. Por lo que a Setaú se refiere, acaba de poner fin a un robo sistemático. Los objetos encontrados están ya en Pi-Ramsés.

–¿Los culpables?

–Perecieron en un accidente. Su caso será sometido al tribunal del visir, que se pronunciará sobre la probable aniquilación de su nombre.

–Me retiro hasta que amanezca.

–Que el *ka* te ilumine, majestad; y que puedas así llenar de sol Egipto.

La noche del agonizante estío era cálida y clara. Como la mayoría de sus compatriotas, Ramsés había decidido dormir al aire libre, en la terraza de palacio. Tendido en una simple estera, contemplaba el cielo donde brillaban las almas de los faraones convertidos en luz. El eje del universo pasaba por la estrella polar, alrededor de la cual se desplegaba la corte de las inmortales estrellas, más allá del tiempo y del espacio. Desde la época de las pirámides, el pensamiento de los sabios se inscribía en el cielo. A sus cincuenta y cinco años, tras treinta y tres de reinado, Ramsés detenía el flujo de las horas y se interrogaba sobre sus actos. Hasta entonces no había dejado de avanzar, de franquear obstáculos, de hacer que retrocedieran los límites de lo imposible; aunque su energía no flaqueara en absoluto, no veía ya el mundo al modo de un carnero que corriera con los cuernos por delante, sin preocuparse de quién le seguía. Reinar en Egipto no consistía en imponerle la ley de un hombre, sino en hacer que respirara el aliento de Maat, cuyo primer servidor era el faraón. Joven rey, Ramsés había esperado cambiar las mentalidades, arrastrar a toda una sociedad detrás de su estela, liberarla para siempre de la mezquindad, de la bajeza, ensanchar el corazón de los seres. Con la experiencia, el sueño se había disipado. Los humanos siempre se sentirían atraídos por la mentira y el mal; ninguna doctrina, ninguna religión, ninguna política modificaría su naturaleza. Sólo la práctica de la justicia y la permanente utilización de la regla de Maat evitaban el caos.

Ramsés se había esforzado por respetar lo que su padre, Seti, le había enseñado. Su deseo de ser un gran faraón, que marcara con su sello el destino de las Dos Tierras, no contaba ya. Tras haber conocido todas las felicidades, tras haber conocido el apogeo del poder, sólo tenía ya una ambición: servir.

Setaú estaba ebrio, pero seguía bebiendo el macerado vino de los oasis. Con las piernas rígidas, recorría la estancia.

–¡No te duermas, Loto! No es momento de descansar... Tenemos que reflexionar y decidir.

–¡Hace horas que repites la misma frase!

–Y harías bien escuchándome, no hablo a la ligera... Sabemos que Ameni es un corrupto. Detesto al pequeño escriba, le maldigo, quisiera verle hirviendo en los calderos de los asesinos de almas... Pero es mi amigo y el de Ramsés. Y mientras mantengamos silencio, no será condenado por robo.

–¿No está el robo vinculado a una conspiración contra Ramsés?

–Tenemos que reflexionar y decidir... Si fuera a ver al rey... No, imposible. Se prepara para su fiesta de regeneración. No puedo estropear ese momento. Si hablara con el visir... ¡Haría detener a Ameni! ¡Y tú no dices nada!

–Duerme un poco, luego pensarás mejor.

–¡No basta con pensar, es preciso decidir! Y para eso no es necesario dormir. Ameni... ¡Qué has hecho Ameni!

–Por fin la pregunta adecuada –observó Loto.

Rígido como una estatua, a pesar de sus temblorosas manos, Setaú contempló a la nubia.

–¿Qué quieres decir?

–Antes de torturar tu espíritu, pregúntate qué ha hecho realmente Ameni.

–Está claro, el capitán de la chalana confesó. Ameni es el cabecilla de una red que se dedicaba a traficar con objetos valiosos. Mi amigo Ameni –se lamentó.

Serramanna dormía solo. Tras una jornada agotadora, durante la que había comprobado la puesta a punto de los distintos elementos del dispositivo de seguridad alrededor del templo de regeneración, se había derrumbado en la cama, sin pensar siquiera en aprovecharse del delicioso cuerpo de su última amante oficial, una joven siria flexible como una caña.

Le despertaron unos gritos.

Saliendo a duras penas de las profundidades del sueño, el gigante sardo se desperezó y se lanzó al corredor, donde su intendente se las veía con un Setaú visiblemente borracho.

–¡Hay que investigar enseguida!

Serramanna apartó al intendente, agarró a Setaú por el cuello de su túnica, le arrastró hasta su habitación y le vertió en la cabeza el contenido de una jarra de agua fresca.

–¿Qué... pero qué...?

–Agua. Has olvidado beberla desde hace algún tiempo.

Setaú se dejó caer en la cama.

–Te necesito.

–¿Quién es la nueva víctima de tus malditas serpientes?

–Tienes que investigar.

–¿Sobre qué?

Setaú vaciló por última vez, pero se decidió.

–La fortuna de Ameni.

–¿Cómo?

–Ameni tiene una fortuna oculta.

–¿Pero qué has bebido, Setaú? ¡Debe de ser peor que el veneno de serpiente!

–Ameni tiene una fortuna ilegal... ¡Y podría ser más grave aún! Supón que Ramsés esté amenazado...

–Explícate.

Desordenadamente, pero sin omitir detalle, Setaú le relató cómo Loto y él habían acabado con el tráfico de la dama Cherit.

–¿Qué vale la confesión de un bandido como ese capitán? ¡Habrá dicho un nombre al azar!

–Parecía sincero –objetó Setaú.

Serramanna estaba aterrado.

–Ameni... El último del que habría sospechado que traicionase al rey y su país.

–¿Porque de mí lo habrías sospechado?

–¡No me vengas con susceptibilidades! Estamos hablando de Ameni.

–Tienes que investigar, Serramanna.

–¡Investigar, investigar! Es fácil decirlo. Debo encargarme de la seguridad de Ramsés durante la fiesta de regeneración. ¡Y Ameni lo domina todo! Si ha cometido deshonestidades, debemos evitar ponerle en aviso y permitirle acabar con las pruebas. ¿Imaginas que le acusáramos a la ligera?

Setaú se cubrió la cabeza con las manos.

–Loto y yo somos testigos. El capitán acusó a Ameni.

El sardo sintió náuseas. Que un hombre como Ameni, fiel entre los fieles, hubiera pensado sólo en enriquecerse le daba asco; decididamente, no había humano alguno que salvara a otro. Lo peor era la eventual complicidad de Ameni con los conspiradores; ¿servía su fortuna oculta para armar el brazo de los adversarios de Ramsés?

–Estoy borracho –admitió Setaú–, pero lo he dicho todo. Ahora ya lo sabemos tres personas: tú, Loto y yo.

–Habría preferido otra clase de confidencia.

–¿Qué piensas hacer?

–Ameni dispone de un alojamiento oficial en palacio, pero duerme casi siempre en su despacho. Tendremos que hacerle salir y llevar a cabo un registro discreto... Si ha ocultado allí oro o piedras preciosas, lo descubriremos. En cuanto salga, le seguiremos permanentemente e identificaremos a todas las personas que reciba. Es evidente que debe mantener contactos con otros miembros de la red. Esperemos que mis hombres no metan la pata... Si la policía del visir se huele la investigación, tendré problemas.

–Debemos pensar en Ramsés, Serramanna.

–¿Y en quién crees que pienso?

27

Aquella mañana, todo Egipto oró por Ramsés. Tras tan largo reinado, ¿de qué modo absorbería la formidable energía que emanaba de la comunidad de dioses y diosas? Si su cuerpo físico no estaba ya en condiciones de servir de receptáculo para el *ka* sería destruido, como un recipiente demasido frágil. El fuego del reinado de Ramsés volvería al fuego celestial, y su momia a la tierra. Pero si el rey era regenerado, una nueva sangre circularía por las venas del país.

Procedentes de las provincias del Norte y del Sur, las efigies de las divinidades se habían reunido en el templo de regeneración de Pi-Ramsés, donde Kha las había recibido. Mientras durara la fiesta, el faraón sería su huésped y moraría en el regazo de lo sobrenatural, en un espacio sagrado al margen del mundo profano.

Mientras se vestía, al amanecer, Ramsés pensó en Ameni. ¡Qué interminables debían de parecerle esas jornadas a su secretario particular! Mientras se celebraban las ceremonias, no podría pedir consejo al rey y se vería obligado a clasificar como «pendientes» muchos asuntos que consideraba urgentes. Según Ameni, Egipto no estaba nunca bien administrado y ningún funcionario se tomaba su papel lo bastante en serio.

Tocado con la doble corona, vestido con una túnica de lino plisado y un paño dorado, calzado con sandalias de oro, Ramsés se presentó en el umbral de palacio.

Dos hijos reales se inclinaron ante el monarca. Ataviados con una peluca de largos colgantes, una camisa de anchas y plisadas mangas y una falda larga, mantenían un asta cuyo extremo superior había sido tallado en forma de carnero, una de las encarnaciones de Amón, el dios oculto.

Lentamente, los dos portaenseña condujeron al faraón hasta el portal de granito del templo de regeneración, de doce metros de alto, que estaba precedido por obeliscos y colosos que simbolizaban, como los de Abu Simbel, el *ka* real. Desde el inicio de la construcción de su capital, Ramsés había previsto el emplazamiento de este templo, como si creyera en su capacidad para reinar más de treinta años.

Dos sacerdotes con el rostro cubierto con máscaras de chacal recibieron al monarca; uno era el que abría los caminos del Sur, el otro los del Norte. Guiaron a Ramsés a través de una sala de columnas, de diez metros de alto, y le llevaron a la sala de las telas. El rey se desnudó allí y se puso una túnica de lino que le llegaba por encima de las rodillas y que más bien parecía un sudario. Con la mano izquierda cogió el cayado del pastor y con la derecha, el cetro de tres azotes, que evocaba los tres nacimientos del faraón, en el reino bajo tierra, en la tierra y en el cielo.

Ramsés había vivido ya muchas pruebas físicas, ya fuera el combate con un toro salvaje o la batalla de Kadesh donde, solo en el tumulto, había tenido que enfrentarse con miles de hititas desencadenados; pero la fiesta de regeneración le invitaba a un combate distinto en el que intervenían energías invisibles. Muriendo para sí mismo, regresando a lo no creado, de donde había salido, Ramsés debía renacer del amor de los dioses y las diosas, y sucederse a sí mismo. Por aquel acto alquímico, tejía inalterables vínculos entre su persona simbólica y su pueblo, entre su pueblo y la comunidad de potencias creadoras.

Los dos sacerdotes con máscara de chacal condujeron al soberano hasta un gran patio al aire libre que evocaba el del faraón Zóser en Saqqara; era obra de Kha, que admiraba tanto la arquitectura antigua que había hecho construir aquella reproducción en el interior del recinto del templo de regeneración de Ramsés.

Ella salió a su encuentro.

Ella, Meritamón, la hija de Nefertari, la propia Nefertari, resucitada para resucitar a Ramsés estaba deslumbradora. La gran esposa real, ataviada con una larga túnica blanca, discreto collar de oro, tocada con dos altas plumas que simbolizaban la vida y la Regla, se colocó detrás del monarca. Durante todas las etapas del ritual, le protegería con la magia del verbo y del canto.

Kha prendió la llama que iluminó las estatuas de las divinidades, las capillas donde se habían colocado y el trono real en el que se instalaría Ramsés si salía vencedor de las pruebas. El sumo sacerdote sería ayudado por el consejo de grandes del Alto y el Bajo Egipto, entre los que se encontraban Setaú, Ameni, el sumo sacerdote de Karnak, el visir, la médico en jefe del reino, Neferet, algunos «hijos e hijas reales». Sobrio ya, Setaú no quería pensar en el despreciable comportamiento de Ameni; sólo importaba el ritual que debía realizarse a la perfección, para renovar la potencia vital de Ramsés.

Los grandes del Alto y el Bajo Egipto se prosternaron ante el faraón. Luego, Setaú y Ameni, actuando como «amigo único», lavaron los pies del rey. Purificados, le permitirían recorrer todos los espacios, de agua, tierra o fuego. La jarra de donde brotaba el agua tenía la forma del signo jeroglífico *sema,* que representaba el conjunto formado por el corazón y la arteria, y significaba «reunir». Por este líquido sacralizado, el faraón se convertía en un ser coherente y en el unificador de su pueblo.

Kha había regulado tan bien las ceremonias que los días y las noches de la fiesta transcurrieron como una hora.

Obligado a caminar lentamente, debido a su ceñida túnica, Ramsés hacía eficaces las ofrendas alimenticias depositadas en los altares de las divinidades; con su mirada y con la fórmula «ofrenda que da el faraón», hizo surgir el *ka* inmaterial de los alimentos. La reina cumplía la función de vaca celestial, encargada de alimentar al rey con la leche de las estrellas, con el fin de expulsar de su cuerpo la debilidad y la enfermedad.

Ramsés veneró cada una de las potencias divinas, para que fuese preservada la multiplicidad de la creación que alimentaba su unidad. Haciéndolo, desprendía precisamente la unidad inalterable oculta en cada forma y comunicaba a cada estatua una vida mágica.

Durante tres días, procesiones, letanías y ofrendas se sucedieron en el gran patio donde estaban presentes las divinidades. Albergadas en capillas a las que se accedía por pequeñas escaleras, delimitaban el espacio sagrado y difundían su energía. Viva unas veces, recogida otras, la música de los tamboriles, las arpas, los laúdes y los oboes acompasaba los episodios que se precisaban en el papiro que iba desenrollando el portador del rito.

Asimilando el alma de las divinidades, dialogando con el toro *Apis* y el cocodrilo *Sobek*, manejando el arpón para impedir que el hipopótamo perjudicara, el faraón tejía vínculos entre el más allá y el pueblo de Egipto. Por la acción del rey, lo invisible se hacía visible y se edificaba una relación de armonía entre la naturaleza y el hombre.

En un patio anejo se había levantado un estrado en el que había dos tronos unidos; para llegar a ellos, Ramsés tenía que subir unos peldaños. Cuando se sentaba en el trono del Alto Egipto, se ponía la corona blanca; cuando lo hacía en el del Bajo Egipto, la corona roja. Y cada fase ritual era llevada a cabo por uno y otro aspecto de la persona real, dualidad en movimiento, oposición aparentemente reductible, apaciguada sin embargo en el ser del faraón. Así las Dos Tierras se hacían una sin confundirse. Sentándose alternativamente en uno y otro trono, Ramsés era unas veces Horus, el de la penetrante mirada, otros Set, el de la inigualable potencia, y siempre el tercer término que conciliaba a ambos hermanos.

El penúltimo día de la fiesta, el rey abandonó su túnica blanca para revestir el taparrabos tradicional de los monarcas del tiempo de las pirámides, que llevaba prendida una cola de toro. Había llegado la hora de comprobar si el faraón reinante había asimilado correctamente la energía de las divinidades y si era capaz de tomar posesión del cielo y de la tierra.

Puesto que había vivido el secreto de los dos hermanos enemigos, Horus y Set, el faraón era apto para recibir de nuevo el testamento de los dioses que le convertía en heredero de Egipto. Cuando los dedos de Ramsés se cerraron sobre el pequeño estuche de cuero en forma de cola de milano que contenía el inestimable documento, todos los corazones se sintieron oprimidos. ¿Tendría la mano de un ser humano, por muy dueño de las Dos Tierras que fuese, suficiente fuerza para apoderarse de un objeto sobrenatural?

Sujetando con firmeza el testamento de los dioses, Ramsés empuñó el gobernalle que revelaba su aptitud para dirigir el navío del Estado en la dirección adecuada. Luego, con grandes zancadas, recorrió el patio, asimilado a la totalidad de Egipto como reflejo del cielo y la tierra. Como rey del Bajo Egipto, llevó a cabo la carrera ritual cuatro veces, cada una de ellas dirigida a un punto cardinal; y cuatro más como rey del Alto Egipto. Las provincias de las Dos Tierras fueron así transfiguradas por los pasos del faraón, que afirmaba el reinado de los dioses y la presencia de la jerarquía celestial; en él, la totalidad de los faraones difuntos volvía a la vida y Egipto se convertía en fecundo campo de lo divino.

–He corrido –proclamó Ramsés–, he tenido en la mano el testamento de los dioses. He atravesado la tierra entera y tocado sus cuatro esquinas. La he recorrido según mi corazón.

He corrido, he atravesado el océano de los orígenes, he tocado las cuatro esquinas del cielo, he llegado tan lejos como la luz y ofrecido la fértil tierra a su soberana, la regla de vida.

El último día de la fiesta de regeneración se preparaban los regocijos en ciudades y pueblos; se sabía que Ramsés había triunfado y que su energía para reinar se había renovado. Sin embargo, la alegría no podía estallar antes de que el monarca regenerado mostrara a su pueblo el testamento de los dioses.

Al alba, Ramsés se sentó en una silla de manos que levantaron los grandes del Alto y el Bajo Egipto; la espalda de Ameni sufría, pero quiso realizar su parte en la labor. El faraón fue llevado a los cuatro puntos cardinales y, en cada uno de ellos, tensó un arco y disparó una flecha para anunciar al universo entero que el faraón seguía reinando.

Luego, el monarca subió a un trono cuya base estaba adornada con doce cabezas de león y se dirigió a todos los puntos del espacio para anunciar que la regla de Maat acallaría las fuerzas del mal.

Coronado de nuevo, como la primera vez, Ramsés rindió homenaje a sus ancestros. Ellos habían abierto caminos en lo invisible y formaban el zócalo de la realeza. Setaú, que se felicitaba por la fuerza de su carácter, no pudo contener las lágrimas; nunca Ramsés había sido tan grande, nunca el faraón había encarnado hasta ese punto la luz de Egipto.

El rey abandonó el gran patio donde el tiempo había sido abolido. Atravesó la sala hipóstila y subió la escalera que llevaba a la cima del pilono. Apareció entre las dos altas torres, como el sol de mediodía, y mostró a su pueblo el testamento de los dioses.

Un inmenso clamor brotó de la muchedumbre. Ramsés fue reconocido, por aclamación, digno de gobernar; sus palabras serían vida, sus actos unirían la tierra y el cielo. El Nilo sería fecundo, alcanzaría la base de las colinas, depositaría en las tierras el fértil limo, ofrecería a los hombres el agua pura e innumerables peces. Como las divinidades estaban de fiesta, la felicidad se derramó en los corazones; gracias al rey, el alimento sería tan abundante como los granos de arena en las riberas del río. ¿Acaso no se decía de Ramsés el Grande que amasaba con sus manos la prosperidad?

28

Dos meses y un día.

Un día tormentoso, tras dos meses de investigación discreta y minuciosa. Serramanna no había escatimado medios; sus mejores hombres, mercenarios experimentados, se habían encargado de seguir a Ameni y registrar sus locales sin llamar la atención. El gigante sardo les había avisado: si les cogían, él se desentendería; y si le comprometían, los estrangularía con sus propias manos. Prometió, como prima, vacaciones suplementarias y vino de primera calidad.

Alejar a Ameni de su despacho había resultado difícil. Una gira de inspección por el Fayyum había proporcionado al sardo una inesperada ocasión; pero el registro no había dado resultado alguno. El secretario particular de Ramsés no ocultaba objetos ilícitos ni en su morada oficial, casi siempre vacía, ni en sus arcones, ni en su biblioteca, ni detrás de los anaqueles. Ameni seguía trabajando día y noche, comía mucho y dormía poco. Por lo que a sus visitantes se refiere, pertenecían a la Alta Administración, y el escriba solía encontrarse con ellos para exigir cuentas y avivar su ardor al servicio del Estado.

Escuchando los informes negativos del sardo, Setaú se preguntaba si no habría soñado; pero Loto, al igual que él, había oído, efectivamente, cómo pronunciaba el nombre de Ameni el capitán de la chalana. Le resultaba imposible borrar de su memoria aquella mancilla.

Serramanna pensaba desmantelar el dispositivo que había puesto en marcha; sus hombres se ponían nerviosos y no tardarían en meter la pata.

Y aquel día de tormenta se produjo el tan temido accidente. A primera hora de la tarde, mientras Ameni estaba solo en su despacho, recibió a un visitante insólito: un hombre mal afeitado, tuerto, basto, con el rostro profundamente marcado.

El mercenario a las órdenes de Serramanna le había seguido hasta el puerto de Pi-Ramsés y no tuvo dificultad alguna en identificarle: un capitán de chalana.

–¿Estás seguro? –preguntó Setaú a Serramanna.

–El tipo ha zarpado hacia el Sur con un cargamento de jarras. La conclusión es evidente.

Ameni a la cabeza de una pandilla de ladrones, él, que conocía la Administración mejor que nadie y abusaba de ello en beneficio personal... Y tal vez peor aún.

–Ameni ha esperado bastante –advirtió el sardo–, pero se ha visto obligado a ponerse de nuevo en contacto con sus cómplices.

–No quiero creerlo.

–Lo siento, Setaú. Debo decir a Ramsés lo que sé.

«Olvida tus agravios –escribía el emperador Hattusil al faraón de Egipto–, retén tu brazo y permítenos respirar el aliento de vida. ¡En verdad eres hijo del dios Set! Él te prometió el país de los hititas, y te darán como tributo todo lo que desees. ¿No están acaso a tus pies?»

Ramsés mostró la tablilla a Ameni.

–Lee tú mismo... ¡Sorprendente cambio de tono!

–Los partidarios de la paz han prevalecido, la influencia de la reina Putuhepa ha sido decisiva. Majestad, ya sólo te queda redactar una invitación oficial para que una princesa hitita se convierta en reina de Egipto.

–Prepárame algunas hermosas fórmulas a cuyo pie pondré mi sello. Acha no murió por nada; la obra de su vida queda así coronada.

–Me voy a mi despacho a preparar la misiva.

–No, Ameni; escríbela aquí. Siéntate en mi silla para gozar de los postreros rayos del sol.

El secretario particular del rey se quedó petrificado.

–Yo... En la silla del faraón... ¡Nunca!

–¿Tienes miedo?

–¡Claro que tengo miedo! Otros fueron fulminados por haber cometido este tipo de locura.

–Subamos a la terraza.

–Pero... la carta...

–Puede esperar.

El panorama era arrobador. Suntuosa y tranquila, la capital de Ramsés el Grande se entregaba a la noche.

–¿La paz que tanto deseamos, Ameni, no estará aquí, ante nuestros ojos? Tendríamos que saber saborearla a cada instante, como un fruto raro, y evaluar su auténtico valor. Pero los hombres sólo piensan en turbar la armonía, como si no la soportaran. ¿Por qué, Ameni?

–Lo... Lo ignoro, majestad.

–¿Nunca te has hecho esta pregunta?

–No he tenido tiempo. Y ahí está el faraón para responder a las preguntas.

–Serramanna ha hablado conmigo –reveló Ramsés.

–¿Hablado...? ¿De qué?

–De una soprendente visita a tu despacho.

Ameni no pareció turbado.

–¿De quién se trata?

–¿No podrías decírmelo tú mismo?

El escriba reflexionó unos instantes.

–Pienso en ese capitán de chalana que no tenía cita y se abrió paso a la fuerza; ciertamente no suelo recibir a ese tipo de personajes. Su discurso era incoherente, hablaba de los descargadores y de algunos cargamentos que se retrasan... Le puse en la puerta con la ayuda de un guardia.

–¿Era la primera vez que le veías?

–¡Y la última! Pero... ¿A qué vienen esas preguntas?

La mirada de Ramsés se hizo tan penetrante como la de Set; los ojos del monarca fulguraron, atravesando el crepúsculo.

–¿Me has mentido alguna vez, Ameni?

–¡Nunca, majestad! ¡Y nunca te mentiré! ¡Que mis palabras valgan como juramento por la vida del faraón!

Durante unos largos segundos, Ameni no respiró. Sabía que Ramsés estaba juzgándole e iba a pronunciar su veredicto.

La mano diestra del faraón se posó en el hombro del escriba, que sintió inmediatamente el efecto bienhechor de su magnetismo.

–Confío en ti, Ameni.

–¿De qué me acusaban?

–De organizar un robo de bienes destinados a los templos y enriquecerte.

Ameni estuvo a punto de desfallecer.

–¿Enriquecerme, yo?

–Tenemos trabajo; la paz parece al alcance de la mano, sin embargo, debemos reunir inmediatamente un consejo de guerra.

Setaú se arrojó en brazos de Ameni, Serramanna mascullό unas excusas.

–¡Evidentemente, si el propio faraón te ha absuelto definitivamente...!

–¿Creíste que era culpable? –se extrañó el secretario particular del rey, quien observaba la escena con aire grave.

–Traicioné nuestra amistad –reconoció Setaú–, pero sólo pensaba en la seguridad de Ramsés.

–En ese caso –consideró Ameni–, actuaste bien. Y vuelve a hacerlo si sospechas de nuevo. Salvaguardar la persona del faraón es nuestro más imperioso deber.

–Alguien ha intentado desacreditar a Ameni ante su majestad –recordó Serramanna–; alguien cuyos manejos desbarató Setaú.

–Quiero conocer todos los detalles –exigió Ameni.

Setaú y Serramanna narraron los episodios de su investigación.

–El jefe de la red se hizo pasar por mí –concluyó el escriba–, y engañó al capitán de la chalana que la cobra de Setaú mandó al infierno de los ladrones. Propagando esa falsa información, lanzaba sospechas sobre mi persona y mis servicios. Bastó la visita de otro capitán para convenceros de mi culpabilidad. Si me eliminaban a mí, la Administración del país quedaría desorganizada.

Ramsés abandonó su mutismo.

–Mancillar a mis amigos es ensuciar el gobierno del país del que soy responsable. Han intentado debilitar Egipto precisamente cuando se juega una difícil partida con el Hatti. No es un simple asunto de robo, ni siquiera a gran escala, sino una gangrena que debe ser detenida en el acto.

–Encontremos al marino que me visitó –recomendó Ameni.

–Yo me encargo –dijo Serramanna–; el tipo nos llevará hasta su auténtico patrón.

–Me pongo a disposición de Serramanna –ofreció Setaú–. Se lo debo a Ameni.

–Nada de fallos –exigió Ramsés–; quiero la cabeza organizadora.

–¿Y si se tratara de Uri-Techup? –intervino Serramanna–. Estoy convencido de que desea vengarse.

–Imposible –objetó Ameni–; no conoce suficientemente el funcionamiento de la Administración egipcia como para haber organizado ese robo.

Uri-Techup decidido a impedir la boda de Ramsés con la hija de Hattusil, el tirano que le había apartado del poder... El rey no rechazó la sugerencia del jefe de su guardia.

–Alguien pudo actuar por órdenes de Uri-Techup –insistió Serramanna.

–Basta de discusiones –interrumpió Ramsés–; seguid el hilo, y enseguida. Tú, Ameni, trabajarás en una sala aneja a palacio.

–¿Pero... por qué?

–Porque eres sospechoso de corrupción y has sido aislado. El adversario debe estar convencido de que su plan ha tenido éxito.

29

Un viento helado y violento barría las murallas de Hattusa, la capital fortificada del Imperio hitita. En la altiplanicie de Anatolia, el otoño se había transformado bruscamente en invierno. Lluvias torrenciales embarraban los caminos y dificultaban los desplazamientos de los comerciantes. Friolento, el emperador Hattusil se agazapaba junto al hogar bebiendo vino caliente.

La carta que acababa de recibir de Ramsés le alegraba en sumo grado. El Hatti y Egipto nunca estarían ya en guerra; aunque el ejercicio de la violencia fuera a veces necesario, Hattusil prefería la diplomacia. El Hatti era un imperio envejecido, cansado de excesivos combates; desde el tratado firmado con Ramsés, el pueblo se acostumbraba a la paz. Finalmente regresó Putuhepa. La emperatriz había pasado varias horas en el templo de la Tempestad, para consultar allí los oráculos. Bella, majestuosa, la suma sacerdotisa era una soberana respetada, incluso por los generales.

–¿Traes nuevas noticias? –preguntó Hattusil, inquieto.

–Sí, pero desafortunadamente son malas. Aumentará la intemperie, descenderán las temperaturas.

–¡Yo puedo anunciarte un milagro!

El emperador blandió el papiro procedente de Pi-Ramsés.

–¿Ha dado Ramsés la conformidad definitiva?

–Puesto que se ha celebrado su fiesta de regeneración y, simbólicamente, se desposó con su hija para celebrar los ritos, el faraón de Egipto, nuestro amado hermano, acepta desposarse con nuestra hija. Una hitita soberana de las Dos Tierras... ¡Nunca hubiera creído que el sueño fuera a realizarse!

Putuhepa sonrió.

–Supiste humillarte ante Ramsés.

–Gracias a tus consejos, querida... A tus juiciosos consejos. Las palabras no tienen importancia alguna; lo esencial era alcanzar nuestro objetivo.

–Desgraciadamente, el cielo se desencadena contra nosotros.

–El tiempo acabará mejorando.

–Los oráculos son pesimistas.

–Si tardamos demasiado en enviarle a nuestra hija, Ramsés creerá que es una maniobra.

–¿Qué podemos hacer, Hattusil?

–Decirle la verdad y solicitar su ayuda. La ciencia de los magos de Egipto es incomparable; que apacigüen los elementos y liberen el camino. Escribamos ahora mismo a nuestro amado hermano.

Con el rostro anguloso y severo, el cráneo afeitado, los andares rígidos a veces, a causa de las doloridas articulaciones, Kha vagabundeaba por la inmensa necrópolis de Saqqara, donde se sentía más a gusto que en el mundo dc los vivos. Sumo sacerdote de Ptah, el primogénito de Ramsés pocas veces salía de la antigua ciudad de Menfis. La época de las pirámides le fascinaba; Kha pasaba largas horas contemplando los tres gigantes de piedra de la meseta de Gizeh, las pirámides construidas por Keops, Kefrén y Mikerinos. Cuando el sol llegaba a su cenit, sus caras cubiertas de calcáreo blanco reflejaban la luz e iluminaban los templos funerarios, los jardines y el desierto. Encarnación de la piedra primordial surgida del océano de los orígenes, en el primer amanecer del mundo, las pirámides eran también rayos de sol petrificados que conservaban una energía inalterable. Y Kha había percibido una de sus verdades: cada pirámide era una letra en el gran libro de la sabiduría que él estaba buscando en los archivos de los antiguos.

Pero el sumo sacerdote de Menfis estaba preocupado; próxima al inmenso conjunto arquitectónico de Zóser, dominado por la pirámide escalonada, la pirámide del rey Unas exigía trabajos de restauración. El venerable monumento, que databa del final de la quinta dinastía, es decir, que tenía más de un milenio de antigüedad, sufría serias heridas. Era indispensable reemplazar cuanto antes varios bloques de paramento.

Aquí, en Saqqara, el sumo sacerdote Kha dialogaba con los antepasados. Instalándose en las capillas de las moradas de eternidad, leía las columnas de jeroglíficos que evocaban los hermosos caminos del más allá y el feliz destino de quienes poseían una «voz justa», porque habían llevado una existencia conforme a la regla de Maat. Descifrando aquellas inscripciones, Kha devolvía la vida a los propietarios de las tumbas, que permanecían presentes en la tierra del silencio.

El sumo sacerdote de Ptah estaba dando la vuelta a la pirámide de Unas cuando vio que su padre se le acercaba. ¿No parecía Ramsés uno de aquellos espíritus luminosos que, a ciertas horas del día, se aparecían a los videntes?

–¿Cuáles son tus proyectos, Kha?

–De momento, acelerar la restauración de las pirámides del Imperio Antiguo que exigen una intervención urgente.

–¿Has encontrado el libro de Thot?

–Fragmentos... pero soy tenaz. Hay tantos tesoros en Saqqara que tal vez necesitaré una larguísima vida para hallarlos todos.

–Sólo tienes treinta y ocho años; ¿no esperó Ptah-hotep a tener ciento diez para redactar sus *Máximas*?

–En este lugar, padre, la eternidad se nutre del tiempo de

los hombres y lo ha transformado en piedras vivas; estas capillas, estos jeroglíficos, estos personajes que veneran el secreto de la vida y le hacen ofrendas son lo mejor de nuestra civilización.

–¿Piensas en alguna ocasión en los asuntos del Estado, hijo mío?

–¿Por qué preocuparse si tú reinas?

–Los años pasan, Kha, y yo también partiré hacia el país que ama el silencio.

–Tu majestad acaba de ser regenerada, y yo organizaré mejor aún tu próxima fiesta de regeneración, dentro de tres años.

–Lo ignoras todo de la Administración, la economía, el ejército...

–No siento afición alguna por estas materias. ¿No es la rigurosa práctica de los ritos la base de nuestra sociedad? La felicidad de nuestro pueblo depende de ello y quiero consagrarme a eso cada día más. ¿Crees que me estoy equivocando al elegir este camino?

Ramsés levantó la mirada hacia la cumbre de la pirámide de Unas.

–Buscar lo más alto, lo más vital, es siempre seguir el buen camino. Pero el faraón está obligado a descender al mundo subterráneo y enfrentarse con el monstruo que intenta secar el Nilo y destruir la barca de luz; si no librara ese combate cotidiano, ¿qué rito celebraríamos?

Kha tocó la piedra milenaria, como si alimentara su pensamiento.

–¿De qué modo puedo servir al faraón?

–El emperador del Hatti desea enviar a su hija a Egipto para que me case con ella; pero el tiempo es tan malo en Anatolia que hace imposible el viaje de un convoy. Hattusil reclama una intervención de nuestros hechiceros para que obtengan de los dioses la mejoría del clima. Descubre lo antes posible el texto que te permita satisfacerle.

Nadie podría encontrar a Rerek, el capitán de la chalana, en el lugar donde se había ocultado. Por consejos de su patrón se había instalado por algún tiempo en el barrio asiático de Pi-Ramsés, tras haber visitado a un escriba de tez pálida para soltarle un discurso sin pies ni cabeza. Pero estaba bien pagado, mucho mejor pagado que tres meses de trabajo en el Nilo. Rerek había visto de nuevo a su patrón, muy satisfecho de sus servicios; según él, se había obtenido el resultado esperado. Sólo existía un pequeño inconveniente: el patrón exigía que Rerek cambiase de apariencia. Orgulloso de su barba y de su velluda epidermis, el marino había intentado discutir. Pero tratándose de su seguridad, se había dejado convencer. Lampiño, reanudaría el servicio en el Sur con otro nombre, y la policía perdería para siempre su rastro.

Rerek se pasaba el día durmiendo en el primer piso de una casita blanca. Su casera le despertaba al pasar el aguador y le proporcionaba unas deliciosas tortas rellenas de ajo y cebolla.

–El barbero está en la plazoleta –le avisó.

El marino se desperezó. Afeitado, parecería menos viril y le sería más difícil seducir a las mozas; afortunadamente, le quedaban otros argumentos igual de convincentes.

Rerek miró por la ventana.

En la plazoleta, el barbero había instalado cuatro estacas que aguantaban un toldo, para evitar las quemaduras del sol; bajo ese refugio había dos taburetes, el más alto para él, el más bajo para su cliente.

Una decena de hombres acudían ya, por lo que la espera sería larga; tres de ellos jugaban a los dados, los demás se sentaron con la espalda apoyada en la pared de una casa. Rerek volvió a acostarse y se durmió.

Su casera le sacudió.

–¡Vamos, bajad! Sois el último.

Esta vez no había escapatoria. Con los ojos entornados, el marino bajó por la escalera, salió de la modesta morada y se sentó en el taburete de tres patas, que rechinó bajo su peso.

–¿Qué deseas? –preguntó el barbero.

–Me afeitas por completo el mentón y las mejillas.

–¿Una barba tan hermosa?

–Es cosa mía.

–Como quieras, amigo; ¿cómo vas a pagar?

–Un par de sandalias de papiro.

–Es mucho trabajo...

–Si no te conviene, buscaré a otro.

–Bueno, bueno...

El barbero humedeció la piel con agua jabonosa, hizo resbalar la navaja por la mejilla izquierda para comprobar su eficacia y luego, con un gesto brusco pero preciso, la aplicó a la garganta del marino.

–Si intentas huir, Rerek, si mientes, te rebano el gaznate.

–¿Quién... quién eres?

Setaú arañó la piel, una gota de sangre cayó en el pecho del marino.

–Alguien que te matará si te niegas a contestar.

–¡Pregunta!

–¿Conoces a un capitán de chalana con una cicatriz en el antebrazo izquierdo y ojos marrones?

–Sí...

–¿Conoces a la dama Cherit?

–Sí, trabajo para ella.

–¿Como ladrón?

–Hemos hecho negocios.

–¿Quién es vuestro patrón?

–Se llama... Ameni.

–Llévame hasta él.

30

Con el grave rostro iluminado por una leve sonrisa, Kha se presentó ante Ramsés, sentado a su mesa de despacho.

–He buscado tres días y tres noches en la biblioteca de la Casa de Vida de Heliópolis, majestad, y he encontrado el libro de los conjuros que disipará el mal tiempo sobre el Hatti: son los mensajeros de la diosa Sekhmet quienes propagan los miasmas en la atmósfera e impiden al sol atravesar las nubes.

–¿Qué podemos hacer?

–Recitar permanentemente y durante tanto tiempo como sea necesario las letanías destinadas a apaciguar a Sekhmet; cuando la diosa reclame a sus emisarios que se han dirigido al Asia, el cielo se aclarará. Los sacerdotes y las sacerdotisas de Sekhmet han puesto ya manos a la obra. Gracias a las vibraciones de sus cantos y al efecto invisible de los ritos, podemos esperar un rápido resultado.

Kha se retiró cuando aparecía Merenptah. Ambos hermanos se saludaron.

El rey observó a sus hijos, tan distintos y tan complementarios. Ni el uno ni el otro le decepcionaban; ¿no acababa Kha, a su modo, de actuar como un hombre de Estado? Kha tenía la altura de pensamiento necesaria para gobernar, Merenptah la fuerza necesaria para el mando. En cuanto a la hija del monarca, Meritamón, se había instalado en Tebas, donde dirigía los ritos de animación de las estatuas reales, en el santuario de Seti y en el templo de millones de años de Ramsés, al mismo tiempo.

El faraón agradeció a los dioses que le hubieran ofrecido tres hijos excepcionales que, cada uno a su modo, transmitían el espíritu de la civilización egipcia y sentían más apego por sus valores que por su propia persona. Nefertari e Iset la bella podían descansar en paz.

Merenptah se inclinó ante el faraón.

–¿Me has llamado, majestad?

–La hija de Hattusil y de Putuhepa se dispone a salir de la capital hitita hacia Pi-Ramsés. A título diplomático se convertirá en gran esposa real, y la unión sellará de modo definitivo la paz entre el Hatti y Egipto. El pacto podría disgustar a ciertos grupos de interés. Tu misión consistirá en velar por la seguridad de la princesa en cuanto abandone los territorios controlados por el Hatti y entre en nuestros protectorados.

–Que su majestad cuente conmigo. ¿De cuántos hombres puedo disponer?

–Tantos como sean necesarios.

–Un ejército sería inútil, demasiado lento y pesado de mover. Reuniré un centenar de aguerridos soldados, especialistas en estas regiones y bien armados, y a varios mensajeros provistos de los mejores caballos. En caso de ataque, resistiremos; informaré a su majestad regularmente. Si algún correo se retrasara, la fortaleza más cercana podrá enviar ayuda de inmediato.

–Tu misión es de suma importancia, Merenptah.

–No te decepcionaré, padre.

Desde primeras horas de la mañana, un diluvio caía sobre Hattusa, amenazando con inundar la ciudad baja. Comenzaba a reinar el desconcierto, por lo que la emperatriz Putuhepa habló a la población. No sólo los sacerdotes del Hatti no dejaban de implorar la clemencia del dios de la Tormenta sino que se había apelado también a los hechiceros de Egipto.

El discurso de Putuhepa tranquilizó. Horas más tarde, la lluvia cesó; grandes nubes negras cubrían el cielo, pero por el sur apareció un claro. Podían pensar en la partida de la princesa. La emperatriz se dirigió a los aposentos de su hija.

A sus veinticinco años de edad, tenía la salvaje belleza de las anatolias. Los cabellos rubios, los ojos negros y almendrados, la nariz fina, casi puntiaguda, una tez de nácar, bastante alta, con delicadas articulaciones y el porte digno de su alta cuna, la princesa era la sensualidad personificada. En el menor de sus gestos, un toque lánguido revelaba la feminidad dispuesta a ofrecerse y, al mismo tiempo, a escabullirse. No existía un solo dignatario que no hubiera soñado con desposarla.

–El tiempo mejora –dijo Putuhepa.

La princesa peinaba personalmente sus largos cabellos antes de perfurmarlos.

–Así pues, debo disponerme a partir.

–¿Estás angustiada?

–¡Al contrario! Ser la primera hitita que se casa con un faraón, ¡y qué faraón!, Ramsés el Grande, cuya gloria apagó el ardor guerrero del Hatti... ¿Cómo iba yo a imaginar más fabuloso destino?

Putuhepa se sorprendió.

–Vamos a separarnos para siempre y nunca volverás a tu país... ¿No te duele eso?

–Soy una mujer y voy a casarme con Ramsés, a vivir en la tierra amada por los dioses, a reinar sobre una corte fastuosa, a gozar de un lujo inaudito, a disfrutar los encantos de un clima inigualable y muchas cosas más. Pero unirme a Ramsés no me basta.

–¿Qué quieres decir?

–Que también deseo seducirle. El faraón no piensa en mí,

sino en la diplomacia y la paz, como si yo fuera sólo la frase de un tratado. Le haré cambiar de opinión.

–Puedes llevarte una decepción.

–¿Soy fea y estúpida?

–Ramsés ya no es joven. Tal vez ni siquiera pose su mirada en ti.

–Mi destino me pertenece, nadie podrá ayudarme. Si no soy capaz de conquistar a Ramsés, ¿de qué servirá este exilio?

–Tu matrimonio garantizará la prosperidad de dos grandes pueblos.

–No seré una sierva ni una reclusa, sino una gran esposa real. Ramsés olvidará mis orígenes, reinaré a su lado y todos los egipcios se prosternarán ante mí.

–Eso espero, hija mía.

–Es mi voluntad, madre. Y no es inferior a la tuya.

Aunque no muy vigoroso, el sol reapareció. El invierno se instalaba, con su cortejo de vientos y heladas, pero la ruta que llevaba a los protectorados egipcios pronto sería practicable. A Putuhepa le hubiera gustado hacerse confidencias con su hija, pero la futura esposa de Ramsés se había convertido en una extraña en su propia morada.

Raia no conseguía calmarse.

Una violenta disputa le había enfrentado a Uri-Techup y ambos hombres se habían distanciado, incapaces de llegar a un entendimiento. Para el ex general en jefe del ejército hitita, la boda de la hija de Hattusil con Ramsés podía ser utilizada contra el faraón, por lo que no debían impedir que la princesa cruzara la frontera de Egipto. Para Raia, por el contrario, aquel matrimonio diplomático acababa con las últimas veleidades guerreras.

Renunciando a combatir, Hattusil le seguía el juego a Ramsés. Aquella perspectiva le torturaba tanto que Raia sintió deseos de arrancarle la pequeña barba puntiaguda y desgarrar su túnica de coloreadas franjas. El odio hacia Ramsés se había convertido en la razón principal de su vida, y estaba dispuesto a correr cualquier riesgo para derribar a aquel faraón cuyas colosales estatuas se hallaban en los grandes templos del país. No, el monarca no seguiría teniendo éxito en todo lo que intentaba.

Uri-Techup se adormecía, ahíto de comodidad y de lujuria; Raia, en cambio, no había perdido el sentido del combate. Ramsés era sólo un hombre y sucumbiría a una sucesión de golpes propinados con fuerza y precisión. Ahora lo más urgente era impedir que la princesa hitita llegara a Pi-Ramsés.

Sin avisar a Uri-Techup y a sus amigos hititas, Raia organizaría un atentado con la ayuda de Malfi. Cuando el jefe de las tribus libias supiera que Merenptah, el hijo de Ramsés, iba a la cabeza del cuerpo expedicionario egipcio, se le haría la boca agua. Suprimir, al mismo tiempo, a la princesa hitita, futura esposa de Ramsés, y al hijo menor del rey, sería un golpe espectacular.

Ningún miembro del convoy sobreviviría y el faraón achacaría el atentado al orgulloso respingo de alguna fracción del ejército hitita, hostil a la paz. Sería necesario dispersar por el terreno armas características y abandonar algunos cadáveres de campesinos vestidos como soldados del ejército de Hattusil. Ciertamente la batalla sería feroz y se producirían bajas en las filas libias; pero a Malfi no le detendría ese detalle. La perspectiva de una acción brutal, sangrienta y victoriosa inflamaría al jefe guerrero.

Hattusil perdería a su hija y Ramsés a su hijo. Y ambos soberanos vengarían la afrenta en un conflicto más acerbo que los precedentes. Acha ya no estaba allí para calmar las tensiones. En cuanto a Uri-Techup, se vería ante el hecho consumado. O cooperaba y reconocía su error o sería eliminado. A Raia no le faltaban ideas para corroer el Estado egipcio desde el interior; Ramsés no tendría ni un solo día de reposo.

Llamaron a la puerta del almacén donde el mercader guardaba sus más preciosos jarrones. A una hora tan tardía sólo podía tratarse de un cliente.

–¿Quién es?

–El capitán Rerek.

–¡No quiero verte por aquí!

–He recibido un duro golpe, pero me he librado... Tengo que hablar con vos.

Raia entreabrió la puerta.

El mercader sirio apenas tuvo tiempo de distinguir el rostro del marino. Empujado por la espalda, éste atropelló a Raia, que cayó de culo mientras Serramanna y Setaú se metían en el almacén.

El gigante sardo se dirigió a Rerek.

–¿Cómo se llama este hombre? –preguntó señalando a Raia.

–Ameni –respondió el marino.

Con las manos inmovilizadas por unas esposas de madera y los tobillos atados con una cuerda, Rerek estaba reducido a la inmovilidad. Aprovechando la oscuridad que reinaba en el fondo del almacén, Raia se escabulló como un reptil y trepó por la escalera que llevaba al techo. Con un poco de suerte, despistaría a sus perseguidores.

Sentada en una de las esquinas del techo, una hermosa nubia le dirigió una severa mirada.

–No sigáis adelante.

Raia sacó un puñal de la manga derecha de su túnica.

–¡Apártate o te mato!

Cuando levantó el brazo dispuesto a golpear; una víbora jaspeada le mordió en el talón derecho. El dolor fue tan intenso que Raia soltó el arma, tropezó con un reborde, perdió el equilibrio y cayó al vacío.

Cuando Serramanna se inclinó sobre el mercader sirio, hizo una mueca de despecho. En su caída, Raia se había desnucado.

31

Lánguida, colmada, con el cuerpo embriagado por el ardor de su amante, la dama Tanit se tendió sobre el poderoso torso de Uri-Techup.

–¡Hazme otra vez el amor, te lo suplico!

El hitita habría cedido de buena gana, pero el ruido de unos pasos le alertó. Se levantó y sacó una corta espada de su vaina.

Llamaron a la puerta de la alcoba.

–¿Quién está ahí?

–El intendente.

–¡Te había prohibido que nos molestaras! –se encolerizó la dama Tanit.

–Se trata de un amigo de vuestro marido... Afirma que es muy urgente.

La fenicia retuvo por la muñeca a Uri-Techup.

–Tal vez sea una trampa.

–Sé defenderme.

Uri-Techup llamó a un hitita que montaba guardia en el jardín de la mansión. Orgulloso de servir al ex general en jefe, presentó su informe en voz baja y desapareció.

Cuando su amante entró de nuevo en la habitación, la dama Tanit, desnuda, se le arrojó al cuello y le cubrió de besos. Como enseguida se dio cuenta de que estaba preocupado, se apartó para servirle una copa de vino fresco.

–¿Qué ocurre?

–Nuestro amigo Raia ha muerto.

–¿Un accidente?

–Ha caído del techo intentando escapar de Serramanna.

La fenicia palideció.

–¡Maldito sardo! Pero... acabará llegando hasta ti.

–Es posible.

–¡Hay que huir ahora mismo!

–De ningún modo. Serramanna acecha el menor fallo; si Raia no ha tenido tiempo de hablar, sigo fuera de su alcance. Después de todo, la desaparición del mercader sirio es una buena noticia. Comenzaba a perder la sangre fría. Ahora ya no le necesito, puesto que estoy en contacto directo con los libios.

–¿Y si... nos limitáramos a nuestra felicidad?

Uri-Techup manoseó con violencia los pechos de la dama Tanit.

–Limítate a ser una esposa dócil y silenciosa, y te haré feliz.

Cuando la devoró como una golosina, ella desfalleció de placer.

Los cazadores presentaron las pieles de animales a Techonq. El libio elegía personalmente la materia prima; sólo confiaba en su propio juicio y se mostraba extremadamente severo, rechazando tres cuartas partes de la mercancía ofrecida. Por la mañana, había abroncado a dos cazadores que le suministraron pieles de mala calidad.

De pronto, alguien arrojó a sus pies una túnica de coloreadas franjas.

–¿La reconoces? –preguntó Serramanna.

Con un súbito dolor en el abdomen, el libio posó las manos en su redonda panza.

–Es... una prenda corriente.

–Examínala con atención.

–Os aseguro... No veo nada más...

–Voy a ayudarte, Techonq, porque me caes simpático. Esta túnica pertenecía al mercader sirio Raia, un turbio personaje que no tenía la conciencia tranquila y se mató, estúpidamente, intentando huir. Su pasado de espía ha subido de pronto a la superficie, según parece. Estoy seguro de que erais amigos o, más bien, cómplices.

–Yo no trataba a ese...

–No me interrumpas, Techonq. No tengo pruebas, pero no dudo de que el difunto Raia, tú y Uri-Techup os habíais aliado para eliminar a Ramsés. La muerte del sirio es una advertencia: si tus hombres siguen intentando perjudicar al rey, acabarán como Raia. Ahora, me gustaría cobrar lo que me debes.

–Haré que lleven a vuestra casa un escudo de cuero y unas sandalias de lujo.

–Satisfactorio inicio... ¿Tienes algún nombre que darme?

–Entre los libios todo está tranquilo, señor Serramanna. Reconocen la autoridad de Ramsés.

–Pues que siga así. Hasta pronto, Techonq.

Apenas se hubo alejado el caballo de Serramanna cuando el libio, con las manos crispadas sobre su vientre, corrió hacia los excusados.

El emperador Hattusil no estaba de acuerdo con su esposa Putuhepa. Por lo general, la emperatriz apreciaba la sagacidad de su esposo y lo acertado de sus opiniones; pero esta vez habían mantenido una violenta pelea.

–Hay que avisar a Ramsés de la partida de nuestra hija –insistió Putuhepa.

–No –repuso el emperador–; es preferible aprovechar la ocasión para saber si algunos militares facciosos tienen capacidad para actuar contra nosotros.

–Contra nosotros... ¡Contra tu hija y su escolta, querrás decir! ¿Te das cuenta de que pretendes utilizar a tu propia hija como cebo?

–No correrá riesgo alguno, Putuhepa; en caso de agresión, los mejores soldados hititas la protegerán y aniquilarán a los rebeldes. Así mataremos dos pájaros de un tiro: eliminaremos los restos de la oposición militar a nuestra política y sellaremos la paz con Ramsés.

–Mi hija no debe correr riesgo alguno.

–Mi decisión está tomada: partirá mañana. Sólo cuando haya llegado a la frontera de la zona de influencia egipcia, tras haber cruzado el Hatti, avisaremos a Ramsés de la llegada de su futura esposa.

¡Qué frágil parecía la joven princesa entre oficiales y soldados hititas de pesadas corazas y amenazadores cascos! Provisto de armas nuevas, dotado de caballos jóvenes y en plena salud, el destacamento de elite encargado de escoltarla parecía invencible. El emperador Hattusil sabía que su hija corría riesgos, pero la ocasión era demasiado buena. ¿Acaso un jefe de Estado no debía dar primacía a su poder, en detrimento, a veces, de su propia familia?

Varios carros transportaban la dote de la princesa y las ofrendas a Ramsés el Grande: oro, plata, bronce, telas, joyas. Y un regalo al que el faraón sería especialmente sensible: diez magníficos caballos que él mismo cuidaría y que, en adelante, tendrían el honor de tirar de su carro.

El cielo estaba despejado, el calor era anormal. Bajo sus mantos de invierno, los soldados se asfixiaban y sudaban. Febrero parecía, de pronto, un mes de estío. La anomalía no podía durar; dentro de unas horas, sin duda alguna, la lluvia caería y llenaría las cisternas.

La princesa se arrodilló ante su padre, que la ungió con el óleo de los esponsales.

–El propio Ramsés celebrará la unción del matrimonio –anunció–; buen viaje, futura reina de Egipto.

El convoy se puso en marcha. Tras el carro donde se había instalado la muchacha, otro vehículo del mismo tamaño e igualmente confortable.

Detrás, sentada en un tronco de madera ligera, la emperatriz Putuhepa.

–Parto con mi hija –le dijo al emperador al pasar ante él– y la acompañaré hasta la frontera.

Montañas hostiles, caminos escarpados, inquietantes gargantas, espesos golpes en los que oía ocultarse el agresor... La emperatriz Putuhepa tenía miedo de su propio país. Ciertamente, los soldados permanecían ojo avizor y su número debería haber desalentado a cualquier asaltante. Pero el Hatti había sido, durante mucho tiempo, teatro de luchas intestinas y sangrientas; tal vez el propio Uri-Techup o uno de sus émulos intentara suprimir a la princesa, símbolo de la paz.

Lo más penoso era la ausencia de invierno, pues preparados para este período, sus cuerpos sufrían el ardiente sol y la sequía; una insólita fatiga se acumulaba, haciendo abrumador el viaje. Putuhepa advirtió que la vigilancia de la escolta disminuía y declinaban las fuerzas de los oficiales. ¿Serían capaces de enfrentarse a un ataque masivo?

La princesa permanecía imperturbable, como si la prueba no hiciera mella en su cuerpo. Altiva, iluminaba el camino con la hosca voluntad de alcanzar su objetivo. Cuando los pinos rumoreaban, cuando el canto de un torrente recordaba la carrera de hombres armados, Putuhepa se sobresaltaba. ¿Dónde se ocultaban los sediciosos? ¿Qué estrategia había adoptado? La emperatriz del Hatti despertaba a menudo, acechando el menor ruido sospechoso, y se pasaba el día escrutando los bosques, las abruptas laderas y las orillas de los arroyos.

La princesa y su madre no hablaban. Encerrada en su silencio, la hija de Putuhepa rechazaba cualquier contacto con su antigua existencia; para ella, el Hatti había muerto y el porvenir se llamaba Ramsés.

Sufriendo de calor, sediento, agotado, el convoy dejó atrás Kadesh y llegó al puesto fronterizo de Aya, en Siria del Sur. Allí se levantaba una fortaleza egipcia, en el lindero del territorio controlado por el faraón.

Unos arqueros ocuparon las almenas, la gran puerta se cerró. La guarnición creía que era un asalto. La princesa bajó de su carro y cabalgó en uno de los caballos destinados a Ramsés. Ante la estupefacta mirada de su madre y del jefe del destacamento hitita, galopó hacia la plaza fuerte y se detuvo al pie de las murallas. Ningún arquero egipcio se había atrevido a disparar.

–Soy la hija del emperador del Hatti, futura reina de Egipto –declaró–; Ramsés el Grande me aguarda para celebrar nuestros esponsales. Hacedme un buen recibimiento; de lo contrario, la cólera del faraón os abrasará como el fuego.

Apareció el comandante de la fortaleza.

–¡Lleváis con vos un ejército!

–No es un ejército sino una escolta.

–Esos guerreros hititas parecen amenazadores.

–Os equivocáis, comandante; os he dicho la verdad.

–No he recibido orden alguna de la capital.

–Avisad inmediatamente a Ramsés de mi presencia.

32

Jadeante, con los ojos enrojecidos y el pecho cargado, Ameni había cogido frío. Las noches de febrero eran glaciales y el pálido sol de la jornada no bastaba para caldear la atmósfera. Ameni, sin embargo, había encargado gran cantidad de leña para el hogar, pero la entrega se demoraba. De muy mal humor, se disponía a descargar su cólera en uno de sus subordinados cuando un correo del ejército depositó en su mesa un mensaje procedente de la fortaleza de Aya, en Siria del Sur.

Pese a una serie de estornudos, Ameni descifró el texto codificado, se puso un manto de lana sobre su túnica de grueso lino, se cubrió el cuello con un pañuelo y, a pesar de sus ardientes bronquios, corrió hacia el despacho de Ramsés.

–Majestad... ¡Una noticia increíble! La hija de Hattusil ha llegado a Aya. El comandante de la fortaleza aguarda vuestras instrucciones.

A hora tan avanzada, el rey trabajaba a la luz de candiles de aceite cuya mecha no producía humo alguno. Colocados en altos soportes de madera de sicomoro, dispensaban una luz suave y bien distribuida.

–Se trata forzosamente de un error –consideró Ramsés–; Hattusil me habría avisado de la partida de su hija.

–El comandante de la fortaleza se halla ante un ejército hitita que se presenta como... un cortejo nupcial.

El rey se levantó y comenzó a caminar por el vasto despacho, caldeado por unos braseros.

–Una artimaña, Ameni; una artimaña del emperador para comprobar la extensión de su poder en el propio interior del Hatti. El convoy podría haber sido atacado por militares insumisos.

–¡Y como cebo... su propia hija!

–Ahora, Hattusil debe sentirse tranquilo; que Merenptah salga inmediatamente hacia Siria con el cuerpo expedicionario previsto para proteger a la princesa. Ordena al comandante de la fortaleza de Aya que abra sus puertas y reciba a los hititas.

–¿Y si...?

–Correré ese riesgo.

Tan sorprendidos los unos como los otros, hititas y egipcios confraternizaron, festejaron, bebieron y comieron juntos como viejos compañeros de armas. Putuhepa podía regresar tranquila a Hattusa, mientras su hija, acompañada por dignatarios y algunos soldados hititas, seguiría su camino hacia Pi-Ramsés, bajo la protección de Merenptah.

Mañana tendría lugar la separación definitiva; con los ojos llenos de lágrimas, la emperatriz contempló a su hija, bella y conquistadora.

–¿No lo lamentas en absoluto? –preguntó Putuhepa.

–¡Nunca he estado tan contenta!

–No volveremos a vernos.

–Es ley de vida. A cada cual su destino... ¡Y el mío es fabuloso!

–Sé feliz, hija mía.

–¡Ya lo soy!

Herida, Putuhepa ni siquiera besó a su hija. El último vínculo acababa de romperse.

–Es por completo anormal –advirtió el comandante de la fortaleza de Aya, un militar de carrera con el rostro cuadrado y la voz enronquecida–. En esta estación las montañas deberían estar cubiertas de nieve y debería llover cada día. Si prosigue la canícula, nos faltará agua para las cisternas.

–Hemos avanzado a marchas forzadas –recordó Merenptah–, y debo lamentar varios enfermos. Por el camino, muchas fuentes y pozos se han secado, temo arrastrar a la princesa a una aventura muy peligrosa.

–Muy anormal –repitió el comandante–; sólo una divinidad puede provocar esta perturbación.

Merenptah temía escuchar esta opinión.

–Temo que tengáis razón. ¿Disponéis de una estatua protectora en esta fortaleza?

–Sí, pero sólo nos libra de los malos espíritus de los alrededores; no es lo bastante potente como para modificar el clima. Sería preciso implorar a una divinidad cuya energía pueda compararse a la del cielo.

–¿Tenéis reservas de agua suficientes para nuestro viaje de regreso?

–¡Lamentablemente, no! Tendréis que quedaros aquí y esperar la lluvia.

–Si el falso estío dura, no habrá suficiente agua para los egipcios y los hititas.

–Estamos en invierno, la sequía tiene que terminar pronto.

–Vos mismo lo habéis advertido, comandante: no es natural. Partir es arriesgado, pero quedarse no lo es menos.

El oficial frunció el entrecejo.

–Entonces... ¿qué pensáis hacer?

–Informar a Ramsés. Sólo él sabrá actuar.

Kha desenrolló sobre la mesa de Ramsés los tres largos papiros que había descubierto en los archivos de la Casa de Vida de Heliópolis.

–Los textos son muy claros, majestad; un solo dios reina sobre el clima de Asia: Set. Pero ningún colegio de magos está cualificado para ponerse directamente en contacto con él. A ti, y sólo a ti, corresponde dialogar con Set para que las estaciones vuelvan a la normalidad. Sin embargo...

–Habla, hijo mío.

–Sin embargo, soy hostil a esta gestión. El poder de Set es peligroso e incontrolable.

–¿Temes acaso mi propia debilidad?

–Eres el hijo de Seti, pero modificar el clima exige manejar el relámpago, el rayo y la tempestad... Ahora bien, Set es imprevisible. Y Egipto te necesita. Enviemos a Siria varias estatuas divinas y un convoy de reavituallamiento.

–¿Crees que Set los dejará pasar?

Kha inclinó la cabeza.

–No, majestad.

–Así pues, no tengo elección. O venzo en el combate que me ofrece, o bien Merenptah, la princesa hitita y todos sus compañeros morirán de sed.

El primogénito de Ramsés no podía oponer a su padre argumento alguno.

–Si no regreso del templo de Set –le dijo el faraón a Kha–, sé mi sucesor y entrega tu vida a Egipto.

La princesa hitita, alojada en los aposentos del comandante de la fortaleza, exigió hablar con Merenptah. Éste enseguida descubrió que era nerviosa y autoritaria, pero se comportó con la consideración que merecía una gran dama.

–¿Por qué no salimos inmediatamente hacia Egipto?

–Porque es imposible, princesa.

–El tiempo es magnífico.

–Nos amenaza una fuerte sequía en la estación de las lluvias, y nos falta agua.

–¡Pero no vamos a echar raíces en esta horrible fortaleza!

–El cielo nos es adverso; una voluntad divina nos tiene clavados aquí.

–¿Acaso vuestros magos son unos incapaces?

–He recurrido al más importante de todos ellos: el propio Ramsés.

La princesa sonrió.

–Sois un hombre inteligente, Merenptah; le hablaré de vos a mi esposo.

–Esperemos, princesa, que el cielo escuche nuestras plegarias.

–¡No lo dudéis! No he llegado hasta aquí para morir de sed. ¿Acaso no están el cielo y la tierra en manos del faraón?

Ni Setaú ni Ameni habían conseguido modificar la decisión del soberano. Durante la cena, Ramsés había comido un pedazo de carne cortada del muslo de un buey, animal que encarnaba el poder de Set, y bebido el fuerte vino de los oasis, colocado bajo la protección del mismo dios. Luego, tras haber purificado su boca con sal, exudación de sed, portador de este fuego terrestre indispensable para la conservación de los alimentos, se había recogido ante la estatua de su padre que, con su nombre, se había atrevido a proclamarse el representante terrenal del señor de la tormenta.

Sin la ayuda de Seti, Ramsés no tenía posibilidad alguna de convencer a Set. Un solo error, un gesto ritual aproximado, un pensamiento desviado y el rayo caería. Frente al poder en estado bruto, una sola arma: la rectitud. Aquella rectitud que Seti había enseñado a Ramsés al iniciarle en las funciones de faraón.

En mitad de la noche, el rey entró en el templo de Set, erigido en el paraje de Avaris, la hollada capital del invasor hicso. Un lugar consagrado al silencio y a la soledad, un lugar donde sólo el faraón podía penetrar sin temor a ser aniquilado.

Frente al dios Set, era preciso vencer el miedo, lanzar luego una ígnea mirada al mundo, conocerlo en su violencia y sus convulsiones, y convertirse en la fuerza en sus orígenes, en el corazón del cosmos, allí donde no penetraba la inteligencia humana.

En el altar, Ramsés depositó una copa de vino y una miniatura de acacia que representaba un órix. Capaz de resistir los extremados calores del desierto y de sobrevivir en aquel medio hostil, el órix estaba habitado por la llama de Set.

–El cielo está en tus manos –dijo el rey al dios–, la tierra bajo tus pies. Lo que ordenas se produce. Tú provocaste calor y sequía, devuélvenos la lluvia de invierno.

La estatua de Set no reaccionó, sus ojos siguieron fríos.

–Soy yo, Ramsés, hijo de Seti, el que habla. Ningún dios tiene derecho a perturbar el orden del mundo y el curso de las estaciones, toda divinidad debe someterse a la Regla. Y tú debes respetarla igual que los demás.

Los ojos de la estatua se enrojecieron; un brusco calor invadió el santuario.

–No dirijas tu poder contra el faraón; en él se reúnen Horus y Set. Estás en mí y utilizo tu fuerza para combatir las tinieblas y apartar el desorden. ¡Obedéceme Set, haz que llueva en las regiones del Norte!

Los relámpagos surcaron el cielo y estalló el trueno sobre Pi-Ramsés.

Comenzaba una noche de combate.

33

La princesa se enfrentó a Merenptah.

–¡Esta espera me resulta insoportable! Llevadme inmediatamente a Egipto.

–Tengo orden de garantizar vuestra seguridad; mientras dure esta sequía anormal, sería imprudente ponerse en camino.

–¿Por qué no interviene el faraón?

Una gota cayó en el hombro izquierdo de la princesa, la segunda se aplastó en su mano diestra. Merenptah y ella levantaron al mismo tiempo los ojos al cielo, cubierto de pronto de negras nubes. Zigzagueó un relámpago, seguido del estruendo de un trueno, y se inició una abundante lluvia. En pocos minutos descendió la temperatura.

El invierno, frío y lluvioso, de acuerdo con la ley de las estaciones, terminó con el estío y la sequía.

–He aquí la respuesta de Ramsés –dijo Merenptah.

La princesa hitita echó la cabeza atrás, abrió la boca y bebió glotonamente el agua del cielo.

–¡Partamos, partamos pronto!

Ameni iba y venía ante la puerta de la alcoba del rey. Sentado, con los brazos cruzados, huraño, Setaú miraba fijamente al frente. Kha leía un papiro mágico cuyas fórmulas salmodiaba interiormente. Por décima vez, por lo menos,

Serramanna limpiaba su corta espada con un trapo empapado en aceite de linaza.

–¿A qué hora ha salido el faraón del templo de Set? –preguntó el sardo.

–Al amanecer –respondió Ameni.

–¿Ha hablado con alguien?

–No, no ha dicho una sola palabra –declaró Kha–. Se ha encerrado en su habitación, he llamado a la médico en jefe del reino y ha aceptado recibirla.

–¡Hace más de una hora que está examinándole! –protestó Setaú.

–Visibles o no, las quemaduras de Set son temibles –advirtió el sumo sacerdote–. Confiemos en la ciencia de Neferet.

–Le he proporcionado varios remedios para la salud del corazón –recordó Setaú.

Por fin se abrió la puerta.

Los cuatro hombres rodearon a Neferet.

–Ramsés está fuera de peligro –afirmó la médico en jefe del reino–; una jornada de reposo y el rey reanudará el curso normal de sus actividades. Abrigaos: el tiempo será fresco y húmedo.

La lluvia comenzaba a caer sobre Pi-Ramsés.

Unidos como hermanos bajo el mando de Merenptah, egipcios e hititas cruzaron Canaán, tomaron la ruta costera presidida por el Sinaí y entraron en el Delta. A cada alto se iniciaba la fiesta en los fortines; durante el viaje, varios soldados cambiaron sus armas por trompetas, flautas y tamboriles.

La princesa hitita devoró con la mirada los verdeantes paisajes, se admiró ante las palmeras, los fértiles campos, los canales de irrigación, los bosques de papiro. El mundo que iba descubriendo en nada se parecía a la ruda meseta anatolia de su juventud.

Cuando el cortejo llegó a la vista de Pi-Ramsés, las calles estaban llenas de gente; nadie podía decir cómo había corrido la noticia, pero todos sabían que la hija del emperador del Hatti iba a entrar muy pronto en la capital de Ramsés el Grande. Los ricos se mezclaban con los pobres, los notables se codeaban con los peones, la alegría ensanchaba los corazones.

–Es extraordinario –comentó Uri-Techup, situado en primera fila entre los espectadores–. Este faraón ha conseguido lo imposible.

–Ha dominado al dios Set y nos ha devuelto la lluvia –comentó la dama Tanit, deslumbrada también–. Sus poderes son infinitos.

–Ramsés es el agua y el aire para su pueblo –añadió un tallador de piedra–; su amor es parecido al pan que comemos y a las telas que nos visten. Es el padre y la madre de todo el país.

–Su mirada sondea los espíritus y hurga en las almas –añadió una sacerdotisa de la diosa Hator.

Uri-Techup estaba vencido. ¿Cómo luchar contra un faraón poseído por un poder sobrenatural? Ramsés dominaba los elementos, modificaba el tiempo en la propia Asia, reinaba sobre una cohorte de genios capaces de vencer a cualquier ejército. Y, como el hitita presentía, nada había podido oponerse al buen desarrollo del viaje de la hija del emperador. Cualquier ataque contra el convoy habría sido condenado al fracaso.

El antiguo general en jefe de los guerreros de Anatolia se sobrepuso. No iba a sucumbir, también él, a la magia de Ramsés. Su único objetivo era terminar con aquel hombre que había arruinado su carrera y reducido el orgulloso Hatti al estado de vasallo. Fueran cuales fuesen sus poderes, aquel faraón no dejaba de ser un humano, con sus debilidades y sus insuficiencias. Embriagado por sus victorias y su popularidad, Ramsés acabaría perdiendo la lucidez; el tiempo corría en su contra.

¡E iba a desposarse con una princesa hitita! Por sus venas corría la sangre de una nación indomable y ávida de revancha. Creyendo sellar la paz con esta unión, Ramsés cometía tal vez una grave equivocación.

–¡Aquí está! –gritó la dama Tanit, y su aclamación fue repetida por miles de entusiasmados pechos.

La princesa acababa de maquillarse en el interior de su carro. Se pintó los párpados con pigmento verde a base de silicato de cobre hidratado y trazó un óvalo negro alrededor de sus ojos, aplicando con un bastoncillo un maquillaje compuesto por sulfuro de plomo, plata y carbón vegetal. Contempló su obra en un espejo y quedó satisfecha. Su mano no había temblado.

Ayudada por Merenptah, la joven hitita bajó del carro. Su belleza dejó pasmada a la muchedumbre. Vestida con una larga túnica verde que ponía de relieve su tez de nácar, la princesa tenía el porte de una reina.

De pronto, todas las cabezas se volvieron hacia la avenida principal de la ciudad, por donde ascendía el característico ruido formado por el galope de los caballos y el chirrido de las ruedas de un carro.

Ramsés el Grande salía al encuentro de su futura esposa.

Los dos caballos, jóvenes y fogosos, eran descendientes de la pareja que, junto con el león *Matador,* habían sido los únicos aliados del faraón en Kadesh, cuando sus soldados le habían abandonado frente a la marea hitita. Los dos soberbios corceles iban engalanados con un penacho de plumas rojas con el extremo azul; en el lomo, una manta de algodón, rojo, azul y verde. Las riendas estaban atadas a la cintura del monarca, que llevaba en la mano diestra el cetro de iluminación.

Chapado de oro, el carro avanzaba rápidamente, sin sobresaltos. Ramsés dirigía los caballos con la voz, sin que le fuera necesario alzar el tono. Tocado con la corona azul, que recordaba el origen celestial de la monarquía faraónica, el soberano parecía ir vestido de oro de la cabeza a los pies.

Sí, el sol seguía su curso iluminando con sus rayos a sus súbditos. Cuando el carro se detuvo, a pocos metros de la princesa hitita, las nubes grises se desgarraron y el sol reinó como dueño absoluto de un cielo de nuevo azul. ¿No era Ramsés, el Hijo de la Luz, autor de ese nuevo milagro?

La muchacha mantuvo los ojos bajos. El rey advirtió que había optado por la sencillez. Un discreto collar de plata, pequeños brazaletes del mismo metal, un simple vestido... La ausencia de artificios ponía de manifiesto su soberbio cuerpo.

Kha se aproximó a Ramsés y le entregó un jarro de loza azul.

Ramsés ungió la frente de la princesa con óleo fino.

–He aquí la unción de esponsales –declaró el faraón–. Este gesto te convierte en la gran esposa real del señor de las Dos Tierras. Que las fuerzas malignas se aparten de ti. Naces, en este día, a tu función, de acuerdo con la regla de Maat, y tomas el nombre de «La que ve a Horus y la perfección de la luz divina»[1]. Mírame, Mat-Hor, esposa mía.

Ramsés tendió los brazos hacia la joven que, muy lentamente, puso sus manos en las del faraón. Ella, que nunca había conocido el miedo, estaba aterrorizada. Tras haber esperado tanto ese momento, en el que iba a desplegar todos sus encantos para seducirle, ahora temía desvanecerse como una niñita asustada. Se desprendía de Ramsés tal magnetismo que tuvo la impresión de tocar la carne de un dios y zambullirse en otro mundo, en el que no tenía punto de orientación alguno. Seducirle... La muchacha mesuraba ahora la vanidad de sus designios, pero era demasiado tarde para retroceder, aunque hubiese deseado huir y regresar al Hatti, lejos, muy lejos de Ramsés.

1. En egipcio: Mat-Hor-neferu-Ra, que nosotros abreviamos como Mat-Hor.

Con las manos prisioneras de las del rey, se atrevió a levantar los ojos y a mirarle.

A los cincuenta y seis años, Ramsés era un hombre magnífico de inigualable prestancia. Con la frente amplia, despejada, la arcadas superciliares sobresalientes, abundantes cejas, penetrantes los ojos, pómulos prominentes, la nariz larga, delgada y aguileña, las orejas redondas y finamente dibujadas, ancho el busto, era la unión soñada de la fuerza y el refinamiento.

Mat-Hor, la hitita convertida en egipcia, se enamoró de él inmediatamente con la violencia de las mujeres de su sangre.

Ramsés la invitó a subir a su carro.

–En el trigésimo cuarto año de mi reinado, la paz con el Hatti queda firmada para siempre –declaró el faraón con una voz sonora que llegó hasta el cielo–. Se depositarán estelas consagradas a este matrimonio en Karnak, Pi-Ramsés, Elefantina, Abu Simbel y en todos los santuarios de Nubia. Se celebrarán festejos en todas las ciudades y todas las aldeas, y se beberá el vino ofrecido por palacio. A partir de hoy, las fronteras entre Egipto y el Hatti quedan abiertas; que circulen libremente las personas y los bienes por el interior de un vasto espacio del que estarán ausentes la guerra y el odio.

Un formidable clamor acogió las palabras de Ramsés.

Presa, a su pesar, de la emoción, Uri-Techup unió su voz al regocijo.

34

Saliendo de la extremidad superior del mástil doble y llegando hasta la bóveda, la vela de lino rectangular era hinchada por el viento norte, y la embarcación real, rápidamente, remontaba la corriente en dirección a Tebas. En la proa, el capitán sondeaba de nuevo el Nilo por medio de una larga pértiga; conocía tan bien la corriente y el emplazamiento de los bancos de arena que ninguna maniobra en falso comprometería el viaje de Ramsés y de Mat-Hor. El propio faraón había izado la vela, mientras su joven esposa descansaba en una cabina adornada de flores y el cocinero desplumaba un pato que prepararía para la cena. Tres timoneles mantenían el gobernalle, provisto de dos ojos mágicos que indicaban la dirección correcta, un marinero tomaba agua del río agarrándose con una mano a la batayola, un grumete ágil como un mono trepaba hasta lo alto del mástil para ver a lo lejos y avisar al capitán de la eventual presencia de hipopótamos.

La tripulación había bebido, deleitándose, un caldo excepcional del gran viñedo de Pi-Ramsés, que databa del año 22 del reinado, año memorable durante el que se había firmado el tratado de paz con el Hatti. De incomparable calidad, el vino había sido conservado en jarras de terracota rosada, de forma cónica y gollete recto cerrado por un tapón de arcilla y paja. En los flancos, flores de loto y una representación de Bes, el señor de la iniciación a los grandes misterios, personaje achaparrado de gran torso y piernas cortas, que sacaba la lengua roja para expresar la omnipotencia del Verbo.

Tras haber saboreado el aire vivificador que corría por el río, Ramsés entró en la cabina principal, Mat-Hor ya estaba despierta. Perfumada con jazmín, con los pechos desnudos y vestida tan sólo con una falda muy corta, era la seducción en persona.

–El faraón es el señor del fulgor –dijo con voz suave–, la estrella fugaz seguida por surcos de fuego, el toro indomable de acerados cuernos, el cocodrilo en las aguas al que nadie puede acercarse, el alcohol que se apodera de su presa, el divino grifo al que nadie puede vencer, la tempestad que estalla, la llama que atraviesa las espesas tinieblas.

–Conoces bien nuestros textos tradicionales, Mat-Hor.

–La literatura egipcia es una de las disciplinas que he estudiado. Todo lo que se ha escrito sobre el faraón me apasiona, ¿no es acaso el hombre más poderoso del mundo?

–Entonces también debes saber que el faraón detesta el halago.

–Soy sincera; éste es el instante más feliz de mi vida. He soñado con vos, Ramsés, mientras mi padre os combatía. Estaba convencida de que sólo el sol de Egipto me haría tan dichosa. Hoy sé que tenía razón.

La muchacha se acurrucó contra la pierna derecha de Ramsés y la abrazó con ternura.

–¿Se me prohíbe amar al señor de las Dos Tierras?

El amor de una mujer... Hacía mucho tiempo que Ramsés ni siquiera pensaba en ello. Nefertari había sido el amor; Iset la bella la pasión, y aquellas dos felicidades pertenecían ya al pasado. La joven hitita despertaba en él el deseo que creía extinguido. Sabiamente perfumada, ofrecida sin mostrarse lánguida, sabía hacerse atractiva sin perder su nobleza; a Ramsés le conmovió su salvaje belleza y el encanto de sus almendrados ojos negros.

–Eres muy joven Mat-Hor.

–Soy una mujer, majestad, y también vuestra esposa; ¿no tengo el deber de conquistaros?

–Ven a proa y descubre la tierra de Egipto; ella es mi esposa.

El rey cubrió con un manto blanco los hombros de Mat-Hor y la llevó a la proa del barco. Le indicó el nombre de las provincias, las ciudades y las aldeas, describió sus riquezas, detalló el sistema de irrigación, evocó las costumbres y las fiestas.

Y llegaron a Tebas.

En la orilla de Oriente, los ojos maravillados de Mat-Hor contemplaron el inmenso templo de Karnak y el santuario del *ka* de los dioses, el luminoso Luxor. En la orilla de Occidente, dominada por la Cima donde residía la diosa del silencio, la hitita enmudeció de admiración ante el Ramesseum, el templo de millones de años de Ramsés, y el gigantesco coloso que encarnaba en la piedra el *ka* del rey, asimilado a una potencia divina.

Mat-Hor comprobó que uno de los nombres del faraón, «el que se parece a la abeja», estaba plenamente justificado, pues Egipto era una colmena donde la ociosidad estaba de más. Todos tenían una función que cumplir, respetando una jerarquía de deberes. En el propio templo, la actividad era incesante: cerca del santuario se atareaban los cuerpos de oficios, mientras que, en el interior, los iniciados celebraban los ritos. Durante la noche, los observadores del cielo hacían sus cálculos astronómicos.

Ramsés no concedió tiempo alguno de adaptación a la nueva gran esposa real. Alojada en el palacio del Ramesseum, tuvo que someterse a las exigencias de su cargo y aprender su oficio de reina. Enseguida comprendió que obedecer era indispensable para conquistar a Ramsés.

El carro real se detuvo ante la entrada de la aldea de Deir-el-Medineh, custodiada por la policía y el ejército. Le seguía un convoy que aportaba a los artesanos, encargados de excavar y decorar las tumbas de los Valles de los Reyes y las Reinas, los alimentos habituales: hogazas de pan, sacos de habichuelas, verduras frescas, pescado de primera calidad, bloques de carne seca y adobada. La Administración proporcionaba también sandalias, tejidos y ungüentos.

Mat-Hor se apoyó en el brazo de Ramsés para bajar del carro.

–¿Qué venimos a hacer aquí?

–Algo esencial para ti.

Bajo las aclamaciones de los artesanos y sus familias, la pareja real se dirigió hacia la casa blanca de dos pisos del jefe de la comunidad, un cincuentón cuyo genio de escultor despertaba la admiración de todo el mundo.

–¿Cómo agradecer a vuestra majestad su generosidad? –preguntó inclinándose.

–Conozco el valor de tu mano, sé que tú y tus hermanos ignoráis la fatiga. Soy vuestro protector y enriqueceré a vuestra comunidad para que sus obras sean inmortales.

–Ordenad, majestad, y actuaremos.

–Ven conmigo, te mostraré el emplazamiento de las dos obras que deben iniciarse inmediatamente.

Cuando el carro real tomó la ruta que llevaba al Valle de los Reyes, Mat-Hor fue presa de la angustia. La visión de los acantilados abrumados por el sol, de los que toda vida parecía ausente, le puso el corazón en un puño. Arrancada del lujo y las comodidades de palacio, sufría el choque de la piedra y el desierto.

En el umbral del Valle de los Reyes, custodiado día y noche, unos sesenta dignatarios, de diversas edades, aguardaban a Ramsés. Con la cabeza afeitada, el pecho cubierto por un ancho collar, vestidos con un paño lago y plisado, sujetaban un báculo cuyo mango de sicomoro era coronado por una pluma de avestruz.

–Son mis «hijos reales» –explicó Ramsés.

Los dignatarios levantaron sus báculos, formaron un arco de honor y, luego, siguieron en procesión al monarca.

Ramsés se inmovilizó cerca de la entrada de su propia tumba.

–Aquí excavarás una inmensa tumba[1] con salas de columnas y tantas cámaras funerarias como «hijos reales» haya. En compañía de Osiris, les protegeré para siempre –le ordenó al jefe de la comunidad de Deir-el-Medineh.

Ramsés entregó al maestro de obras el plano que él mismo había trazado sobre papiro.

–He aquí la morada de eternidad de la gran esposa real Mat-Hor; excavarás la tumba en el Valle de las Reinas, a cierta distancia de la de Iset la bella y lejos de la de Nefertari.

La joven hitita palideció.

–Mi tumba, pero...

–Ésa es nuestra tradición –precisó Ramsés–. En cuanto un ser recibe la carga de pesadas obligaciones, debe pensar en el más allá. La muerte es nuestra mejor consejera, pues sitúa nuestras acciones en su justo lugar y permite distinguir lo esencial de lo secundario.

–¡Pero yo no quiero sumirme en tristes pensamientos!

–Ya no eres una mujer como las demás, Mat-Hor, no eres ya una princesa hitita a la que sólo preocupa su placer, eres la reina de Egipto. Por lo tanto, sólo cuenta tu deber; para comprenderlo, debes encontrarte con tu propia muerte.

–¡Me niego!

1. Esta tumba del Valle de los Reyes, que lleva el número 5, fue descubierta en 1820 por James Burton. Un equipo americano ha reanudado recientemente las excavaciones, sorprendido ante la magnitud del monumento. Se trata de la mayor tumba egipcia conocida.

La mirada de Ramsés hizo que Mat-Hor lamentara, de inmediato, haber pronunciado estas palabras. La hitita cayó de rodillas.

–Perdonadme, majestad.

–Levántate, Mat-Hor; no eres mi sierva sino la de Maat, la Regla del universo que creó Egipto y le sobrevivirá. Ahora, vayamos hacia tu destino.

Orgullosa a pesar de su miedo, consiguiendo dominar su angustia, la joven hitita descubrió el Valle de las Reinas que, a pesar de su carácter desértico, le pareció menos austero que el de los Reyes. Como el paraje no estaba rodeado por altos acantilados, sino abierto al mundo de los vivos, al que sentía cercano, Mat-Hor se concentró en la pureza del cielo y recordó la belleza de los paisajes del verdadero valle, el del Nilo, donde pensaba vivir innumerables horas de alegría y de placer.

Ramsés pensaba en Nefertari, que descansaba allí, en la sala de oro de una magnífica morada de eternidad donde resucitaba a cada instante en forma de fénix, de rayo de luz o de soplo de viento, elevándose hasta las extremidades del mundo. Nefertari, que bogaba en una barca, por el fluido celestial, en el corazón de la luz.

Mat-Hor permaneció silenciosa, sin atreverse a interrumpir la meditación del rey. Pese a la gravedad del lugar y del momento, se sintió profundamente turbada por su prestancia y su poder. Fueran cuales fuesen las pruebas que debiera superar, la hitita lograría su objetivo: seducir a Ramsés.

35

La paciencia de Serramanna se había agotado. Puesto que la astucia y la suavidad no daban ningún resultado, el gigante sardo había decidido utilizar un método más directo. Tras haber degustado una costilla de buey y unos garbanzos, se dirigía a caballo al taller de Techonq.

Esta vez, el libio diría todo lo que supiera y, especialmente, el nombre del asesino de Acha.

Cuando descabalgó, a Serramanna le sorprendieron los grupos que se habían formado ante el taller del curtidor. Mujeres, niños, ancianos y obreros charlaban por los codos.

–Apartaos y dejadme pasar –ordenó el sardo.

El gigante no tuvo que repetir sus órdenes; se hizo el silencio.

En el interior del local el olor seguía siendo espantoso; Serramanna, que se había acostumbrado a perfumarse a la egipcia, vaciló antes de entrar. Pero la visión del equipo de curtidores, reunidos junto a las pieles de antílope saladas, le incitó a aventurarse por aquel lugar nauseabundo. Apartó las ristras de vainas de acacia, ricas en ácido tánico, rodeó una cubeta de tierra ocre y posó sus enormes manos en los hombros de dos aprendices.

–¿Qué ocurre?

Los aprendices se apartaron. Serramanna descubrió el cadáver de Techonq, con la cabeza hundida en un estanque lleno de orina y excrementos.

–Un accidente, un terrible accidente –explicó el jefe del taller, un robusto libio.

–¿Cómo ha ocurrido?

–Nadie sabe nada... El patrón tenía que venir a trabajar muy pronto y, cuando hemos llegado, lo hemos encontrado así.

–¿Ningún testigo?

–Ninguno.

–Me sorprende... Techonq era un técnico demasiado experimentado como para morir de una manera tan tonta. No, esto es un crimen y uno de vosotros sabe algo.

–Os equivocáis –protestó con cautela el jefe de taller.

–Lo comprobaré yo mismo –prometió Serramanna–; os espera un largo interrogatorio.

El más joven de los aprendices se escurrió como una anguila y salió del taller poniendo pies en polvorosa. La buena vida no había embotado los reflejos del sardo, que se lanzó tras él inmediatamente.

Las callejas del barrio obrero no tenían secretos para el joven, pero la potencia física del jefe de la guardia personal de Ramsés le permitía no perder el contacto. Cuando el aprendiz intentaba escalar un muro, el pesado puño de Serramanna se cerró sobre su taparrabos.

Lanzado por los aires, el fugitivo aulló y cayó pesadamente al suelo.

–Mis riñones... ¡Tengo rotos los riñones!

–Ya los cuidarás cuando me hayas dicho la verdad. Y no tardes, granuja; de lo contrario te romperé también las muñecas.

Aterrorizado, el aprendiz habló entrecortadamente.

–El que ha matado al patrón ha sido un libio... Un hombre de ojos negros, rostro cuadrado y cabellos ondulados... Ha tratado a Techonq de traidor... El patrón ha protestado, ha jurado que no os había dicho nada... pero el otro no le ha creído... Le ha estrangulado y le ha metido la cabeza en el estanque de estiércol... Luego, se ha vuelto hacia nosotros y nos ha amenazado: «Tan cierto como que me llamo Malfi y soy el señor de Libia, os mataré si habláis con la policía...». Y ahora que os lo he dicho todo, ¡soy hombre muerto!

–No hables por hablar, muchacho; no volverás a poner los pies en tu taller y trabajarás en los dominios del intendente de palacio.

–¿No... no me enviaréis a presidio?

–Me gustan los muchachos valerosos. ¡Vamos, en pie!

Cojeando como pudo, el aprendiz consiguió seguir al gigante, que parecía muy enojado. Al revés de lo que había esperado, no había sido Uri-Techup el que había suprimido a Techonq.

Uri-Techup, el hitita felón socio de Malfi, un libio asesino, enemigo hereditario de Egipto... Sí, eso estaba tramándose en las sombras. Sería preciso convencer a Ramsés.

Setaú lavaba los boles de cobre, las calabazas y los filtros de distintos tamaños mientras Loto limpiaba los anaqueles del laboratorio. Luego, el especialista en venenos de serpiente se quitó la piel de antílope, la zambulló en el agua y la retorció para extraer la soluciones medicinales de las que estaba saturada. Le correspondía a Loto transformar de nuevo la túnica en una verdadera farmacia ambulante gracias a los tesoros que ofrecían la cobra negra, la víbora sopladora, la víbora cornuda y sus semejantes. La hermona nubia se inclinó sobre el líquido pardo y viscoso; diluido, sería un remedio eficaz para los trastornos de la circulación sanguínea y las debilidades del corazón.

Cuando Ramsés entró en el laboratorio, Loto se inclinó pero Setaú siguió con su tarea.

–Estás de mal humor –advirtió el rey.

–Exacto.

–Desapruebas mi boda con esa princesa hitita.

–Exacto otra vez.

–¿Por qué razón?

–Te traerá la desgracia.

–¿No exageras, Setaú?

–Loto y yo conocemos muy bien las serpientes; para descubrir la vida en el corazón de su veneno es preciso ser un especialista. Y esta víbora hitita es capaz de atacar de un modo que ni siquiera el mejor especialista sabría prever.

–¿No estoy, gracias a ti, inmunizado contra los reptiles?

Setaú refunfuñó. De hecho, desde su adolescencia y durante numerosos años, había hecho absorber a Ramsés una poción que contenía ínfimas dosis de veneno para permitirle sobrevivir a cualquier tipo de mordedura.

–Confías demasiado en tu poder, majestad... Loto cree que eres casi inmortal, pero yo estoy convencido de que esta hitita intentará perjudicarte.

–Se murmura que está muy enamorada –susurró la nubia.

–¡Y qué! –exclamó el encantador de serpientes–; cuando el amor se transforma en odio, es un arma terrorífica. Es evidente que esta mujer intentará vengar a los suyos. ¿No dispone, acaso, de un inesperado campo de batalla, el palacio real? Naturalmente, Ramsés no va a escucharme.

El faraón se volvió hacia Loto.

–¿Qué opináis?

–Mat-Hor es bella, inteligente, astuta y ambiciosa... pero es hitita.

–No lo olvidaré –prometió Ramsés.

El rey leyó con atención el informe que le había entregado Ameni. Con la tez pálida y los cabellos cada vez más escasos, el secretario particular del monarca había anotado con precisión las inflamadas declaraciones de Serramanna.

–Uri-Techup, el asesino de Acha, y Malfi, el libio, su cómplice... Pero no tenemos prueba alguna.

–Ningún tribunal les condenaría –reconoció Ameni.

–¿Has oído tú hablar de ese tal Malfi?

–He consultado los archivos del Ministerio de Asuntos Exteriores, las notas de Acha, y he interrogado a los especialistas en Libia. Malfi es el jefe de una tribu guerrera, particularmente vindicativa para con nosotros.

–¿Simple pandilla de locos o peligro real?

Ameni se tomó un tiempo de reflexión.

–Me gustaría darte una respuesta tranquilizadora, pero el rumor afirma que Malfi ha conseguido federar varios clanes que, hasta hoy, se desgarraban mutuamente.

–¿Rumor o certeza?

–La policía del desierto no ha conseguido descubrir el emplazamiento de su campamento.

–Y, sin embargo, Malfi ha entrado en Egipto, ha asesinado a uno de sus compatriotas en su propio taller y ha vuelto a salir impunemente.

Ameni temía sufrir la violenta, aunque rara, cólera de Ramsés.

–Ignorábamos su capacidad para hacer daño –precisó el escriba.

–Si ya no sabemos descubrir el mal ¿cómo gobernaremos el país?

Ramsés se levantó y caminó hacia la gran ventana de su despacho, desde la que contemplaba el sol de frente sin abrasarse los ojos. El sol, su astro protector, le proporcionaba cada día energías para asumir su tarea, fueran cuales fuesen sus dificultades.

–No hay que desdeñar a Malfi –declaró el rey.

–¡Los libios son incapaces de atacarnos!

–Un puñado de demonios puede sembrar la desgracia, Ameni; este libio vive en el desierto, capta allí las fuerzas destructoras y sueña con utilizarlas contra nosotros. No se tratará de una guerra como la que libramos contra los hititas, sino de otra clase de enfrentamiento, más solapado pero no menos violento. Siento el odio de Malfi. Aumenta, se acerca.

Antaño era Nefertari quien ejercía sus dones de vidente para orientar la acción del rey; desde que ella brillaba en el cielo, entre las estrellas, Ramsés tenía la sensación de que su espíritu vivía en él y seguía guiándole.

–Serramanna llevará a cabo una minuciosa investigación –indicó Ameni.

–¿Tienes otras preocupaciones, amigo mío?

–Apenas un centenar de problemas, como cada día, y todos urgentes.

–Supongo que sería inútil pedirte que reposaras un poco.

–El día que no haya ningún problema que resolver, descansaré.

36

Con cenizas y natrón, mezcla de carbonato y bicarbonato de sodio, la más hábil de las masajistas de palacio frotó la piel de Mat-Hor para librarla de sus impurezas. Luego enjabonó a la joven hitita con un jabón a base de corteza y carne de balanites, árbol rico en saponina, y le rogó que se tendiera en las losas calientes para darle unas fricciones. La pomada odorífera aliviaba los dolores, suprimía las tensiones y perfumaba el cuerpo.

Mat-Hor estaba en el paraíso. En la corte de su padre, el emperador del Hatti, nunca se habían ocupado de ella con tanto cuidado y destreza. Maquilladoras, manicuras y pedicuras practicaban su arte a la perfección, y la nueva reina de Egipto se sentía más hermosa día tras día. ¿No era ésa una condición indispensable para conquistar el corazón de Ramsés? Resplandeciente juventud y felicidad, Mat-Hor se considerable irresistible.

–Ahora la pomada antiarrugas –decidió la masajista.

La hitita se rebeló.

–¿A mi edad? ¡Estás loca!

–A vuestra edad hay que empezar a luchar contra el envejecimiento, y no cuando ya es demasiado tarde.

–Pero...

–Confiad en mí, majestad; para mí, la belleza de una reina de Egipto es un asunto de Estado.

Vencida, Mat-Hor abandonó su rostro en manos de la

masajista, que le aplicó una costosa pomada compuesta por miel, natrón rojo, polvo de alabastro, semillas de fenugreco y leche de burra.

A la primera sensación de frescor le sucedió un suave calor, que alejaba la fealdad y la vejez.

Mat-Hor iba de banquete en recepción, era recibida en casa de los nobles y los ricos, visitaba los harenes donde enseñaban a tejer y donde también se aprendía música y poesía, y se iniciaba día tras día, voluptuosamente, en el arte de vivir a la egipcia.

¡Todo era más hermoso aún que en sus sueños! Ya no pensaba en Hattusa, la gris y triste capital de su infancia, consagrada a la afirmación del poderío militar. Aquí, en Pi-Ramsés, no había altas murallas, sino jardines, estanques y moradas adornadas con tejas barnizadas que convertían la capital de Ramsés en la ciudad de turquesa, donde la alegría de vivir se mezclaba con el canto de los pájaros.

La princesa hitita había soñado con Egipto, ¡y Egipto le pertenecía! Era la reina respetada por todos.

¿Pero reinaba realmente? Sabía que Nefertari había actuado cotidianamente junto a Ramsés, tomado realmente parte en la dirección de los asuntos del Estado y había sido, incluso, la principal artífice del tratado de paz firmado con los hititas.

Ella, Mat-Hor, se aturdía con el lujo y los placeres, ¡pero veía tan poco a Ramsés! Ciertamente, él le hacía el amor con deseo y ternura, pero permanecía alejado y ella no ejercía sobre el rey poder alguno ni se enteraba del menor secreto del gobierno.

Aquel fracaso era sólo provisional. Mat-Hor seduciría a Ramsés, le dominaría. La inteligencia, la belleza y la astucia serían sus tres armas. La batalla sería larga y difícil, pues el adversario era de peso; sin embargo, la joven hitita no dudaba de su éxito. Siempre había obtenido lo que deseaba con ardor. Y hoy quería convertirse en una reina tan prestigiosa que borrara hasta el menor recuerdo de Nefertari.

–Majestad –murmuró la camarera–, creo... creo que el faraón se halla en el jardín.

–Ve a ver y, si es él, vuelve inmediatamente.

¿Por qué no le había avisado Ramsés de su presencia? A aquellas horas, al finalizar la mañana, el monarca no solía concederse un descanso. ¿Qué insólito acontecimiento justificaba esa actitud? La camarera regresó asustada.

–Es el faraón, majestad.

–¿Y... está solo?

–Sí, solo.

–Dame mi túnica más sencilla y ligera.

–¿No queréis la de lino fino, con bordados rojos y...?

–Apresúrate.

–¿Qué joyas deseáis?

–Nada de joyas.

–¿Y... la peluca?

–Sin peluca. ¿Pero vas a apresurarte?

Ramsés estaba sentado con las piernas cruzadas al pie de un sicomoro de amplia copa y brillantes frondas, cargado de frutos verdes y rojos. El rey vestía el paño tradicional que llevaban los faraones del Imperio Antiguo, en la época en que se construyeron las pirámides. En sus muñecas lucía dos brazaletes de oro.

La hitita le observó.

Sin duda alguna, hablaba con alguien.

Descalza, se aproximó sin hacer el menor ruido. Una ligera brisa hacía susurrar las hojas del sicomoro, cuyo canto tenía la untuosidad de la miel. Estupefacta, la joven descubrió al interlocutor del monarca: su perro, *Vigilante*, tendido de espaldas.

–Majestad...

–Ven, Mat-Hor.

–¿Sabíais que estaba aquí?

–Tu perfume te traiciona.

Se sentó junto a Ramsés. *Vigilante* se dio la vuelta y tomó la postura de la esfinge.

–¿Hablabais... hablabais con este animal?

–Todos los animales hablan. Cuando nos son próximos, como lo eran mi león y lo es este perro, heredero de una dinastía de *Vigilantes,* pueden decirnos muchas cosas si sabemos escucharles.

–Pero... ¿qué os cuenta?

–Me transmite la fidelidad, la confianza y la rectitud, y me describe los hermosos caminos del más allá por los que va a guiarme.

Mat-Hor hizo una mueca.

–La muerte... ¿por qué hablar de ese horror?

–Sólo los humanos cometen horrores; la muerte es una simple ley física, y el más allá de la muerte puede convertirse en plenitud si nuestra existencia ha sido justa y conforme a la regla de Maat.

Mat-Hor se aproximó a Ramsés y le contempló con sus soberbios ojos negros almendrados.

–¿No temes ensuciarte el vestido?

–Todavía no me he vestido, majestad.

–Una austera túnica, sin joyas ni peluca... ¿Por qué tanta sencillez?

–¿Me lo reprocha vuestra majestad?

–Tienes que mantener tu rango, Mat-Hor, y no puedes comportarte como una mujer cualquiera.

La hitita se rebeló.

–¿Lo he hecho alguna vez? Soy la hija de un emperador y, ahora, la esposa del faraón de Egipto. Mi existencia ha estado siempre sometida a las exigencias de la etiqueta y el poder.

–La etiqueta, es cierto; pero ¿por qué hablar del poder? No ejercías responsabilidad alguna en la corte de tu padre.

Mat-Hor sintió que había caído en la trampa.

–Era demasiado joven... Y el Hatti es un Estado militar

donde las mujeres son consideradas seres inferiores. ¡Aquí todo es distinto! ¿No tiene la reina de Egipto el deber de servir a su país?

La joven deplegó sus cabellos en las rodillas de Ramsés.

–¿Realmente te sientes egipcia, Mat-Hor?

–¡No quiero oír hablar del Hatti!

–¿Reniegas de tu padre y de tu madre?

–No, claro que no... ¡Pero están tan lejos!

–Vives una difícil prueba.

–¿Una prueba? De ningún modo, es lo que siempre he deseado. No quiero hablar más del pasado.

–¿Cómo preparar el mañana si no se han descubierto los secretos del ayer? Eres joven, Mat-Hor y te agitas buscando tu equilibrio. No será fácil de descubrir.

–Mi porvenir está trazado: ¡soy la reina de Egipto!

–Reinar es una función que se edifica día tras día y nunca se domina.

La hitita se sintió despechada.

–No... no comprendo.

–Eres el emblema vivo de la paz entre el Hatti y Egipto –declaró Ramsés–; muchos muertos han jalonado la ruta que llevaba al final de un largo conflicto. Gracias a ti, Mat-Hor, la alegría ha reemplazado el sufrimiento.

–¿Sólo soy... un símbolo?

–Necesitarás muchos años para penetrar en los secretos de Egipto; aprende a servir a Maat, la diosa de la Verdad y de la Justicia, y tu existencia será luminosa.

La hitita se levantó e hizo frente al señor de las Dos Tierras.

–Deseo reinar a vuestro lado, Ramsés.

–No eres más que una niña, Mat-Hor; renuncia primero a tus caprichos, mantén tu rango y deja que el tiempo realice su obra. Ahora, déjame solo; *Vigilante* tiene que hacerme muchas confidencias.

Vejada, la hitita volvió corriendo a sus aposentos; Ramsés no la vería llorar de rabia.

37

Durante los meses que siguieron a esta entrevista con Ramsés, Mat-Hor se mostró deslumbradora. Luciendo suntuosos vestidos, iluminó con su belleza y su encanto las veladas tebanas, desempeñando a la perfección el papel de una reina consagrada a las mundanidades. Atenta a los consejos del rey, se familiarizó con las costumbres de la corte y profundizó en el conocimiento de la cultura del viejo Egipto, de la que quedó absolutamente fascinada.

Mat-Hor no se enfrentó a hostilidad alguna, pero no consiguió ganarse las simpatías de Ameni, de quien todos decían que era el más íntimo amigo del monarca; en cuanto a Setaú, otro de los confidentes de Ramsés, se había marchado de nuevo a Nubia en compañía de Loto, para cosechar el veneno de sus queridos reptiles y poner en práctica sus ideas referentes al desarrollo de la región.

La joven hitita lo tenía todo y no poseía nada. El poder se le escapaba de las manos, y la amargura comenzaba a invadir su corazón. Buscaba en vano un medio para conquistar a Ramsés y, por primera vez, dudaba de sí misma. Pero no le daría al rey la posibilidad de descubrirle; así pues, se aturdía con fiestas y regocijos de los que era la reina indiscutible.

Aquel anochecer de otoño, Mat-Hor se sintió cansada; despidió a sus siervas y se tendió en la cama, con los ojos abiertos, para soñar con Ramsés, aquel hombre omnipotente e inaprensible.

Una ráfaga de viento levantó el velo de lino colocado ante la ventana. Al menos eso fue lo que creyó la hitita por unos instantes, hasta que apareció un hombre de largos cabellos y torso imponente.

Mat-Hor se incorporó y cruzó los brazos sobre su pecho.

–¿Quién sois?

–Un compatriota.

La luz de la luna permitió a la reina discernir mejor los rasgos del inesperado visitante.

–¡Uri-Techup!

–¿Te acuerdas de mí, muchacha?

–¡Has osado penetrar en mi habitación!

–No ha sido fácil, y hace horas que estoy acechándote. Puesto que ese demonio de Serramanna no deja de hacer que me vigilen, he esperado mucho antes de acercarme a ti.

–Uri-Techup... ¡Mataste al emperador Muwattali e intentaste suprimir a mi padre y a mi madre!

–Todo eso queda muy lejos... Hoy somos dos hititas exiliados en Egipto.

–¿Olvidas quién soy?

–Una mujer hermosa condenada a embriagarse en un mundo artificial.

–¡Soy la esposa de Ramsés y la reina de este país!

Uri-Techup se sentó al pie de la cama.

–Abandona tu sueño, niña.

–¡Llamaré a la guardia!

–Muy bien, llámala.

Uri-Techup y Mat-Hor se desafiaron con la mirada. La muchacha se levantó y se sirvió una copa de agua fresca.

–¡No eres más que un monstruo y un animal! ¿Por qué voy a escuchar al general felón?

–Porque pertenecemos al mismo pueblo, que será siempre enemigo del maldito Egipto.

–Deja ya de divagar: se ha firmado el tratado de paz.

–Deja tú de hacerte ilusiones, Mat-Hor; para Ramsés,

sólo eres una extranjera que pronto será encerrada en un harén.

–¡Te equivocas!

–¿Te ha concedido la menor parcela de poder?

La muchacha permaneció muda.

–Para Ramsés, tú no existes. No eres más que una hitita y el rehén de una paz que el faraón acabará rompiendo para aplastar a un enemigo desprevenido. Ramsés es artero y cruel, le ha tendido una sutil trampa a Hattusil y él ha caído en ella a la primera. ¡Y tú fuiste sacrificada por tu propio padre! Apresúrate, Mat-Hor, vive los buenos tiempos pues la juventud pasa deprisa, mucho más deprisa de lo que imaginas.

La reina volvió la espalda a Uri-Techup.

–¿Has terminado?

–Piensa en lo que acabo de decirte y advertirás la veracidad de mis palabras; si deseas volver a verme, arréglatelas para hacérmelo saber sin alertar a Serramanna.

–¿Qué razón puedo tener para querer volver a verte?

–Amas a tu país tanto como yo. Y no aceptas la derrota ni la humillación.

Mat-Hor vaciló largo tiempo antes de volverse.

Una ligera brisa levantaba la cortina de lino, Uri-Techup había desaparecido. ¿Era sólo un demonio nocturno o acababa de recordarle la realidad?

Los seis hombres cantaban a pleno pulmón, agitando acompasadamente sus pies metidos en una amplia tina llena de uva. Entre todos pisoteaban con ardor los racimos maduros, que darían un excelente vino. Medio ebrios por los vapores que se exhalaban de la cuba, se sujetaban con manos más o menos vacilantes a las ramas de la parra. El más entusiasta era Serramanna, que imponía el ritmo a sus compañeros.

–Alguien pregunta por vos –dijo un viñatero.

–Seguid –ordenó Serramanna a sus hombres–, y no aflojéis.

El hombre era un guardia que pertenecía a la policía del desierto. Con el rostro cuadrado, de marcados rasgos, nunca se separaba de su arco, sus flechas y su corta espada.

–Vengo a informaros –le dijo a Serramanna–; nuestras patrullas recorren el desierto de Libia desde hace meses, buscando a Malfi y a sus sediciosos.

–¿Los habéis localizado por fin?

–Desgraciadamente no. El desierto es inmenso, sólo controlamos la zona próxima a Egipto. Aventurarse más lejos sería arriesgado. Los beduinos nos espían y avisan a Malfi cuando nos acercamos. Para nosotros se ha convertido en una sombra inaprensible.

Serramanna se sintió decepcionado y contrariado. La competencia de los policías del desierto era indiscutible; su fracaso demostraba hasta qué punto era Malfi un adversario temible.

–¿Es cierto que Malfi ha federado varias tribus?

–No estoy seguro de ello –respondió el oficial–. Tal vez se trate sólo de un rumor como tantos otros.

–¿Ha alardeado Malfi de poseer una daga de hierro?

–No he oído nada así.

–No bajes la guardia; al menor incidente, avisa a palacio.

–Como queráis... ¿Pero qué podemos temer de los libios?

–Estamos seguros de que Malfi intentará perjudicarnos de un modo u otro. Es sospechoso de asesinato.

Ameni no tiraba documento alguno. Con el transcurso de los años, su despacho de Pi-Ramsés se había llenado de archivos, en forma de papiro y tablillas de madera. Tres habitaciones contiguas albergaban los antiguos expedientes. Sus subordinados le habían recomendado varias veces que se librara de los textos sin importancia, pero Ameni quería tener a mano el máximo de informaciones, sin verse obligado a recurrir a las distintas administraciones, cuya lentitud le exasperaba.

El escriba trabajaba deprisa; a su modo de ver, cualquier problema cuya solución se demorase tendía a envenenarse. Y en la mayoría de las ocasiones era mejor contar sólo con uno mismo, sin pensar en las innumerables relaciones dispuestas a esfumarse en cuanto la dificultad parecía insuperable.

Saciado por un enorme plato de carne hervida, que no le engordaría más que las otras comidas, Ameni trabajaba a la luz de los candiles de aceite cuando Serramanna entró en su despacho.

–Leyendo todavía...

–Alguien tiene que ocuparse de los detalles en este país.

–Acabarás con tu salud, Ameni.

–Zozobró hace ya tiempo.

–¿Puedo sentarme?

–Siempre que no toques nada.

El gigante sardo permaneció de pie.

–Nada nuevo sobre Malfi –deploró–; se esconde en el desierto de Libia.

–¿Y Uri-Techup?

–Se da la gran vida con su rica fenicia. Si no le conociera como un cazador conoce su presa, juraría que se ha convertido en un respetable rico sin más ambiciones que la felicidad conyugal y la buena carne.

–¿Por qué no, a fin de cuentas? Otros extranjeros fueron seducidos por una existencia tranquila.

–Precisamente...

El tono del sardo intrigó a Ameni.

–¿Qué quieres decir?

–Eres un excelente escriba, pero el tiempo pasa y ya no eres un joven.

Ameni dejó su pincel y se cruzó de brazos.

–He conocido a una mujer encantadora y muy tímida –confesó el sardo–; es evidente que no me conviene. En cambio, tú sabrías apreciarla...

–¿Quieres... casarme?

–Yo necesito cambiar a menudo... Pero tú le serías fiel a una buena esposa.

Ameni montó en cólera.

–Mi existencia es este despacho y la gestión de los asuntos públicos. ¿Imaginas a una mujer aquí? Pondría orden a su modo y todo sería jaleo y caos.

–Pensé que...

–No pienses más y procura, más bien, identificar al asesino de Acha.

38

El templo de millones de años de Ramsés, en la orilla oeste de Tebas, se extendía por una superficie de cinco hectáreas. De acuerdo con los deseos del faraón, los pilonos parecían ascender hasta el cielo, los árboles daban sombra a estanques de agua pura, las puertas eran de bronce dorado, las losas de plata y estatuas vivientes, animadas por la presencia del *ka,* residían en sus patios. Alrededor del santuario, una biblioteca y almacenes; en el corazón del edificio, las capillas dedicadas a Seti, el padre de Ramsés, a Tuya, su madre, y a Nefertari, su gran esposa real.

El señor de las Dos Tierras acudía frecuentemente a aquel dominio mágico que pertenecía a las divinidades. Allí veneraba la memoria de sus seres más queridos, presentes para siempre en él; pero aquel viaje tenía un carácter excepcional.

Mcritamón, la hija de Ramsés y de Nefertari, debía llevar a cabo un rito que inmortalizaría al faraón reinante.

Cuando la vio, a Ramsés le impresionó de nuevo el parecido con su madre. Con su vestido ceñido, adornado con dos rosetas a la altura del pecho, Meritamón encarnaba a Sechat, la diosa de la Escritura. Su fino rostro, enmarcado por dos pendientes en forma de disco, era frágil y luminoso.

El rey la tomó en sus brazos:

–¿Cómo estás, querida hija?

–Gracias a ti puedo meditar en este templo y toco música para los dioses. Siento a cada instante la presencia de mi madre.

–Me has pedido que viniera desde Tebas. ¿Qué misterio deseas desvelarme, tú, la única reina de Egipto reconocida por los templos?

Meritamón se inclinó ante el soberano.

–Que su majestad me siga.

La diosa a la que encarnaba Meritamón condujo a Ramsés hasta una capilla donde le aguardaba un sacerdote con la máscara de ibis del dios Thot. Ante los ojos de Ramsés, Thot y Sechat inscribieron los cinco nombres del rey en las hojas de un gran árbol grabado, en relieve, en la piedra.

–De ese modo –dijo Meritamón–, tus anales quedan establecidos millones de veces, así durarán para siempre.

Ramsés sintió una extraña emoción. Era sólo un hombre a quien el destino había confiado una pesada carga, pero la pareja divina evocaba otra realidad, la del faraón, cuya alma pasaba de rey en rey, desde el origen de las dinastías.

Ambos celebrantes se retiraron, permitiendo que Ramsés contemplara el árbol de millones de años en el que acababa de inscribirse su eternidad.

Cuando Meritamón regresaba al dominio de las intérpretes de música del templo, una muchacha rubia, suntuosamente vestida, le cerró el paso.

–Soy Mat-Hor –declaró agresiva–; no nos conocemos, pero tengo que hablaros.

–Sois la esposa oficial de mi padre, no tenemos nada que decirnos.

–¡Vos sois la verdadera reina de Egipto!

–Mi papel es estrictamente teológico.

–Es decir, esencial.

–Interpretar los hechos como os plazca, Mat-Hor; para mí, nunca habrá más esposa real que Nefertari.

–Ella ha muerto y yo estoy viva. Y puesto que os negáis a reinar, ¿por qué impedís que lo haga yo?

Meritamón sonrió.

–Vuestra imaginación es en exceso fértil. Vivo recluida aquí y no me interesan los asuntos del mundo.

–Pero asistís a los ritos de Estado, ¡como reina de Egipto!

–Ésa es la voluntad del faraón. ¿La discutís acaso?

–Habladle, convencedle de que me dé el lugar que me corresponde; vuestra influencia será decisiva.

–¿Qué deseáis en realidad, Mat-Hor?

–Tengo derecho a reinar, mi boda me autoriza a hacerlo.

–Egipto no se conquista por la fuerza, sino por el amor. En esta tierra, si desdeñáis la regla de Maat, sufriréis penosas desilusiones.

–Vuestros discursos no me interesan, Meritamón; exijo vuestra ayuda. Yo no renuncio al mundo.

–Tenéis más valor que yo; buena suerte, Mat-Hor.

Ramsés meditó largo rato en la inmensa sala hipóstila del templo de Karnak que su padre, Seti, había iniciado y que él, en calidad de hijo y sucesor, había concluido. Filtrada por las ventanas consimétricas y pétreas celosías, la luz iluminaba sucesivamente las escenas esculpidas y pintadas en las que se veía al faraón haciendo ofrendas a las divinidades para que aceptaran residir en la tierra.

Amón, la gran alma de Egipto que daba el aliento a todos los seres vivos, permanecía misterioso, pero actuaba en todas partes; «viene en el viento –afirmaba un himno–, pero no se le ve. La noche se llena con su presencia. Todo lo que sucede arriba y abajo, él lo lleva a cabo». Intentar conocer a Amón, sabiendo que escaparía siempre a la inteligencia humana, era, como afirmaba el *Libro de salir a la luz*, apartar el mal y las tinieblas, penetrar en el porvenir y organizar el país para que fuera a imagen del cielo.

El hombre que avanzaba hacia Ramsés tenía el rostro cuadrado y desagradable, que la edad no había dulcificado. Antiguo supervisor de los establos del reino, había entrado al servicio de Amón de Karnak y había ascendido por los peldaños de la jerarquía hasta convertirse en el segundo profeta del dios. Con el cráneo afeitado, vestido con una túnica de lino inmaculado, Bakhen se detuvo a pocos pasos del monarca.

–Cuánto me alegra volver a veros, majestad.

–Gracias a ti, Karnak y Luxor son dignos de las divinidades que los habitan. ¿Cómo está Nebú?

–El sumo sacerdote no sale ya de su casita, junto al lago sagrado; pero a pesar de su avanzada edad, sigue dando órdenes.

Ramsés apreciaba la fidelidad de Bakhen; era uno de esos seres excepcionales, desprovistos de ambición y cuya principal preocupación era actuar con rectitud. La administración del mayor dominio sagrado de Egipto estaba en buenas manos.

Pero Bakhen parecía menos sereno que de costumbre.

–¿Te inquieta algún asunto grave? –preguntó Ramsés.

–Acabo de recibir quejas procedentes de los pequeños santuarios de la región tebana. Pronto carecerán de olíbano, incienso y mirra, indispensables para la práctica cotidiana de los ritos. De momento, las reservas de Karnak bastarán para ayudarles, pero mis propias existencias se agotarán en dos o tres meses.

–¿No deben recibir los templos provisiones antes de que comience el invierno?

–Ciertamente, majestad, ¿pero qué cantidad nos suministrarán? Las últimas cosechas han sido tan escasas que corremos el riesgo de carecer de tan esenciales sustancias. Si el ritual no se celebra de modo satisfactorio, ¿qué sucederá con la armonía del país?

En cuanto Ramsés regresó a la capital, Ameni se presentó en su despacho, con los brazos cargados de papiros administrativos. Debido a su frágil apariencia, todos se preguntaban de dónde sacaba el escriba la energía necesaria para llevar tan pesadas cargas.

–¡Majestad, hay que intervenir enseguida! La tasa sobre los barcos mercantes es excesiva y...

Ameni se calló. La gravedad del rostro de Ramsés le disuadió de importunarle con pequeños detalles.

–¿Cuál es el estado de nuestras reservas de olíbano, incienso y mirra?

–No puedo contestarle de momento, debo comprobarlo... Pero no es alarmante.

–¿Cómo puedes estar tan seguro?

–Porque organicé un sistema de control. Si las existencias hubieran disminuido de modo significativo, lo sabría.

–En la región tebana pronto reinará la escasez.

–Utilicemos las reservas de los almacenes de Pi-Ramsés y deseemos que las próximas cosechas sean abundantes.

–Delega las tareas secundarias y encárgate inmediatamente de este problema.

Ameni convocó en su despacho al director de las reservas de la Doble Casa blanca, al jefe del Tesoro y al superior de la Casa del Pino, encargado de comprobar las entregas de mercancías procedentes del extranjero. Los tres notables habían llegado a una floreciente cincuentena.

–Me he visto obligado a abandonar una reunión importante –se quejó el jefe del Tesoro–, y espero que no nos molestéis por una tontería.

–Los tres sois responsables de nuestras reservas de olíbano, incienso y mirra –recordó Ameni–. Puesto que nadie me ha avisado, supongo que la situación no es preocupante.

–Casi no me queda olíbano –reconoció el director de las

reservas de la Doble Casa blanca–; pero ciertamente no les ocurre eso a mis dos colegas.

–Yo tengo pequeñas existencias –precisó el jefe del Tesoro–, pero como el nivel de alerta no se había alcanzado por completo, no consideré oportuno enviar un informe a mis colegas.

–Mi declaración es idéntica –dijo el director de la Casa del Pino–. Si mis existencias hubieran seguido bajando durante los próximos meses, sin duda se habrían terminado.

Ameni estaba aterrorizado.

Los tres altos funcionarios habían sacrificado el espíritu a la letra y, como sucedía a menudo, sin comunicarse entre sí.

–Dadme el estado exacto de vuestras reservas.

Los cálculos de Ameni fueron rápidos: antes de la próxima primavera no quedaría ni un grano de incienso en Egipto, la mirra y el olíbano habrían desaparecido de los laboratorios y de los templos.

Y en todo el país nacería e iría creciendo un sentimiento de revuelta contra la imprevisión de Ramsés.

39

Siempre más hermosa que un amanecer de primavera, Neferet, la médico jefe, acabó de preparar una amalgama compuesta por resina de pistacho, miel, pedazos de cobre y un poco de mirra, destinada a cuidar una muela de su ilustre paciente.

–Ningún absceso –explicó a Ramsés–, pero las encías son frágiles y hay una tendencia cada vez más acusada a la artritis, vuestra majestad no debe olvidar los enjuagues bucales y las decocciones de corteza de sauce.

–He hecho plantar miles de sauces a lo largo del río y alrededor de los estanques; pronto dispondréis de gran cantidad de productos antiinflamatorios.

–Gracias, majestad; os prescribo también una pasta para masticar, a base de brionia, enebro, frutos del sicomoro e incienso. Y hablando del incienso y la mirra, cuya acción sobre el dolor es notable, deseo informaros de que estos productos pronto van a escasear.

–Lo sé, Neferet, lo sé...

–¿Cuándo serán aprovisionados los médicos y los cirujanos?

–Tan pronto como sea posible.

Percibiendo la turbación del monarca, Neferet no hizo las preguntas que le quemaban los labios. El problema debía de ser grave, pero confiaba en que Ramsés sacaría el país de aquel mal paso.

Ramsés había meditado mucho tiempo ante la estatua de su padre, cuyo rostro de piedra estaba animado por una vida intensa, gracias a la maestría del escultor. En el austero despacho de blancas paredes, la presencia de Seti unía el pensamiento del faraón reinante con el de su predecesor; cuando era preciso tomar decisiones que comprometían el porvenir del reino, Ramsés nunca dejaba de consultar el alma del monarca que le había inciado en su función, a costa de una educación rigurosa que pocos seres habrían tolerado.

Seti había tenido razón. Si Ramsés soportaba el peso de un largo reinado, se lo debía a aquella exigente formación. Con la madurez, el ardor que le animaba no había perdido intensidad, pero la pasión de la juventud se había metamorfoseado en un ardiente deseo de edificar su país y a su pueblo como habían hecho sus antepasados.

Cuando los ojos de Ramsés se posaron en el gran mapa del Próximo Oriente que consultaba a menudo, el faraón pensó en Moisés, su amigo de infancia. También en él ardía un fuego abrasador, su verdadero guía en el desierto, en busca de la Tierra Prometida.

Varias veces, a pesar de la opinión de sus consejeros militares, el faraón se había negado a actuar contra Moisés y los hebreos; ¿acaso no debían llevar a cabo su destino?

Ramsés hizo entrar a Ameni y Serramanna.

–He tomado varias decisiones. Una de ellas debería satisfacerte, Serramanna.

Escuchando al rey, el gigante sardo sintió una intensa alegría.

Tanit, la ardiente fenicia, no se cansaba del cuerpo de Uri-Techup. Aunque el hitita la trataba con brutalidad, ella se doblegaba a todas sus exigencias; gracias a él, descubría día tras día los placeres de la unión carnal y vivía una nueva juventud. Uri-Techup se había convertido en su dios.

El hitita la besó salvajemente, se levantó y se desperezó como una fiera, en el esplendor de su desnudez.

–¡Eres una yegua soberbia, Tanit! A veces casi me harías olvidar mi país.

Tanit abandonó a su vez el lecho y, agachada, besó las pantorrillas de su amante.

–¡Somos felices, tan felices! Pensemos sólo en nosotros y en nuestro placer...

–Mañana salimos hacia tu mansión del Fayyum.

–No me gusta, querido; prefiero Pi-Ramsés.

–En cuanto hayamos llegado, volveré a marcharme; sin embargo, tú harás saber que estamos juntos en aquel nido de amor.

Tanit se incorporó y pegó sus pesados pechos al torso de Uri-Techup, abrazándolo con ardor.

–¿Adónde vas y cuánto tiempo estarás ausente?

–No necesitas saberlo. A mi regreso, si Serramanna te interroga, sólo tendrás que decir unas palabras: no nos hemos separado ni un solo segundo.

–Confía en mí, querido, yo...

El hitita abofeteó a la fenicia, que lanzó un grito de dolor.

–Tú no eres más que una hembra, y como tal no debes meterte en los asuntos de los hombres. Obedece y todo irá bien.

Uri-Techup tenía pensado partir a reunirse con Malfi para interceptar el convoy de olíbano, mirra e incienso, y destruir los preciosos productos. Tras aquel desastre, la popularidad de Ramsés se vería muy afectada y la turbación se apoderaría del país, creando las condiciones propicias para un ataque sorpresa de los libios. En el Hatti, el partido hostil a la paz con Egipto expulsaría a Hattusil de su trono y llamaría a Uri-Techup, el único jefe guerrero capaz de vencer al ejército del faraón.

Una sierva aterrorizada apareció en el umbral de la alcoba.

–¡Señora, es la policía! Un gigante armado, con casco...

–Despídelo –ordenó Tanit.

–No –intervino Uri-Techup–; veamos qué quiere nuestro amigo Serramanna. Que espere, ya vamos.

–¡Me niego a hablar con ese patán!

–¡Ni lo sueñes, hermosa! ¿Olvidas que somos la pareja más enamorada del país? Ponte un vestido que deje los pechos desnudos y rocíate de perfume.

–¿Un poco de vino, Serramanna? –preguntó Uri-Techup estrechando en sus brazos a una lánguida Tanit.

–Estoy en misión oficial.

–¿Y en qué nos concierne? –quiso saber la fenicia.

–Ramsés dio derecho de asilo a Uri-Techup en tiempos difíciles, y hoy se felicita de su integración en la sociedad egipcia. Por eso el rey os concede un privilegio del que podéis sentiros orgullosos.

Tanit se extrañó.

–¿De qué se trata?

–La reina inicia una visita a todos los harenes de Egipto donde, en su honor, se organizarán numerosos festejos. Tengo el placer de anunciaros que estáis entre los invitados y que la acompañaréis durante todo su viaje.

–¡Es... maravilloso! –exclamó la fenicia.

–No pareces satisfecho, Uri-Techup –observó el sardo.

–Claro que sí... Yo, un hitita...

–¿Acaso la reina Mat-Hor no es de origen hitita? Y estás casado con una fenicia. Egipto es muy acogedor cuando se respetan sus leyes. Y puesto que en tu caso es así, estás considerado como un auténtico súbdito del faraón.

–¿Por qué te han encargado que nos comuniques la noticia?

–Porque soy responsable de la seguridad de nuestros huéspedes distinguidos –respondió el sardo con una gran sonrisa–. Y no te perderé de vista ni un solo instante.

Eran sólo un centenar, pero muy bien armados y perfectamente entrenados. Malfi había formado un comando en el que sólo figuraban sus mejores hombres, mezcla de guerreros experimentados y jóvenes combatientes de inagotable energía.

Tras una última sesión de entrenamiento, que había provocado la muerte de una decena de incapaces, el comando había abandonado el campamento secreto, en pleno desierto de Libia, para ponerse en camino hacia el Norte, en dirección a la franja occidental del delta de Egipto. Unas veces en barca, otras por lodosos caminos, los libios cruzaron el delta de oeste a este, luego bifurcaron hacia la península arábiga para atacar el convoy de sustancias preciosas. Uri-Techup y sus partidarios se reunirían con ellos antes de llegar a la frontera y les darían informaciones precisas que les permitirían evitar las patrullas egipcias y escapar a la vigilancia de los vigías.

La primera etapa de la conquista sería un triunfo. Los libios oprimidos recuperarían la esperanza y Malfi se convertiría en el héroe de un pueblo vengador, ávido de revancha. Gracias a él, el Nilo se transformaría en un río de sangre. Pero primero era preciso golpear a Egipto en sus valores esenciales: la celebración de los ritos y el culto que se rendía a las divinidades, expresiones de la regla de Maat. Sin olíbano, mirra e incienso, los sacerdotes se sentirían abandonados y acusarían a Ramsés de haber roto el pacto con el cielo.

El explorador volvió sobre sus pasos.

–No podemos seguir adelante –le dijo a Malfi.

–¿Has perdido el valor?

–Venid a ver vos mismo, señor.

Boca abajo sobre un cerro de blanda tierra, oculto por los espinos, Malfi no creía lo que estaba viendo.

El ejército egipcio se había desplegado en una amplia franja de tierra, entre el mar y las marismas surcadas por pequeñas barcas ocupadas por arqueros. Torres de madera permitían a los vigías observar un vasto horizonte. Había varios miles de hombres, al mando de Merenptah, hijo menor de Ramsés.

–Es imposible pasar –opinó el explorador–; seríamos descubiertos y aniquilados.

Malfi no podía arrastrar a la muerte a sus mejores hombres, la futura punta de lanza del ejército libio. Destruir una caravana era fácil, pero enfrentarse con tan gran número de soldados egipcios sería suicida.

Rabioso, el libio empuñó una mata de espinos y la destrozó con sus manos.

40

El patrón de las caravanas que partían hacia Egipto estaba atónito. Él, un aguerrido comerciante sirio de cincuenta y ocho años, que había surcado por su negocio todas las rutas del Próximo Oriente, nunca había visto semejante tesoro. Había pedido a los productores que se reunieran con él en la punta noroeste de la península arábiga, en una región árida y desolada, donde la temperatura diurna era tórrida y la nocturna a menudo gélida, por no hablar de las serpientes y los escorpiones. Pero el lugar era ideal para albergar un almacén secreto donde, desde hacía tres años, el sirio acumulaba las riquezas robadas al tesoro egipcio.

Había afirmado a sus cómplices, el libio Malfi y el hitita Uri-Techup, con toda convicción, que las reservas de productos preciosos, muy escasos por otra parte dadas las pobres cosechas, habían sido destruidas. Malfi y Uri-Techup eran guerreros, no comerciantes; ignoraban que un buen negociante nunca sacrifica una mercancía.

De cabellos negros y pegajosos puestos sobre un cráneo redondo, de rostro lunar, con un amplio busto plantado sobre cortas piernas, el sirio mentía y robaba desde su adolescencia, sin olvidar comprar el silencio de quienes podrían haberle denunciado a las autoridades.

Amigo de otro sirio, Raia, espía a sueldo de los hititas, que había sufrido una muerte brutal, el patrón de las caravanas había reunido, con el transcurso de los años, una hermosa fortuna oculta. ¿Pero no era ridícula comparada con el cuerno de la abundancia que acababan de depositar en su almacén? De tres metros de altura, por término medio, los árboles de incienso de Arabia habían producido tres cosechas tan abundantes que había sido necesario contratar el doble de trabajadores temporales que de ordinario; las hojas verde oscuro y las flores doradas de corazón púrpura eran sólo un ornamento junto a la soberbia corteza parda. Rascándola se lograba que brotaran gotitas de resina que, aglutinadas en duras bolitas por los especialistas, exhalarían al arder un maravilloso perfume.

¡Y qué decir de la increíble cantidad de olíbano! Su resina blancuzca, lechosa y perfumada había brotado con una generosidad digna de la edad de oro; pequeñas lágrimas en forma de pera, blancas, grises o amarillas, habían hecho llorar de gozo al patrón de las caravanas. Conocía las numerosas virtudes de aquel producto costoso y buscado. Debido a sus propiedades antisépticas, antiinflamatorias y analgésicas, los médicos egipcios lo utilizaban en unciones, en emplastos, en polvo o, incluso, como bebida, para luchar contra los tumores, las úlceras, los abscesos, la oftalmias y las otitis. El olíbano detenía las hemorragias y aceleraba la cicatrización de las heridas; era incluso un contra-veneno. Neferet, la célebre médico en jefe de las Dos Tierras, pagaría a precio de oro el indispensable olíbano.

Y la gomorresina verde del gálbano, y la resina oscura de ládano, y el aceite espeso y resinoso del bálsamo, y la mirra... El sirio estaba extasiado. ¿Qué comerciante habría creído poseer algún día semejante fortuna?

El sirio no había dejado de disponer un señuelo para sus aliados, y por ello había enviado una caravana a la ruta en la que aguardaban Uri-Techup y Malfi. ¿No habría cometido un error confiándole sólo una modesta carga. Lamentablemente, el rumor ya había comenzado a circular. Se hablaba de una cosecha excepcional y aquel chisme podía llegar demasiado pronto a oídos del hitita y del libio.

¿Cómo ganar tiempo? Dentro de dos días, el sirio recibiría a mercaderes griegos, chipriotas y libaneses, a quienes vendería el contenido de su almacén antes de huir a Creta, donde viviría una feliz jubilación. Dos días interminables, durante los que temía ver aparecer a sus temibles aliados.

–Un hitita desea hablar con vos –le avisó uno de sus servidores.

La boca del sirio se secó y sus ojos ardieron. ¡La catástrofe! Desconfiado, Uri-Techup venía a pedirle explicaciones. Y le obligaría a abrir el almacén... ¿Tenía que emprender la huida o intentar convencer al ex general en jefe del ejército hitita?

Petrificado, el sirio fue incapaz de tomar una decisión. El hombre que se acercaba a él no era Uri-Techup.

–¿Eres... hitita?

–Lo soy.

–Y amigo de...

–Nada de nombres. Sí, soy un amigo del general, del único hombre capaz de salvar al Hatti del deshonor.

–Bien, bien... ¡Que los dioses le sean favorables! ¿Cuándo volveré a verle?

–Tendrás que ser paciente.

–¿No le habrá ocurrido nada malo?

–No, tranquilízate; pero debe permanecer en Egipto para unas ceremonias oficiales y cuenta contigo para respetar, al pie de la letra, los términos de vuestro contrato.

–¡Que no se preocupe en absoluto! El contrato ha sido ejecutado, todo se ha llevado a cabo como él deseaba.

–¿Puedo pues tranquilizar al general?

–Que lo celebre: ¡sus deseos se han visto cumplidos! En cuanto llegue a Egipto, me pondré en contacto con él.

Inmediatamente después de la marcha del hitita, el patrón de las caravanas se bebió de golpe tres copas de fuerte licor. ¡La suerte le sonreía más allá de lo esperado! Uri-Techup retenido en Egipto... Estaba claro, ¡había un genio bueno para los ladrones!

Quedaba Malfi, un loco peligroso animado, a veces, con fulgores de lucidez. Por lo general, la visión de la sangre bastaba para embriagarle. Asesinando a algunos mercaderes, sin duda se había complacido tanto como con una mujer y habría olvidado examinar de cerca las mercancías. Pero si se había mostrado suspicaz, buscaría al jefe de las caravanas con la rabia de un demente.

El sirio tenía muchas cualidades, pero entre ellas no destacaba el valor físico; enfrentarse con Malfi estaba por encima de sus fuerzas.

A lo lejos distinguió una nube de polvo.

El negociante no esperaba a nadie... Sólo podía tratarse del libio y su comando de asesinos.

Abrumado, el sirio se derrumbó en una estera; la suerte acababa de cambiar. Malfi le degollaría con deleite y su muerte sería lenta.

La nube de polvo se desplazaba poco a poco. ¿Caballos? No, se habrían movido más deprisa. Asnos... Sí, eran asnos. ¡Una caravana, pues! ¿Pero de dónde salía?

Tranquilizado pero intrigado, el mercader se levantó y no perdió ya de vista el cortejo de cuadrúpedos pesadamente cargados, que avanzaban a su ritmo, con un paso muy seguro. Y reconoció a los caravaneros: eran los mismos que él, supuestamente, había enviado a la muerte, por el camino donde Malfi les aguardaba.

¿No sería víctima de un espejismo? No, llegaba también el jefe del convoy, un compatriota de más edad.

–¿Has tenido buen viaje, amigo?

–Ningún problema.

El patrón de las caravanas no disimuló su extrañeza.

–¿Ni el menor incidente?

–Ni el más mínimo. Tenemos ganas de beber, comer, lavarnos y dormir. ¿Te ocupas tú de la carga?

–Claro, claro... Vete a descansar.

La caravana sana y salva, el cargamento intacto... Sólo había una explicación posible: Malfi y sus libios habían sido detenidos. Tal vez aquel loco por la guerra había muerto en manos de la policía del desierto.

La suerte y la fortuna... La existencia colmaba al sirio con todos los dones. ¡Qué bien había hecho corriendo riesgos!

Algo embriagado, corrió hacia el depósito del que sólo él tenía la llave.

El cerrojo de madera estaba roto.

Lívido, el patrón de las caravanas empujó la puerta. Frente a él, ante el amontonamiento de tesoros, había un hombre de cráneo afeitado que vestía una piel de pantera.

–¿Quién... quién sois?

–Kha, sumo sacerdote de Menfis y primogénito de Ramsés. He venido a buscar lo que pertenece a Egipto.

El sirio empuñó su daga.

–Nada de gestos estúpidos... el faraón te observa.

El ladrón se dio la vuelta. De todas partes, tras los montículos de arena, brotaban arqueros egipcios. Y, bajo el sol, Ramsés el Grande, tocado con la corona azul, de pie en su carro.

El patrón de las caravanas cayó de rodillas.

–Perdón... No soy culpable... Me obligaron...

–Serás juzgado –anunció Kha.

La mera idea de comparecer ante un tribunal que pronunciara el castigo supremo enloqueció al sirio. Con la daga levantada, se lanzó contra un arquero que se acercaba a él para ponerle las esposas de madera y le clavó la hoja en el brazo.

Creyendo que su camarada estaba en peligro de muerte, otros tres arqueros no vacilaron en disparar sus saetas; con el cuerpo atravesado por las flechas, el ladrón se derrumbó.

Pese a la opinión contraria de Ameni, Ramsés había querido ponerse personalmente a la cabeza de la expedición.

Gracias a las informaciones proporcionadas por la policía del desierto y a la utilización de su varilla de raidestesista, el rey había localizado el punto de llegada, clandestino, de las caravanas desaparecidas. Y había advertido también otra anomalía, cuya realidad quería comprobar.

El carro del faraón corrió por el desierto, seguido por una cohorte de vehículos militares. Los dos caballos de Ramsés eran tan rápidos que distanciaron al resto de la escolta.

Hasta el horizonte sólo se divisaba arena, piedras y montículos.

–¿Por qué se pierde el rey en estas soledades? –preguntó un teniente de carros al arquero que formaba equipo con él.

–Participé en la batalla de Kadesh; Ramsés nunca actúa al azar. Le guía una fuerza divina.

El monarca pasó una duna y se detuvo.

Delante de él, y hasta donde le alcanzaba la vista, magníficos árboles de corteza amarillenta y gris, de madera blanca y suave. Una extraordinaria plantación de olíbanos que ofrecerían a Egipto su preciosa resina durante años y años.

41

Los nervios de Uri-Techup estaban sometidos a una dura prueba. Ni la belleza de los jardines, ni la calidad de los alimentos, ni el encanto de los conciertos podían hacerle olvidar la obsesiva presencia de Serramanna y su insoportable sonrisa. Tanit, en cambio, apreciaba aquella visita a los harenes en compañía de una reina deslumbradora que seducía a los más ariscos admiradores. Mat-Hor parecía encantada por los halagos de los cortesanos en busca de sus gracias.

–Excelente noticia –anunció Serramanna–: Ramsés acaba de realizar un nuevo milagro. El faraón ha descubierto una enorme plantación de olíbanos y las caravanas han llegado sanas y salvas a Pi-Ramsés.

El hitita apretó los puños. ¿Por qué no había intervenido Malfi? Si el libio había sido detenido o muerto, Uri-Techup ya no tenía posibilidad alguna de sembrar la discordia en Egipto.

Mientras Tanit discutía con algunas mujeres de negocios, invitadas por la reina al harén de Mer-Ur, el mismo del que Moisés había sido administrador, Uri-Techup se sentó aparte, en un murete de piedra seca, a orillas de un lago de recreo.

–¿En qué piensas, querido compatriota?

El ex general en jefe del ejército hitita levantó los ojos para contemplar a una Mat-Hor en el apogeo de su belleza.

–Estoy triste.

–¿Cuál es la causa de esta pesadumbre?

–Tú, Mat-Hor.

–¿Yo? ¡Pues te equivocas!

–¿Pero no has comprendido todavía la estrategia de Ramsés?

–Revélamela, Uri-Techup.

–Estás viviendo los últimos instantes de tu sueño. Ramsés acaba de realizar una expedición militar para someter más aún a la población de sus colonias; hay que estar ciego para no advertir que está consolidando sus bases de partida para un ataque contra el Hatti. Antes de lanzarse a la ofensiva, se librará de dos molestos personajes: tú y yo. A mí me pondrá en arresto domiciliario, vigilado por la policía, y probablemente seré víctima de un accidente; a ti te encerrará en uno de esos harenes que con tanto placer visitas.

–¡Los harenes no son prisiones!

–Te confiarán una carga honorífica y ficticia, y nunca más verás al rey. Ramsés sólo piensa en la guerra.

–¿Cómo puedes estar tan seguro?

–Tengo una extensa red de amistades que me proporciona verdaderas informaciones, aquellas a las que tú no tienes acceso.

La reina pareció turbada.

–¿Qué propones?

–El rey es un goloso, y le gusta especialmente una receta que él mismo creó, la «delicia de Ramsés», un adobo con ajo dulce, cebolla, vino tinto de los oasis, carne de buey y filetes de perca del Nilo. Es una debilidad que una hitita debería saber explotar.

–¿Te atreves a proponerme que...?

–¡No te hagas la ingenua! En Hattusa aprendiste a manejar el veneno.

–¡Eres un monstruo!

–Si no suprimes a Ramsés, te destruirá.

–No vuelvas a dirigirme la palabra, Uri-Techup.

El hitita apostaba fuerte. Si no había conseguido introducir la duda y la angustia en el espíritu de Mat-Hor, ella le denunciaría a Serramanna. En caso contrario, habría recorrido buena parte del camino.

Kha estaba inquieto.

Sin embargo, el programa de restauración que había emprendido en el paraje de Saqqara se traducía ya en unos notables resultados. La pirámide escalonada de Zóser, la de Unas, en el interior de la cual se habían inscrito los primeros *Textos de las Pirámides* que revelaban los modos de resurrección del alma real, y los monumentos de Pepi I habían gozado de sus atentos cuidados.

Y el sumo sacerdote de Menfis no se había detenido ahí: también había pedido a sus equipos de maestros de obras y talladores de piedra que vendaran las heridas de las pirámides y los templos de los faraones de la quinta dinastía, en el paraje de Abusir, al norte de Saqqara.

En la propia Menfis, Kha había hecho ampliar el templo de Ptah, que ahora albergaba una capilla en memoria de Seti y sería completado, en un futuro próximo, por un santuario a la gloria de Ramsés.

Cuando la pesada fatiga le vencía, Kha se dirigía al lugar donde habían sido excavadas las tumbas de los reyes de la primera dinastía, junto a la desértica llanura de Saqqara, dominando palmerales y cultivos. La sepultura del rey Djer, señalada por trescientas cabezas de toro de terracota, que sobresalían del contorno provistas de verdaderos cuernos, le transmitían la energía necesaria para consolidar los vínculos del presente con el pasado. Kha no había descubierto todavía el libro de Thot y se resignaba, a veces, al fracaso. ¿No se debería a su falta de atención y a su negligencia para con el culto del toro? El sumo sacerdote se prometía corregir sus errores, pero primero tenía que llevar a cabo su programa de restauración.

¿Lo lograría? Por tercera vez desde que comenzó el año, Kha se hizo llevar en carro hasta la pirámide de Mikerinos donde, una vez concluida la restauración, deseaba grabar una inscripción conmemorativa.

Y por tercera vez la obra estaba vacía, a excepción de un viejo tallador de piedra que comía pan fresco untado con ajo.

–¿Dónde están tus colegas? –preguntó Kha.

–Han vuelto a casa.

–¡De nuevo el fantasma!

–Sí, el fantasma ha reaparecido. Muchos lo han visto; llevaba serpientes en la mano y amenazaba con matar a quien se le acercase. Mientras ese espectro no sea expulsado, nadie aceptará trabajar aquí, ni siquiera a cambio de un gran salario.

Ése era el desastre que Kha temía: verse ante la imposibilidad de poner en condiciones los monumentos de la llanura de Gizeh. Y aquel fantasma hacía caer piedras y provocaba accidentes. Todos sabían que se trataba de un alma atormentada, vuelta a la tierra para sembrar la desgracia entre los vivos. A pesar de toda su ciencia, Kha no había logrado impedir que hiciera daño.

Cuando vio acercarse el carro de Ramsés, al que había pedido ayuda, Kha recuperó la esperanza. Pero si el rey fracasaba, sería necesario declarar zona prohibida parte de la llanura de Gizeh y resignarse a ver cómo aquellas obras maestras se degradaban.

–La situación empeora, majestad; ya nadie acepta trabajar aquí.

–¿Has pronunciado los conjuros habituales?

–No han hecho efecto.

Ramsés contempló la pirámide de Mikerinos, de poderoso basamento de granito. Cada año, el faraón acudía a Gizeh para obtener la energía de los constructores que habían plasmado en piedra los rayos de luz que unen la tierra y el cielo.

–¿Sabes dónde se oculta el fantasma?

–Ningún artesano se ha atrevido a seguirle.

El rey descubrió al viejo tallador de piedra, que seguía comiendo, y se acercó a él. Sorprendido, éste dejó caer su mendrugo de pan y se arrodilló, con las manos hacia delante y la frente en el suelo.

–¿Por qué no has huido con los demás?

–No... No lo sé, majestad.

–Conoces el lugar donde se esconde el fantasma, ¿no es cierto?

Mentir al rey suponía condenarse por toda la eternidad.

–Condúcenos.

Temblando, el anciano guió al rey por las calles de tumbas donde descansaban los fieles servidores de Mikerinos, quienes seguían formando la corte real en el más allá. El atento ojo de Kha advirtió que algunas de ellas, de más de mil años de antigüedad, exigían reparaciones.

El tallador de piedra entró en un pequeño patio al aire libre, cuyo suelo estaba cubierto de restos calcáreos. En una esquina había un montón de pequeños bloques.

–Es aquí, pero no sigáis adelante.

–¿Quién es ese fantasma? –preguntó Kha.

–Un escultor cuya memoria no ha sido honrada y que se venga agrediendo a sus colegas.

Según las inscripciones jeroglíficas, el difunto había dirigido un equipo de constructores en tiempos de Mikerinos.

–Apartemos estos bloques –ordenó Ramsés.

–Majestad...

–Manos a la obra.

Apareció la boca de un pozo rectangular; Kha arrojó un guijarro cuya caída apreció interminable.

–Más de quince metros –concluyó el tallador de piedra al oír el ruido del impacto del proyectil contra el fondo del pozo–. No os aventuréis por esas fauces de infierno, majestad.

Una cuerda con nudos colgaba a lo largo de la pared.

–Pues hay que bajar –estimó Ramsés.

–En ese caso, yo correré el riesgo –decidió el artesano.

–Si te encuentras con el espectro –se opuso Kha–, ¿sabrás pronunciar las fórmulas que le impidan hacer daño?

El anciano agachó la cabeza.

–Como sumo sacerdote de Ptah –dijo el primogénito de Ramsés–, me corresponde efectuar esta tarea. No me lo prohíbas, padre.

Kha inició el lento descenso. El fondo del pozo no estaba a oscuras: de las paredes calcáreas emanaba un extraño fulgor. El sumo sacerdote puso por fin el pie en un suelo desigual y tomó un estrecho corredor que llegaba a una falsa puerta en la que se había representado al difunto, rodeado de columnas de jeroglíficos.

Entonces Kha lo comprendió.

Una larga grieta atravesaba la piedra grabada en toda su longitud y desfiguraba al beneficiario de los textos de resurrección. Al no poder encarnarse ya en una imagen viva, su espíritu se había transformado en un fantasma agresivo que reprochaba a los vivos el desprecio por su memoria.

Cuando Kha volvió a salir del pozo estaba derrengado pero radiante. Cuando la falsa puerta fuera restaurada y el rostro del difunto esculpido de nuevo con amor, el maleficio desaparecería.

42

Desde su regreso a Pi-Ramsés, Uri-Techup se sentía colérico. Vigilado sin cesar por Serramanna durante un interminable viaje, reducido a la inactividad, privado de informaciones, tenía ganas de destrozar todo Egipto, comenzando por Ramsés. Y encima tenía que soportar los asaltos amorosos de la empalagosa Tanit, que necesitaba su cotidiana ración de placer.

Y aparecía de nuevo, medio desnuda, en su nube de perfume...

–¡Querido... los hititas!

–¿De qué estás hablando?

–Centenares... Centenares de hititas han invadido el centro de Pi-Ramsés.

Uri-Techup agarró a la fenicia de los hombros.

–¿Te has vuelto loca?

–¡Me lo han dicho mis siervas!

–Los hititas han atacado, y han golpeado de lleno el corazón del reino de Ramsés... ¡Es fabuloso, Tanit!

Uri-Techup rechazó a su esposa y se puso una corta túnica a rayas negras y rojas. Exaltado como en tiempos de su esplendor, saltó a lomos de un caballo, dispuesto a lanzarse a la batalla.

Hattusil había sido derribado, los partidarios de la guerra a ultranza habían triunfado, las líneas de defensa egipcias habían sido atravesadas con un ataque sorpresa y el destino del Próximo Oriente cambiaba.

En la gran avenida que llevaba al templo del dios Ptah, en el palacio real, una abigarrada muchedumbre se entregaba a la fiesta.

Ni un solo soldado a la vista, ni el menor rastro de combate.

Atónito, Uri-Techup se dirigió a un policía bonachón que participaba en el jolgorio.

–¡Al parecer los hititas han invadido Pi-Ramsés!

–Es verdad.

–¿Pero... dónde están?

–En palacio.

–¿Han matado a Ramsés?

–¿Pero qué estáis diciendo?... Son los primeros hititas que vienen a visitar Egipto, y han traído regalos para nuestro soberano.

Turistas... Atónito, Uri-Techup se abrió paso entre la muchedumbre y se presentó ante la puerta principal de palacio.

–¡Te estábamos esperando! –clamó la voz atronadora de Serramanna–. ¿Quieres asistir a la ceremonia?

Atontado, el hitita se dejó arrastrar por el gigante sardo hasta la sala de audiencias en la que se apretujaban los cortesanos.

En primera fila distinguió a los delegados de los visitantes con los brazos cargados de regalos. Cuando Ramsés apareció, las charlas cesaron. Uno a uno, los hititas presentaron al faraón lapislázuli, turquesas, cobre, hierro, esmeraldas, amatistas, cornalina y jade.

El rey se detuvo ante algunas soberbias turquesas; sólo podían proceder del Sinaí adonde, en su juventud, Ramsés había ido en compañía de Moisés. Resultaba imposible olvidar la montaña roja y amarilla, sus inquietantes rocas y sus secretos barrancos.

–¿Tú, que me traes estas maravillas, has encontrado en tu camino a Moisés y el pueblo hebreo?

–No, majestad.

–¿Has oído hablar de su éxodo?

–Todos los temen, pues de buena gana entablan combate; pero Moisés afirma que llegarán a su país.

De modo que el amigo de infancia de Ramsés seguía persiguiendo su sueño. Pensando en los lejanos años en que sus respectivos destinos se habían edificado, el monarca prestó sólo una distraída atención a aquel cúmulo de presentes.

El jefe de la delegación fue el último en inclinarse ante Ramsés.

–¿Podemos ir y venir libremente por todo Egipto, majestad?

–Ésa es la consecuencia de la paz.

–¿Podremos honrar a nuestros dioses en vuestra capital?

–A oriente de la ciudad se levanta el templo de la diosa siria Astarté, compañera del dios Set y protectora de mi carro y mis caballos. A ella le rogué que velara por la seguridad del puerto de Menfis. El dios de la Tormenta y la diosa del Sol, que vosotros veneráis en Hattusa, son también bienvenidos en Pi-Ramsés.

Cuando la delegación hitita hubo abandonado la sala de audiencias, Uri-Techup se dirigió a uno de sus compatriotas.

–¿Me reconoces?

–No.

–Soy Uri-Techup, el hijo del emperador Muwattali.

–Muwattali ha muerto, el que reina es Hattusil.

–¿Esta visita... es una trampa, no es cierto?

–¿Qué estás diciendo? Venimos a visitar Egipto, y muchos otros hititas nos seguirán. La guerra ha terminado de verdad.

Durante largos minutos, Uri-Techup permaneció inmóvil en la gran avenida de Pi-Ramsés.

El director del Tesoro que acompañaba a Ameni se atrevió, finalmente, a presentarse ante Ramsés. Hasta entonces había preferido contener su lengua a la espera de que el escándalo no estallara y prevaleciese la razón. Pero la llegada de los visitantes hititas o, más exactamente, los regalos que aportaban, había provocado tal exceso que el alto funcionario no podía ya callar. Enfrentarse con Ramsés estaba por encima de sus fuerzas y el director del Tesoro se había dirigido a Ameni, que le había escuchado sin decir palabra. Terminadas las explicaciones, el secretario particular del monarca había pedido inmediatamente audiencia, ordenando al dignatario que repitiese sus acusaciones, palabra por palabra, sin omitir el menor detalle.

–¿No tienes nada que añadir, Ameni?

–¿Realmente es necesario, majestad?

–¿Estabas al corriente de todo?

–Mi vigilancia no ha sido suficiente, lo reconozco; pero de todos modos había hecho algunas advertencias.

–Considerad ambos que el problema está resuelto.

Aliviado, el director del Tesoro evitó la severa mirada del rey; afortunadamente, éste no había formulado condena alguna contra él. Por lo que a Ameni se refiere, contaba con Ramsés para restablecer la regla de Maat en el corazón de su propio palacio.

–¡Por fin, majestad! –exclamó Mat-Hor–; ya perdía las esperanzas de veros. ¿Por qué no estaba yo a vuestro lado cuando habéis recibido a mis compatriotas? Les habría encantado admirarme.

Soberbia con su vestido rojo adornado con rosetas de plata, Mat-Hor revoloteó entre una nube de siervas. Como todos los días, buscaban la menor brizna de polvo, aportaban nuevas joyas y suntuosos vestidos, y cambiaban los centenares de flores que perfumaban los aposentos de la reina.

–Despide a tu personal –ordenó Ramsés.

La reina se quedó perpleja.

–Pero... no puedo quejarme de ellos.

Mat-Hor no estaba ante un hombre enamorado, sino ante el faraón de Egipto. Debía de tener aquella mirada cuando contraatacó, en Kadesh, lanzándose solo contra miles de hititas.

–¡Marchaos todas! –gritó la reina.

Poco acostumbradas a ser tratadas de aquel modo, las siervas se retiraron sin apresurarse, dejando en el suelo los objetos que llevaban.

Mat-Hor intentó sonreír.

–¿Qué ocurre, majestad?

–¿Crees que tu comportamiento es propio de una reina de Egipto?

–Estoy en mi lugar, como vos exigisteis.

–Al contrario, Mat-Hor, te comportas como un tirano de inaceptables caprichos.

–¿Qué me reprochas?

–Asaltas al director del Tesoro para obtener de sus reservas las riquezas que pertenecen a los templos y, ayer, te atreviste a dictar un decreto por el que te apoderas de los metales preciosos ofrecidos al Estado por tus compatriotas.

La joven se rebeló.

–¡Soy la reina, todo es mío!

–Te equivocas gravemente. Egipto no está regido por la avidez y el egoísmo, sino por la ley de Maat. Esta tierra es propiedad de los dioses; ellos la transmiten al faraón, cuyo deber es mantenerla en buena salud, próspera y feliz. Debes mostrar, en cualquier circunstancia, tu rectitud. Cuando un jefe deja de ser un modelo, todo el país corre hacia la decadencia y la ruina. Al actuar de ese modo, atentas contra la autoridad del faraón y el bienestar de su pueblo.

Ramsés no había levantado la voz, pero sus palabras eran más cortantes que el filo de una espada.

–Yo... No creía que...

–Una reina de Egipto no debe creer sino actuar. Y actúas mal, Mat-Hor; he anulado tu inicuo decreto y tomado disposiciones para impedirte hacer daño. En adelante residirás en el harén de Mer-Ur y sólo vendrás a la corte si te lo ordeno. No carecerás de nada, pero en adelante se te impedirá cualquier exceso.

–Ramsés... ¡No puedes rechazar mi amor!

–Mi esposa es la tierra de Egipto, Mat-Hor, y tú eres incapaz de comprenderlo.

43

El virrey de Nubia ya no soportaba la presencia y la actividad de Setaú, el amigo de infancia de Ramsés. Eficazmente aconsejado por su esposa, Loto, una hechicera nubia, Setaú se había implicado tanto en el desarrollo económico de la provincia del Gran Sur que había conseguido poner a trabajar a todas las tribus, sin provocar conflictos entre ellas. Una hazaña que el virrey creía irrealizable.

Además, Setaú era querido por los talladores de piedra, y cubría la región de templos y capillas a la gloria del faraón y de sus dioses protectores. Y el mismo Setaú velaba por la buena organización de los trabajos agrícolas, estableciendo un catastro y encargándose de los impuestos.

El virrey tenía que afrontar la realidad: aquel encantador de serpientes, a quien el alto funcionario había considerado un excéntrico sin porvenir alguno, se imponía como un administrador riguroso. Si Setaú seguía obteniendo tan notables resultados, la posición del virrey se haría muy incómoda; acusado de incapacidad y de pereza, perdería su puesto.

Negociar con Setaú resultaba imposible. Obstinado, rechazando el ocio y negándose a reducir su programa de trabajo, el amigo de infancia de Ramsés evitaba cualquier compromiso. El virrey ni siquiera había intentado corromperle; a pesar de su rango, Setaú y Loto vivían con sencillez, en contacto con los indígenas, y no manifestaban afición alguna por el lujo.

Sólo quedaba una solución: un accidente mortal, cuidadosamente organizado para que nadie pudiera dudar de las causas de la muerte de Setaú. Por ello, el virrey había llamado a Abu Simbel a un mercenario nubio que acababa de salir de la cárcel. El hombre tenía un pasado muy turbio y carecía de cualquier conciencia moral. Una buena retribución le convencería de que actuara sin tardanza.

La noche era oscura. Formando la fachada del gran templo, los cuatro colosos sentados que encarnaban el *ka* de Ramsés miraban a lo lejos, atravesando tiempos y espacios que los ojos humanos no podían ver.

El nubio, de frente estrecha, pómulos salientes y gruesos labios, aguardaba allí armado con una azagaya.

–Soy el virrey.

–Te conozco. Te vi en la fortaleza donde estaba preso.

–Necesito tus servicios.

–Cazo para mi aldea... Ahora soy un hombre tranquilo.

–Mientes. Te acusan de robo y hay pruebas contra ti.

Rabioso, el nubio clavó su azagaya en el suelo.

–¿Quién me acusa?

–Si no colaboras conmigo, volverás a presidio y no saldrás nunca más de allí; si me obedeces, serás rico.

–¿Qué esperáis de mí?

–Alguien se ha atravesado en mi camino; me librarás de él.

–¿Un nubio?

–No, un egipcio.

–Entonces, va a costar caro.

–No estás en condiciones de negociar –declaró secamente el virrey.

–¿A quién debo suprimir?

–A Setaú.

El nubio recuperó su azagaya y la blandió hacia el cielo.

–¡Eso vale una fortuna!

–Se te pagará generosamente, siempre que la muerte de Setaú parezca un accidente.

–De acuerdo.

Como si estuviera ebrio, el virrey vaciló y cayó sobre sus nalgas; el nubio no tubo tiempo de soltar la carcajada pues fue víctima de la misma desventura.

Ambos hombres intentaron levantarse, pero perdieron el equilibrio y cayeron de nuevo.

–¡El suelo tiembla –exclamó el nubio–, el dios Tierra se ha encolerizado!

La colina soltó un gruñido, los colosos se movieron. Petrificados, el virrey y su cómplice vieron cómo se desprendía la gigantesca cabeza de uno de ellos.

El rostro de Ramsés cayó hacia los criminales y los aplastó con su peso.

La dama Tanit estaba desesperada. Hacía una semana que Uri-Techup no le había hecho el amor. Se marchaba por la mañana temprano, galopaba por la campiña durante todo el día, regresaba molido, comía por cuatro y se dormía sin decir palabra.

Tanit se había atrevido a interrogarle sólo una vez, pues la había golpeado con violencia hasta hacerle perder el sentido. La fenicia sólo encontraba consuelo junto a su gato atigrado y ni siquiera tenía ánimos para administrar su patrimonio.

Concluía una nueva jornada, vacía y lánguida. El felino ronroneaba en el regazo de Tanit.

El trote de un caballo... ¡Uri-Techup regresaba! Apareció el hitita, inflamado.

–¡Ven, hermosa!

Tanit se lanzó en brazos de su amante, que le arrancó el vestido y la tumbó sobre unos almohadones.

–¡Querido, al fin te recupero!

El furor de su amante la colmó de satisfacción; Uri-Techup la devoró.

–¿Qué preocupación te corroía?

–Me creía abandonado... ¡Pero Malfi está vivo y sigue federando las tribus libias! Uno de sus emisarios se ha puesto en contacto conmigo. La lucha prosigue, Tanit, y Ramsés no es invulnerable.

–Perdona que te lo repita, querido... Pero ese Malfi me da miedo.

–Los hititas se confinan en su cobardía. Sólo los libios les obligarán a salir de su sopor y Malfi es el hombre adecuado para lograrlo. No tenemos más salida que la violencia y el combate a ultranza... ¡Y cuenta conmigo para vencer!

Tanit dormía, ahíta de placer; sentado en una silla de paja, en el jardín, Uri-Techup, con la cabeza llena de sueños sanguinolentos, contemplaba la luna ascendente y le pedía ayuda.

–Yo sería más eficaz que ese astro –murmuró a sus espaldas una voz femenina.

El hitita se dio la vuelta.

–Tú, Mat-Hor... ¡Corres un gran riesgo!

–La reina todavía puede ir a donde quiere.

–Pareces desengañada... ¿Te ha repudiado Ramsés?

–¡No, claro que no!

–Y entonces, ¿por qué estás aquí con tanto secreto?

La hermosa hitita levantó sus ojos al cielo estrellado.

–Tenías razón, Uri-Techup. Soy una hitita y seguiré siéndolo. Ramsés nunca va a reconocerme como su gran esposa real. Jamás igualaré a Nefertari.

Mat-Hor no pudo contener unos sollozos. Uri-Techup quiso tomarla en sus brazos, pero ella se apartó.

–Soy estúpida... ¿Por qué llorar por un fracaso? ¡Es la actitud de los débiles! Una princesa hitita no tiene derecho a compadecerse por su destino.

–Tú y yo hemos nacido para vencer.

–Ramsés me ha humillado –reconoció Mat-Hor–, ¡me ha tratado como a una sierva! Le quería, estaba dispuesta a convertirme en una gran reina, me doblegué a su voluntad, pero él me ha pisoteado con desdén.

–¿Estás decidida a vengarte?

–No lo sé... Ya no lo sé.

–¡Mantén tu lucidez, Mat-Hor! Aceptar la humillación sin reaccionar sería una cobardía indigna de ti. Y si estás aquí es porque has tomado una decisión.

–¡Cállate, Uri-Techup!

–No, no callaré. El Hatti no está vencido, todavía puede levantar la cabeza. Cuento con poderosos aliados, Mat-Hor, y tenemos un enemigo común: Ramsés.

–Ramsés es mi marido.

–No, es un tirano que te desprecia y que ya ha olvidado tu existencia. Actúa, Mat-Hor, actúa como te he propuesto. El veneno está a tu disposición.

Matar su sueño... ¿Podía Mat-Hor destruir el porvenir que tanto había deseado, poner fin a los días del hombre por el que había sentido una enloquecida pasión, el faraón de Egipto?

–Decídete –ordenó Uri-Techup.

La reina huyó en la noche.

Con la sonrisa en los labios, el guerrero hitita subió a la terraza de la mansión para acercarse a la luna y darle las gracias.

–¿Quién me sigue?

–Soy yo, Tanit.

El hitita agarró a la fenicia por la garganta.

–¿Nos espiabas?

–No, yo...

–¿Lo has oído todo, no es cierto?

–Sí, pero callaré, ¡te lo juro!

–Claro, querida, no ibas a cometer un error fatal. ¡Mira, hermosa mía, mira!

Uri-Techup sacó de su túnica una daga de hierro y apuntó con ella al astro nocturno.

–Mira bien esta arma. Es la que mató a Acha, el amigo de Ramsés; y matará al faraón y te cortará la garganta si me traicionas.

44

Para festejar su aniversario, Ramsés había sentado a su mesa a dos de sus hijos, Kha y Merenptah, así como a Ameni, el fiel entre los fieles, al que se le había ocurrido solicitar al cocinero de palacio que preparara, para la ocasión, una «delicia de Ramsés» servida con un estupendo caldo del año tres de Seti.

Afortunadamente para el porvenir de Egipto, no existía disensión alguna entre Kha y Merenptah. El hijo mayor, teólogo y ritualista, proseguía su búsqueda del conocimiento estudiando los viejos textos y los monumentos del pasado; el mayor ejercía las funciones de general en jefe y velaba por la seguridad del reino. Ningún otro «hijo real» poseía su madurez, su rigor y su sentido del Estado. Cuando considerara llegado el momento, Ramsés designaría a su sucesor con toda serenidad.

¿Pero quién podía pensar en suceder a Ramsés el Grande, cuyos rutilantes sesenta años atraían las miradas de las hermosas de palacio? Desde hacía mucho tiempo, el prestigio del monarca había superado las fronteras de Egipto, y su leyenda corría en los labios de los narradores, desde el sur de Nubia hasta la isla de Creta. ¿No era acaso el soberano más poderoso del mundo, el Hijo de la Luz, el constructor infatigable? Los dioses jamás habían concedido tantos dones a un ser humano.

–Bebamos a la gloria de Ramsés –propuso Ameni.

–No –objetó el monarca–; celebremos más bien a nuestra madre, la tierra de Egipto, una tierra que es el reflejo del cielo.

Los cuatro hombres brindaron por una civilización y un país que les ofrecía tantas maravillas y a los que consagraban su existencia.

–¿Por qué no nos acompaña Meritamón? –preguntó Kha.

–En estos momentos está tocando música para los dioses; es su voluntad y la respeto.

–No has invitado a Mat-Hor –observó Merenptah.

–Ahora reside en el harén de Mer-Ur.

–Sin embargo –se extrañó Ameni–, la he encontrado en las cocinas.

–Pues ya debería haber abandonado el palacio; mañana mismo, Ameni, procura que mi decisión se haga efectiva. ¿Alguna información sobre Libia, Merenptah?

–Nada nuevo, majestad; al parecer Malfi es un loco y su sueño de conquista se limita a su cerebro enfermo.

–El fantasma de Gizeh ha desaparecido –reveló Kha–; los talladores de piedra trabajan en paz.

El intendente de palacio entregó una misiva al rey. El monarca distinguió el sello de Setaú y la indicación de «urgente».

Ramsés rompió el sello, desenrolló el papiro, leyó el breve mensaje de su amigo e, inmediatamente, se levantó.

–Salgo de inmediato a Abu Simbel; terminad la comida sin mí.

Ni Kha ni Merenptah ni Ameni tuvieron ganas de saborear el adobo. Por unos instantes, el cocinero sintió la tentación de probarlo con sus ayudantes; pero se trataba de la comida real. Tocarla hubiera sido, a la vez, un insulto y una rapiña. Desolado, el cocinero tiró el plato de fiesta en el que Mat-Hor había vertido el veneno que Uri-Techup le había entregado.

Una vez más, Nubia hechizó a Ramsés. La pureza del aire, el azul absoluto del cielo, el verde encantador de las palmeras y la franja cultivada que se alimentaba del Nilo para luchar contra el desierto, las bandadas de pelícanos, de grullas reales, de flamencos rosas y de ibis, el aroma de las mimosas y la magia ocre de las colinas permitían al alma comunicarse con las fuerzas ocultas de la naturaleza.

Ramsés no abandonaba la proa de la rápida embarcación que le llevaba a Abu Simbel. Había reducido al máximo su escolta y elegido personalmente una tripulación infatigable, formada por marineros de elite, acostumbrados a los riesgos de la navegación por el Nilo.

No lejos de su meta, cuando el monarca descansaba en su cabina, sentado en una silla plegable cuyos pies tenían formas de cabezas de pato con incrustaciones de marfil, la embarcación redujo su velocidad.

Ramsés interrogó al capitán.

–¿Qué ocurre?

–En la ribera hay un ejército de cocodrilos de siete metros de largo, por lo menos. E hipopótamos en el agua. De momento, no podemos proseguir. Aconsejo incluso a vuestra majestad que desembarque. Los animales parecen nerviosos, podrían tomarla con nosotros.

–Avanza sin temor; capitán...

–Majestad, os aseguro que...

–Nubia es tierra de milagros.

Con un nudo en la garganta, los marineros prosiguieron la maniobra.

Los hipopótamos se agitaron. En la ribera, un enorme cocodrilo sacudió la cola, avanzó algunos metros como un rayo, se detuvo de nuevo.

Ramsés había advertido la presencia de su aliado antes de verlo incluso. Apartando con la trompa las ramas bajas de una acacia, un gran elefante macho lanzó un bramido que hizo emprender el vuelo a centenares de pájaros y dejó petrificados a los marineros.

Algunos cocodrilos se refugiaron en una zona herbosa, medio sumergida; otros se arrojaron contra los hipopótamos, que se defendieron con vigor. El combate fue breve y violento, luego el Nilo recuperó su quietud.

El elefante lanzó un segundo bramido dirigido a Ramsés, quien le saludó con la mano. Hacía ya muchos años, el hijo de Seti había salvado a un elefante herido; adulto ya, el animal de grandes orejas y pesados colmillos se manifestaba en favor del rey cada vez que éste lo necesitaba.

–¿No deberíamos capturar a ese monstruo y llevarlo a Egipto? –sugirió el capitán.

–Venera la libertad y guárdate mucho de ponerle trabas.

Dos altozanos que sobresalían mucho, una cala de arena dorada, un valle separando las dos prominencias de la montaña, acacias cuyo perfume embalsamaba el aire ligero, la hechizadora belleza del gres nubio... La visión del paraje de Abu Simbel hizo que Ramsés sintiera su corazón en un puño. Allí había creado dos templos que encarnaban la unión de la pareja real, formada para siempre con Nefertari.

Como el rey temía, la carta de Setaú no exageraba en absoluto: el paraje había sido víctima de un temblor de tierra. El rostro y el torso de uno de los cuatro colosos sentados se habían derrumbado.

Setaú y Loto recibieron al monarca.

–¿Heridos? –preguntó Ramsés.

–Dos muertos: el virrey de Nubia y un antiguo presidiario.

–¿Qué hacían juntos?

–Lo ignoro.

–¿Daños en el interior de los templos?

–Compruébalo tú mismo.

Ramsés entró en el santuario. Los talladores de piedra estaban trabajando ya; habían apuntalado los pilares dañados de la gran sala y enderezado los que amenazaban con derrumbarse.

–¿Ha sufrido algún desperfecto el edificio dedicado a Nefertari?

–No, majestad.

–Demos gracias a los dioses, Setaú.

–Los trabajos se realizarán rápidamente y desaparecerá todo rastro del desastre. Lo del coloso será más difícil. Tengo varios proyectos que consultarte.

–No intentes repararlo.

–¿No... no dejarás así la fachada?

–Ese terremoto ha sido un mensaje del dios de la Tierra; puesto que él ha creado la fachada, no contrariemos su voluntad.

La decisión del faraón había sorprendido a Setaú, pero Ramsés se había mostrado inflexible. Sólo tres colosos perpetuarían la presencia del *ka* real; mutilado, el cuarto sería testimonio del envejecimiento y la imperfección inherentes a cualquier obra humana. La fractura del gigante de piedra, en vez de perjudicar la majestad del conjunto, ponía de relieve el poderío de sus tres compañeros.

El rey, Setaú y Loto cenaron al pie de una palmera. El encantador de serpientes no había solicitado al monarca que se untara con *assa foetida*, la gomorresina de la férula de Persia, cuyo espantoso olor apartaba a los reptiles, pero le había ofrecido los rojos frutos de un arbusto[1] que contenía un antídoto contra el veneno.

–Has aumentado la cantidad de ofrendas divinas –dijo Ramsés a Setaú–, acumulado el producto de las cosechas en

1. El *capparis decidua*.

graneros reales, establecido la paz en esta provincia turbulenta, construido santuarios en todo Nubia y preferido, siempre, la verdad a la mentira; ¿qué te parecería convertirte, aquí, en representante de la justicia de Maat?

–Pero... ¡eso es prerrogativa del virrey!

–No lo he olvidado, amigo mío, ¿no eres acaso el nuevo virrey de Nubia, nombrado por un decreto fechado el año treinta y ocho de mi reinado?

Setaú buscó palabras para protestar, pero Ramsés no le dio tiempo.

–No puedes negarte; el temblor de tierra también ha sido una señal para ti. Tu existencia toma hoy otra dimensión. Sabes cómo amo esa región; cuídala mucho, Setaú.

El encantador de serpientes se alejó por la noche perfumada; necesitaba estar solo para asimilar la decisión que le convertía en uno de los primeros personajes del Estado.

–¿Me autorizáis a haceros una pregunta insolente? –preguntó Loto.

–¿No es ésta una velada excepcional?

–¿Por qué habéis aguardado tanto tiempo antes de nombrar a Setaú virrey de Nubia?

–Tenía que aprender a administrar Nubia sin pensar en ello; hoy vive su vocación y responde a una llamada que le invadió poco a poco. Nadie ha conseguido corromperlo ni envilecerle, porque la voluntad de servir esta provincia anima cada uno de sus actos. Y necesitaba tiempo para ser consciente de ello.

45

Ramsés entró solo en el gran templo de Abu Simbel para celebrar los ritos del alba. El monarca siguió el camino de luz que llegaba hasta el naos para iluminar primero las estatuas sentadas de Amón y del *ka* real, luego las del *ka* real y de Ra. El faraón, y no el hombre encargado de cumplir esta función en la tierra, estaba asociado al dios oculto y la luz divina, a los dos grandes dioses creadores que, reunidos bajo el nombre de Amón-Ra, formaban un ser consumado.

La cuarta estatua, la del dios Ptah, seguía en la penumbra. Como hijo de Ptah, Ramsés era el constructor de su reino y de su pueblo, y también el que transmitía el Verbo gracias al cual todas las cosas se hacían reales. El rey pensó en su hijo Kha, sumo sacerdote de Ptah, que había elegido la vía de ese misterio.

Cuando el monarca salió del gran templo, una dulce claridad bañaba la explanada arbolada y comenzaba a hacer cantar el cálido color del gres nubio, cuyo oro mineral evocaba la carne de los dioses. Ramsés se dirigió hacia el templo dedicado a Nefertari, aquella por la que el sol se levantaba.

Y aquel sol, padre nutricio de Egipto, se levantaría hasta el final de los tiempos para la gran esposa real que había iluminado las Dos Tierras con su belleza y su sabiduría.

La reina, inmortalizada por los escultores y los pintores, despertó en Ramsés el deseo de pasar al más allá y reunirse con ella por fin; él le imploró que le tomara de la mano, que brotara de aquellos muros donde vivía, eternamente joven y bella, en compañía de sus hermanos los dioses y de sus hermanas las diosas, ella, que hacía reverdecer el mundo y fulgurar el Nilo. Pero Nefertari, navegando en la barca del sol, se limitó a sonreír a Ramsés. La tarea del rey no había concluido; un faraón, fueran cuales fuesen sus sufrimientos de hombre, se debía a las potencias celestiales y a su pueblo. Estrella imperecedera, Nefertari, la de dulce rostro y palabra justa, seguiría guiando los pasos de Ramsés para que el país permaneciera en el camino de Maat, hasta que ésta le concediera el descanso.

La jornada concluía cuando la magia de Nefertari incitó al rey a regresar al mundo exterior, a ese mundo en el que no tenía derecho a flaquear.

En la explanada había centenares de nubios vestidos de gala. Ataviados con pelucas teñidas de rojo, pendientes de oro, una túnica blanca hasta los tobillos y taparrabos adornados con motivos florales, los jefes de tribu y sus dignatarios tenían los brazos llenos de regalos: pieles de pantera, anillos de oro, marfil, ébano, plumas y huevos de avestruz, sacos llenos de piedras preciosas, abanicos.

Acompañado por Setaú, el decano de la asamblea avanzó hacia Ramsés.

–Que se rinda homenaje al Hijo de la Luz.

–Que se rinda homenaje a los hijos de Nubia que han elegido la paz –dijo Ramsés–; que estos dos templos de Abu Simbel, tan caros a mi corazón, sean símbolo de su unión con Egipto.

–Majestad, toda Nubia sabe ya que habéis nombrado virrey a Setaú.

Un denso silencio reinó en la concurrencia. Si los jefes de tribu desaprobaban la decisión, renacería el desorden. Pero Ramsés no destituiría a Setaú; sabía que su amigo había nacido para administrar aquella región y que la haría feliz.

El decano se volvió hacia Setaú, que vestía su túnica de piel de antílope.

–Agradecemos a Ramsés el Grande que haya elegido al hombre que sabe salvar vidas, habla con su corazón y conquista el nuestro.

Conmovido hasta las lágrimas, Setaú se inclinó ante Ramsés.

Y lo que vio le dejó aterrado: una víbora cornuda se aproximaba al pie del rey, serpenteando por la arena.

Setaú quiso gritar y avisar al monarca, pero sus advertencias se ahogaron en el concierto de aclamaciones con que lo recibieron los nubios.

Cuando la víbora se irguió para golpear, un ibis blanco bajó del azur y clavó su pico en la cabeza del reptil, emprendiendo de nuevo el vuelo con su presa.

Quienes habían visto la escena no lo dudaron; era el dios Thot en forma de ibis quien había salvado la vida del monarca. Y puesto que Thot se había manifestado así, el modo de gobernar del virrey Setaú sería justo y sabio.

Abandonando la muchedumbre de sus partidarios, éste pudo por fin aproximarse al rey.

–Y pensar que esa víbora...

–¿Pero qué temías, Setaú, si ya me has inmunizado? Debes confiar en ti, amigo mío.

¡Dos veces peor, si no tres, si no diez! Sí, era peor de lo que Setaú había imaginado. Desde su nombramiento, el trabajo le abrumaba y debía conceder audiencia a mil y un solicitantes, cuyas demandas eran igual de urgentes. En pocos días comprobó que los humanos no tenían pudor alguno cuando se trataba de defender sus propios intereses, aun en detrimento de los de otro.

A pesar de su deseo de obedecer al rey y cumplir la misión que le había confiado, Setaú sintió la tentación de renunciar. Capturar peligrosos reptiles era más fácil que resolver conflictos entre facciones rivales.

Pero el nuevo virrey de Nubia contó con la ayuda de dos colaboradores que no esperaba. En primer lugar, Loto, cuya metamorfosis le sorprendió; ella, la enamorada de deliciosas iniciativas, la liana nubia que sabía extraer del cuerpo de su amante un placer encantador, la hechicera capaz de hablar el lenguaje de las serpientes, le ayudaba con la frialdad de una mujer de poder. Su belleza, intacta a pesar de los años, fue una preciosa ventaja en las discusiones de los dignatarios de las tribus que, olvidando sus querellas y algunas de sus exigencias, contemplaban las encantadoras formas de la esposa del virrey. En resumen, encantaba otros reptiles.

El segundo aliado, más sorprendente todavía, fue el propio Ramsés. La presencia del monarca, durante las primeras discusiones de Setaú con los oficiales superiores de las fortalezas egipcias, resultó decisiva, y los oficiales comprendieron enseguida que Setaú no era un fantoche y que tenía el apoyo del rey. Ramsés no dijo una sola palabra, permitiendo a su amigo expresarse y demostrar su valor.

Al finalizar la ceremonia de instalación del virrey en la fortaleza de Buhen, Setaú y Ramsés pasearon por las murallas.

–Nunca he sabido dar las gracias –confesó Setaú–, pero...

–Nadie podría haber impedido que te impusieras; te he hecho ganar algo de tiempo, eso es todo.

–Me has dado tu magia, Ramsés, y esa fuerza es irreemplazable.

–Es el amor a este país que ha captado tu existencia, y has aceptado la realidad porque eres un auténtico guerrero, ardiente y sincero como esta tierra.

–¡Un guerrero al que pides que consolide la paz!

–¿No es acaso el más suave de los alimentos?

–Pronto vas a marcharte, ¿no es cierto?

–Eres virrey, tu esposa es notable; vuestro deber consiste en dar prosperidad a Nubia.

–¿Volverás, majestad?

–Lo ignoro.

–Y sin embargo, tú también amas este país.

–Si viviera aquí, me sentaría bajo una palmera, a orillas del Nilo, frente al desierto, y contemplaría el curso del sol pensando en Nefertari, sin preocuparme por los asuntos del Estado.

–Hoy, sólo hoy, comienzo a sentir algo del peso que gravita sobre tus hombros.

–Porque ya no te perteneces, Setaú.

–Carezco de tu poderío, majestad; ¿no será el fardo demasiado pesado para mí?

–Gracias a las serpientes, has vencido el miedo; gracias a Nubia, vivirás la práctica del poder sin convertirte en su esclavo.

Serramanna practicaba el boxeo con un maniquí de trapo, tiraba al arco, corría y nadaba; sin embargo, aquella orgía de ejercicio físico no agotaba su exceso de rabia contra Uri-Techup. A pesar de lo que había esperado, el hitita no perdía su sangre fría ni cometía la falta que hubiera permitido al sardo detenerle. Y su grotesca unión con Tanit acababa pareciendo un matrimonio respetable al que se acostumbraban las grandes familias de Pi-Ramsés.

Cuando el jefe de la guardia personal de Ramsés estaba despidiendo a una soberbia danzarina nubia, cuya alegre sensualidad le había calmado un poco, uno de sus subordinados cruzó la puerta.

–¿Has almorzado ya, muchacho?

–Bueno...

–Perca del Nilo, riñones en salsa, pichón relleno, legumbres frescas… ¿Te apetece?

–Claro, jefe.

–Cuando tengo hambre, mis orejas están tapadas; comamos y ya hablarás luego.

Concluida la comida, Serramanna se tendió en unos almohadones.

–¿Qué te trae aquí, muchacho?

–Como me pedisteis, jefe, monté discretamente guardia ante la mansión de la dama Tanit durante su ausencia. Un hombre de cabellos rizados y túnica multicolor se ha presentado tres veces al portero.

–¿Le has seguido?

–No eran ésas vuestras instrucciones, jefe.

–Así pues, no puedo reprocharte nada.

–Pero... pero la tercera vez le seguí, y me preguntaba si no habría metido la pata.

Serramanna se levantó y su enorme mano cayó sobre el hombro del mercenario.

–¡Bravo, pequeño! A veces es preciso saber desobedecer. Dime qué has averiguado.

–Sé dónde vive.

46

Serramanna había vacilado mucho. ¿Tenía que llevar a cabo una acción brutal y hacer hablar al sospechoso o debía consultar primero a Ameni?

Antaño, no habría dudado; pero el antiguo pirata se había convertido en un egipcio, y el respeto por la justicia le parecía ahora un valor que permitía a los humanos cohabitar sin excesivos choques y sin insultar a los dioses. Así pues, el jefe de la guardia personal de Ramsés penetró en el despacho de Ameni, cuando el secretario particular y portasandalias del monarca trabajaba solo, a la luz de los candiles de aceite.

Sin dejar de leer tablillas de madera, Ameni devoraba un puré de habas, pan fresco y pastelillos de miel. Y el milagro proseguía: ningún alimento le hacía engordar.

–Cuando me visitas tan tarde, no es buena señal –dijo a Serramanna.

–Te equivocas. Tal vez tenga una pista interesante, pero no he hecho nada todavía.

Ameni se sorprendió.

–¿Acaso el dios Thot te ha tomado bajo la protección de su ala de ibis para insuflarte cierta prudencia? Has obrado bien, Serramanna. El visir no bromea con el respeto a los demás.

–Se trata de un rico fenicio, Narish, que vive en una gran mansión. Ha acudido varias veces a la casa de la dama Tanit.

–Visita de cortesía entre compatriotas.

–Narish ignoraba que Tanit y Uri-Techup estuvieran en viaje oficial acompañando a la reina. Desde que han regresado, sólo ha ido una vez, y en plena noche.

–¿Acaso estás vigilando la mansión de Tanit sin autorización?

–En absoluto, Ameni; la información me la ha confiado el vigilante que se encarga de la seguridad del barrio.

–No sólo me tomas por imbécil sino que, además, juegas al diplomático. Ha nacido un nuevo Serramanna... –El escriba dejó de comer–. Me quitas el apetito.

–¿He cometido algún error grave? –se preocupó el sardo.

–No, tu presentación de los hechos es astuta y adecuada... lo que me inquieta es el nombre de Narish.

–Es un hombre acomodado y, sin duda, influyente; ¿pero por qué va a escapar de la justicia?

–Es más influyente de lo que crees. Narish es un comerciante de la ciudad de Tiro que se encarga de preparar, junto con nuestro Ministerio de Asuntos Exteriores, la visita del rey a Fenicia.

El sardo se enfureció.

–¡Es una trampa! Narish está en contacto con Uri-Techup.

–Hace negocios con su compatriota, la dama Tanit, rica comerciante también; nada prueba que conspire con el hitita.

–No seamos ciegos, Ameni.

–Estoy en una situación difícil. Tras varios meses pasados en Nubia para asentar la autoridad de Setaú, Ramsés ha tomado de nuevo el expediente de nuestros protectorados del Norte y nuestras relaciones comerciales. Los vínculos con Fenicia se han relajado un poco y ha decidido hacerlos más estrechos con un viaje oficial. Ya conoces al rey, el riesgo de un atentado no le hará retroceder.

–Es preciso proseguir la investigación y demostrar que el tal Narish es un cómplice de Uri-Techup.

–¿No creerás que vamos a permanecer con los brazos cruzados?

Las aguas del Nilo reflejaban el oro del sol poniente; se preparaba la comida en casa de los ricos y en la de los humildes. Las almas de los muertos, tras haber navegado en compañía del astro del día y haberse alimentado con su energía, regresaban a sus moradas de eternidad para regenerarse con otra forma de energía, el silencio.

Sin embargo, aquella noche, los perros encargados de custodiar la inmensa necrópolis de Saqqara permanecían ojo avizor, pues el paraje recibía a dos distinguidos visitantes, Ramsés el Grande y su hijo Kha, presa de insólita exaltación.

–¡Qué feliz me siento recibiéndote en Saqqara, majestad!

–¿Has descubierto por fin el libro de Thot?

–La mayoría de los antiguos monumentos se han restaurado ya, estamos en los acabados; por lo que al libro de Thot se refiere, tal vez esté reconstruyéndolo página a página, y, precisamente, me gustaría mostrarte una de ellas. Durante tu larga estancia en Nubia, maestros de obra y artesanos del dios Ptah han trabajado sin descanso.

La alegría de su hijo colmaba a Ramsés de felicidad. Pocas veces le había visto tan feliz.

En el vasto dominio de Saqqara reinaba la pirámide madre de Zóser y de Inhotep, la primera construcción de piedras talladas cuyos peldaños formaban una escalera hacia el cielo; pero Kha no llevó a su padre hacia el extraordinario monumento, sino que siguió un camino desconocido que serpenteaba hacia el noroeste de la pirámide.

Una capilla de columnas sobrealzadas, cuya base estaba adornada con estelas dedicadas a las divinidades por grandes personajes del Estado, señalaba la entrada de un subterráneo custodiada por sacerdotes provistos de antorchas.

–El paño de ceremonia del faraón incluye una cola de toro, pues es el poderío por excelencia –recordó Kha–. Y este poderío es el del toro *Apis,* que permite al señor de las Dos Tierras franquear todos los obstáculos. *Apis* lleva en sus lomos la momia de Osiris, para resucitarle en su carrera celestial. Hice el juramento de construir para los toros *Apis* un santuario adecuado a la grandeza de su dinastía; la obra ya está terminada.

Precedidos por los portadores de antorchas, el monarca y su primogénito penetraron en el templo subterráneo de los toros *Apis*. Durante generaciones, el alma del dios había pasado de animal en animal, sin que la transmisión de su fuerza sobrenatural se interrumpiese. Cada uno de ellos descansaba en un enorme sarcófago depositado en una capilla; momificados como humanos, los toros *Apis* eran inhumados con los tesoros de su reinado, joyas, preciosas jarras e, incluso, pequeñas figuritas con cabeza de toro que se animarían mágicamente en el más allá para evitarles cualquier fatiga. Los constructores habían excavado y practicado impresionantes galerías que unían entre sí las capillas donde los toros momificados dormían su apacible sueño.

–Todos los días –precisó Kha–, unos sacerdotes especializados presentarán ofrendas en cada una de las capillas, para que la gran alma de *Apis* conceda al faraón la fuerza que necesita. He hecho construir también un sanatorio donde los enfermos se alojarán en habitaciones con los muros cubiertos de yeso blanco; allí harán curas de sueño. ¿No se sentirá encantada Neferet, la médico en jefe?

–Tu obra es magnífica, hijo mío; atravesará los siglos[1].

–*Apis* acude a tí, majestad.

Saliendo de las tinieblas, un colosal toro negro avanzó

1. El egiptólogo francés Mariette descubrió, en 1850, el emplazamiento de las capillas funerarias de los toros *Apis,* conocido con el nombre de Serapeum.

lentamente hacia el faraón. El *Apis* reinante tenía aspecto de monarca pacífico. Ramsés recordó el terrorífico momento cuando, en Abydos, su padre, Seti, le había enfrentado a un toro salvaje. Habían transcurrido muchos años desde aquel episodio que había decidido el destino del Hijo de la Luz.

El toro se aproximó, Ramsés permaneció inmóvil.

–Acércate en paz a mí, hermano mío.

Ramsés tocó el cuerno del toro, que lamió la mano del monarca con su rasposa lengua.

Los altos funcionarios del Ministerio de Asuntos Exteriores habían aprobado con muchas alabanzas el proyecto de Ramsés, felicitando al faraón por su notable iniciativa, apreciada por todos los principados colocados bajo la protección de Egipto y el Hatti. Nadie había emitido ni la sombra de una crítica, ni tampoco una sugerencia; ¿no era divino el pensamiento de Ramsés el Grande?

Cuando Ameni entró en el despacho del monarca, percibió enseguida su contrariedad.

–¿Debo llamar a la médico en jefe, majestad?

–Sufro de un mal que ella no podrá curar.

–Déjame adivinarlo: no soportas el halago.

–Hace casi treinta y nueve años que reino, treinta y nueve años de cortesanos volubles e hipócritas, de notables que me echan incienso en vez de reflexionar por sí mismos, de supuestos responsables que sólo existen por mis decisiones... ¿Puedo alegrarme de eso?

–¿Y has necesitado superar los sesenta para descubrir la verdadera naturaleza de los cortesanos? Este momento de debilidad no es digno de ti, majestad. ¿Por quién me tomas? Los dioses no me concedieron tu altura ni tu gran visión, pero de todos modos expreso mi opinión.

Ramsés sonrió.

–Y desapruebas mi viaje oficial a Fenicia.

–Según Serramanna, podrías ser víctima de un atentado.

–Es el riesgo inherente a todo desplazamiento por la región; si mi magia es eficaz, ¿qué puedo temer?

–Como sin duda tu majestad no va a renunciar a su proyecto, reforzaré el dispositivo de seguridad tanto como sea posible. ¿Pero realmente es indispensable ir a Tiro? Nuestros agentes comerciales son capaces de resolver muy bien los problemas.

–¿Vas a subestimar la importancia de mi intervención?

–Así pues, tienes una intención oculta.

–La inteligencia es una virtud consoladora, Ameni.

47

Uri-Techup se levantó tarde y desayunó en el jardín, al sol.

–¿Dónde está mi mujer? –preguntó al intendente.

–La dama Tanit tenía asuntos que resolver en la ciudad.

Al hitita no le gustó. ¿Por qué no le había hablado la fenicia de ellos?

–¿De dónde vienes? –le preguntó en cuanto estuvo de regreso.

–Alguna vez tengo que ocuparme de mis bienes.

–¿A quién has visto?

–A un rico compatriota.

–¿Su nombre?

–¿Estás celoso, querido?

Uri-Techup abofeteó a Tanit.

–No quieras desafiarme y responde cuando te pregunto.

–¡Me... mc has hecho daño!

–¡Su nombre!

–Narish. Desea desarrollar el volumen de intercambio con Egipto y se sirve incluso de intermediario en el próximo viaje de Ramsés a Fenicia.

Uri-Techup besó a la fenicia en los labios.

–Apasionante, mi pequeña codorniz... Podrías habérmelo dicho enseguida, sin provocarme estúpidamente. ¿Cuándo debes ver de nuevo al tal Narish?

–Hemos firmado un contrato y...

–Encuentra otra idea para trabajar con él y sácale el máximo de información sobre ese viaje. Gracias a tu poder de seducción, te será fácil.

Tanit intentó protestar, pero Uri-Techup se tendió sobre ella. Hechizada, la hermosa fenicia se abandonó; le era imposible luchar contra el deseo de su amante.

–Han sido anulados todos los banquetes –le anunció Tanit a Uri-Techup, que había confiado sus manos a los cuidados de una manicura.

–¿Por qué razón?

–El toro *Apis* acaba de morir. Durante el período de luto no se autoriza festividad alguna.

–¡Ridícula costumbre!

–No para los egipcios.

Tanit despidió a la manicura.

–La propia fuerza del faraón está en juego –precisó la fenicia–; debe descubrir un toro en cuyo cuerpo se encarne *Apis*. De lo contrario, su prestigio declinará.

–Ramsés no tendrá dificultad alguna.

–La tarea no es tan sencilla, pues el animal debe tener unas características concretas.

–¿Cuáles?

–Es preciso consultar con un sacerdote especializado en el culto de *Apis*.

–Haz que nos inviten a los funerales.

Los despojos del viejo toro *Apis*, muerto en su recinto del templo de Menfis, habían sido depositados en un lecho funerario en «la sala pura», donde, como un Osiris, había recibido los honores de una velada fúnebre a la que asistían Ramsés y Kha. Se habían recitado las fórmulas de resurrección por el difunto; *Apis*, la potencia mágica de Ptah, el dios de los constructores, había sido tratado con todas las consideraciones que merecía.

Terminada la momificación, *Apis* había sido depositado en una sólida narria de madera y transportado hasta la embarcación real, en la que había atravesado el Nilo. Luego se había organizado una procesión hacia la necrópolis de Saqqara y la sepultura subterránea de los toros.

Ramsés había abierto la boca, los ojos y los oídos del toro resucitado en «la morada del oro». Ni a Uri-Techup ni a Tanit se les había permitido contemplar los misteriosos ritos, pero consiguieron hacer hablar a un sacerdote charlatán, satisfecho de demostrar su ciencia.

–Para convertirse en un *Apis*, el toro debe tener el pelaje negro sembrado de marcas blancas, un triángulo blanco en la frente, un creciente lunar en el pecho y otro en el flanco, y los pelos de la cola alternativamente negros y blancos.

–¿Hay muchos animales que cumplan estos requisitos? –preguntó el hitita.

–No, sólo existe un toro así creado por los dioses.

–¿Y si el faraón no lo encontrase?

–Perdería todo el vigor y numerosas desgracias caerían sobre el país; pero Ramsés no fallará en su tarea.

–Todos estamos convencidos de ello.

Uri-Techup y Tanit se alejaron.

–Si el animal existe –dijo el hitita–, debemos encontrarlo antes que Ramsés y matarlo.

El rostro de Ameni parecía inquieto y fatigado. ¿Cómo no estar fatigado? Ni siquiera el propio Ramsés había conseguido nunca que su amigo, a pesar de sus múltiples dolores, aceptara reducir su ritmo de trabajo.

–¡Numerosas y buenas noticias, majestad! Por ejemplo...

–Comienza por las malas, Ameni.

–¿Quién te ha informado?

–Nunca has sabido disimular tus sentimientos.

–Como quieras... El emperador Hattusil te ha escrito.

–Nuestros diplomáticos se escriben con regularidad; ¿qué hay de anormal en ello?

–Se dirige a ti, su hermano, porque Mat-Hor se ha quejado del destino que le has reservado. Hattusil se sorprende y exige explicaciones.

La mirada de Ramsés fulguró.

–Sin duda esa mujer te ha calumniado para provocar el furor de su padre y encender de nuevo la discordia entre nuestros dos pueblos.

–Respondamos adecuadamente a mi hermano Hattusil.

–Me he inspirado en textos redactados por Acha y te propongo una misiva que debería apaciguar al emperador del Hatti.

Ameni mostró al rey un borrador, una tablilla de madera muy gastada a fuerza de haber sido borrada y rascada numerosas veces.

–Hermoso estilo diplomático –juzgó Ramsés–; nunca dejas de progresar.

–¿Puedo confiar la redacción definitiva a un escriba de perfecta caligrafía?

–No, Ameni.

–¿Pero... por qué?

–Porque yo mismo redactaré la respuesta.

–Perdonadme, majestad; pero temo que...

–¿Temes acaso la verdad? Me limitaré a explicar a Hattusil que su hija es incapaz de asumir las funciones de gran esposa real y que, en adelante, vivirá apacibles días en un dorado retiro, mientras Meritamón estará a mi lado en las ceremonias oficiales.

Ameni estaba pálido.

–Tal vez Hattusil sea tu hermano, pero es un monarca muy susceptible... Esa respuesta puede provocar una reacción realmente brutal.

–La verdad no debe ofuscar a nadie.
–Majestad...
–Regresa a tus ocupaciones, Ameni; mi carta saldrá hacia el Hatti mañana mismo.

Uri-Techup había elegido bien a su esposa. Hermosa, sensual, enamorada, admitida en la alta sociedad y rica, muy rica. Gracias a la fortuna de la dama Tanit, el hitita había podido contratar un considerable número de indicadores encargados de informarles de las localidades donde vivían toros machos, adultos, de pelaje negro sembrado de manchas blancas. Como Ramsés aún no había iniciado la búsqueda, Uri-Techup esperaba beneficiarse de su ventaja.

Oficialmente, la fenicia deseaba comprar rebaños y pensaba adquirir potentes reproductores antes de lanzarse a la cría. La búsqueda se había iniciado en los alrededores de Pi-Ramsés y, luego, se había extendido a las provincias entre la capital y Menfis.

–¿Qué hace Ramsés? –preguntó Uri-Techup a Tanit cuando ésta regresaba de palacio, donde había hablado con algunos funcionarios de la Doble Casa blanca, encargados de aplicar la política económica del soberano.

–Pasa la mayoría de su tiempo en compañía de Kha; padre e hijo reformulan el antiquísimo ritual de entronización del nuevo *Apis*.

–¿Ha sido descubierto el maldito toro?

–Sólo el faraón puede identificarlo.

–¿Por qué permanece inactivo pues?

–El período de luto no ha terminado.

–Si pudiéramos depositar ante la entrada del templo subterráneo el cadáver del nuevo *Apis*... ¡La fama de Ramsés quedaría destruida!

–Mi intendente tiene un mensaje para ti.

–¡Muéstramelo, pronto!

Uri-Techup arrancó un pedazo de calcáreo de las manos de Tanit. Según uno de los buscadores, un toro que cumplía las condiciones exigidas había sido descubierto en una pequeña aldea al norte de Menfis. Su propietario exigía por él un precio exorbitante.

–Parto inmediatamente –anunció Uri-Techup.

48

En aquella soleada tarde, la aldea dormitaba. Cerca del pozo, bajo un bosquecillo de palmeras, dos niñas jugaban a las muñecas. No lejos, su madre reparaba cestos de mimbre.

Cuando el caballo de Uri-Techup hizo irrupción en aquel mundo apacible, las dos niñas, asustadas, se refugiaron junto a su madre, aterrorizada también por la violencia que emanaba del jinete de largos cabellos.

–Tú, mujer, dime dónde se halla el propietario de un vigoroso toro negro.

La madre de familia retrocedió, estrechando contra sí a sus hijas.

–¡Habla o probarás mis puños!

–En la salida sur de la aldea, una granja, con una cerca...

El caballo galopó en la dirección indicada. Unos minutos después Uri-Techup distinguió la cerca.

Un toro espléndido, de pelaje negro sembrado de manchas blancas, rumiaba, inmóvil.

El hitita descabalgó y le examinó de cerca: tenía ciertamente todos los signos distintivos de un *Apis*.

Uri-Techup corrió hacia el edificio principal de la granja, donde los obreros agrícolas estaban almacenando forraje.

–¿Dónde está el patrón?

–En la pérgola.

Uri-Techup estaba llegando al final; pagaría el precio sin discutir.

Tendido en una estera, el patrón abrió los ojos.

–¿Has tenido un buen viaje?

El hitita se quedó petrificado.

–Tú...

Serramanna se levantó lentamente, desplegando su inmenso esqueleto.

–¿Te interesa ahora la cría, Uri-Techup? ¡Excelente idea! Es uno de los puntos fuertes de Egipto.

–Pero tú no eres...

–¿El propietario de esta granja? ¡Ya lo creo! Una hermosa propiedad que pude comprar gracias a la generosidad de Ramsés. Pasaré aquí una vejez tranquila. ¿No deseas adquirir mi más hermoso toro?

–No, te equivocas...

–Cuando Ameni y yo advertimos que estabas moviéndote, el secretario particular del rey tuvo la genial idea de pintar en el pelaje de este animal los símbolos característicos del toro *Apis*. Esta broma quedará entre nosotros, ¿verdad?

El período de luto terminaría muy pronto y los ritualistas comenzaban a preocuparse: ¿por qué no buscaba el rey un nuevo *Apis*? Tras haber visitado varias veces el templo subterráneo de los toros momificados y trabajado días enteros en el ritual de la primera dinastía que permitía resucitar a los *Apis*, Ramsés escuchaba a su hijo, el sumo sacerdote de Path, que le hablaba de la acción incesante del dios de los constructores, actuando en los espacios celestiales tanto como en las colmenas o en el vientre de las montañas. El verbo creador de Ptah se revelaba en el corazón y se formulaba con la lengua, pues todo pensamiento vivo debía encarnarse en una forma justa y bella.

Una semana antes de la fecha fatídica, ni el propio Kha ocultaba su inquietud.

–Majestad, el luto...

–Ya lo sé, hijo mío; el sucesor del difunto *Apis* existe, no te preocupes.

–Si está lejos de aquí, el viaje requerirá tiempo.

–Esta noche dormiré en el templo subterráneo y solicitaré a los dioses y a Nefertari que me guíen.

Al caer la tarde, el rey se quedó solo con la dinastía de los *Apis*. Conocía a cada cual por su nombre y apeló el alma única que les unía unos a otros. Tendido en el austero lecho de una celda de sacerdote, Ramsés confió su espíritu al sueño. No al simple reposo del cuerpo y los sentidos, sino al sueño capaz de viajar al modo de un pájaro infatigable. Como si su ser tuviera repentinamente alas, el rey abandonó la tierra, se elevó en el cielo y vio.

Vio el Alto y el Bajo Egipto, las provincias, las ciudades y las aldeas, los grandes templos y los pequeños santuarios, el Nilo y los canales de irrigación, el desierto y los cultivos.

Un fuerte viento procedente del norte empujaba hacia Abydos la embarcación con dos velas blancas. En la proa, Ramsés disfrutaba el nunca saciado placer de admirar su país desde el agua. Con gran autoridad, Kha había afirmado a los ritualistas y a la corte que partía con su padre para identificar al toro *Apis* y llevarlo a Saqqara. Conociendo las dramáticas consecuencias de un fracaso, el sumo sacerdote se negaba a pensar en ello.

–Estamos llegando –le dijo al monarca.

–El viaje me ha parecido tan corto... Cuando te invade tanta belleza, el tiempo queda abolido.

El clero de Abydos al completo recibió al rey en el embarcadero; el sumo sacerdote saludó a Kha.

–¿Viene su majestad a preparar los misterios de Osiris?

–No –respondió Kha–; Ramsés está convencido de que la nueva encarnación del toro *Apis* se encuentra aquí.

–¡Si así fuera, habríamos avisado a su majestad! ¿En qué informaciones se basa?

–Sólo él lo sabe.

El sumo sacerdote de Abydos se quedó consternado.

–¿Habéis intentado convencer a vuestro padre?

–Es Ramsés.

Todos esperaban que el monarca explorase la campiña de los alrededores, pero, por el contrario, se dirigió sin vacilar hacia el desierto, hacia las tumbas de los faraones de las primeras dinastías. En Saqqara descansaban sus momias, en Abydos perduraba su ser luminoso. Algunos tamariscos daban sombra a las sepulturas.

Ramsés lo vio bajo su follaje: un magnífico toro negro cuyo hocico se levantó hacia el hombre que se acercaba a él.

Ésa era la escena que el faraón había contemplado en el sueño ofrecido por la comunidad de los *Apis*.

El cuadrúpedo no manifestó agresividad alguna. Habríase dicho que volvía a encontrarse con un viejo amigo tras una larga separación.

En la frente del toro distinguió un triángulo blanco. En su pecho y su flanco, un creciente lunar; y los pelos de su cola eran, alternativamente negros y blancos.

–Ven, *Apis;* te llevaré a tu morada.

Cuando la embarcación real atracó en el muelle principal del puerto de Menfis, la ciudad entera estaba ya en fiestas. Los dignatarios de Pi-Ramsés habían abandonado la capital para admirar al nuevo *Apis*, cuya fuerza permitiría al faraón reinar todavía largos años. Incluso Ameni había efectuado el desplazamiento, no con la intención de participar en los festejos sino porque era portador de malas noticias.

Aclamados, el toro y el rey, uno junto a otro, desembarcaron y caminaron hacia el templo de Ptah, donde, en un vasto recinto cercano al santuario, viviría en adelante la encarnación de *Apis*, rodeado de vacas a cual más hermosa.

Ante la puerta del recinto tuvo lugar un antiguo rito: una mujer de honrosa fama y que gozaba de excelente reputación se puso frente al toro, se levantó la túnica hasta el vientre y desveló su sexo. De ese modo, la sacerdotisa de Hator recibía, entre las risas de la muchedumbre, al fecundador que preñaría las vacas, animales sagrados de la diosa, y aseguraría la descendencia de los *Apis*.

En primera fila entre los espectadores, Uri-Techup ya no sabía a dónde mirar. Aquella escena insólita, aquella mujer impúdica riéndose también a carcajadas, aquel toro impasible y aquel pueblo venerando a Ramsés... ¡Un Ramsés que parecía indestructible!

Cualquier otro habría renunciado; pero Uri-Techup era un hitita, un jefe guerrero, y Ramsés le había robado el trono. Jamás le perdonaría haber convertido a la nación hitita, antaño conquistadora y victoriosa, en un montón de cobardes que inclinaban la cabeza ante el adversario de ayer.

La doble gran puerta del templo se cerró. Mientras la población danzaba, cantaba, comía y bebía a costa del faráon, Ramsés, Kha y un colegio de ritualistas celebraron los ritos de entronización del nuevo *Apis*, cuyo punto culminante era la carrera del toro llevando en sus lomos la momia de Osiris, el cuerpo recompuesto y vivificado del dios vencedor de la muerte.

–¿Cómo te pueden gustar tanto los viajes? –gruñó Ameni–. Y, mientras, los problemas y las urgencias se acumulan en mi despacho.

–Si te has desplazado –observó Ramsés–, debes de tener un motivo importante.

–De nuevo me acusarás de perturbar un período de festividades.

–¿Te he hecho alguna vez algún reproche serio?

El portasandalias del rey mascullò una respuesta ininteligible.

–El emperador Hattusil ha respondido con sorprendente rapidez –prosiguió–; basta leer entre líneas para percibir su cólera. Desaprueba tu actitud y sus amenazas apenas están veladas.

Por unos momentos, Ramsés permaneció en silencio.

–Puesto que mis argumentos no le han convencido, vamos a utilizar una estrategia distinta. Toma un papiro nuevo, Ameni, y tu mejor pincel; mis proposiciones van a sorprender a mi hermano Hattusil.

49

–Las negociaciones han terminado –reveló Tanit a Uri-Techup–, y el mercader Narish ha regresado a Tiro para recibir a Ramsés con el alcalde de la ciudad y las personalidades locales.

El hitita apretó el puño de la daga de hierro que nunca le abandonaba.

–¿No has podido obtener informaciones más confidenciales?

–El itinerario no es secreto y el monarca irá acompañado por su hijo Merenptah, general en jefe del ejército egipcio, a la cabeza de dos regimientos de elite. Cualquier ataque contra ellos estaría condenado al fracaso.

Uri-Techup rabiaba; Malfi no disponía aún de bastantes hombres para librar un combate de aquella envergadura.

–De todos modos es curioso –añadió la fenicia–; los altos funcionarios de la Doble Casa blanca no han manifestado exigencia especial alguna, como si al faraón no le afectaran demasiado los problemas económicos. Y sin embargo, existen puntos entre litigio que Egipto no suele silenciar.

–¿Qué conclusión sacas?

–Ramsés oculta el verdadero objeto de su viaje.

Uri-Techup se quedó perplejo.

–Probablemente tienes razón. Pues bien, descúbrelo.

–¿De qué modo?

–Ve a palacio, haz hablar a los cortesanos, roba documentos, qué sé yo... ¡Arréglatelas, Tanit!

–Pero, querido...

–No discutas. Tengo que saberlo.

Amplia y segura, la pista seguía la ladera del Monte Carmelo y descendía suavemente hacia el mar. El mar... una visión extraña para muchos soldados egipcios, una increíble llanura de agua, sin límites. Los veteranos advertían a los más jóvenes: si poner el pie en la espuma de las olas no presentaba peligro alguno, no debían nadar muy lejos, so pena de ser arrastrados hasta el fondo por un genio maléfico.

Ramsés marchaba a la cabeza de su ejército, justo detrás de Merenptah y los exploradores. El hijo menor del rey no había dejado de verificar, a lo largo de todo el viaje, su dispositivo de seguridad. El monarca, por su parte, no había manifestado signo alguno de inquietud.

–Si reinas –le dijo a Merenptah–, no olvides viajar regularmente a nuestros protectorados; y si lo hace tu hermano Kha, recuérdaselo. Cuando el faraón está demasiado tiempo alejado y ausente, la revuelta intenta romper la armonía; cuando está cerca, los corazones se apaciguan.

Pese a las reconfortantes palabras de los veteranos, los jóvenes reclutas no se sentían tranquilos; una sucesión de violentas olas, rompiendo contra los espolones rocosos que se adentraban en el mar, les hicieron añorar las orillas del Nilo.

La campiña les pareció menos hostil: campos cultivados, vergeles y olivares atestiguaban la riqueza agrícola de la región. Pero la vieja ciudad de Tiro estaba de vuelta hacia mar abierto; un brazo de mar formaba una especie de foso infranqueable, protección contra el ataque de una flota enemiga. Tiro, la nueva, había sido edificada sobre tres islotes separados por canales poco profundos, a lo largo de los cuales se hallaban las calas secas.

Desde lo alto de las torres de vigía, los tirios observaron al faraón y sus soldados. Dirigida por Narish, una delegación salió al encuentro del dueño de Egipto. Los saludos fueron calurosos y Narish, con entusiasmo, condujo a Ramsés por las callejas de su ciudad. Merenptah mantenía la mirada clavada en los tejados, de donde en cualquier instante podía surgir el peligro.

Tiro estaba consagrada al comercio; allí se vendían vidrios, jarros de oro y de plata, tejidos teñidos con púrpura y muchas otras mercancías que transitaban por su puerto. Las casas, de cuatro o cinco pisos de altura, estaban muy juntas.

Amigo íntimo de Narish, el alcalde había ofrecido a Ramsés su lujosa mansión como lugar de residencia; construida en el punto culminante de la ciudad, dominaba el mar. Su florecida terraza era una maravilla, y el propietario del lugar había llevado el refinamiento hasta tal punto que había amueblado la vasta mansión al estilo egipcio, para que el faraón no se sintiera extraño.

–Espero que os sintáis satisfecho, majestad –declaró Narish–. Vuestra visita es un grandísimo honor; esta misma noche presidiréis un banquete que será recordado en nuestros anales. ¿Podemos esperar que se desarrollen nuestras relaciones comerciales con Egipto?

–No soy hostil a ello, pero con una condición.

–La reducción de nuestros beneficios... Lo sospechaba. No nos oponemos, siempre que lo compensemos con el volumen de los intercambios.

–Estaba pensando en otra condición.

Pese a la suavidad del aire, el comerciante fenicio sintió que la sangre se helaba en sus venas. A consecuencia del tratado de paz, Egipto había admitido que la región permaneciera bajo control hitita aunque, en realidad, gozara de una real independencia. ¿Una desastrosa voluntad de poder incitaría a Ramsés a poner las manos en Fenicia, a riesgo de denunciar el tratado y provocar un conflicto?

–¿Cuáles son esas condiciones, majestad?

–Vayamos al puerto, Merenptah nos acompañará.

Por órdenes del rey, su hijo menor tuvo que limitarse a una reducida escolta.

En el extremo occidental del puerto había un centenar de hombres de edad y orígenes diversos, desnudos y encadenados. Unos intentaban mantener una apariencia de dignidad, otros tenían la mirada vacía.

Unos tirios de rizada cabellera discutían precios, por individuo o por todo un lote; pensaban realizar importantes beneficios con la venta de aquellos esclavos en perfecto estado de salud. Las justas oratorias y financieras iban a ser duras.

–Que se libere a esos hombres –exigió Ramsés.

Narish pareció divertido.

–Cuestan caros... Permitid que la ciudad de Tiro os los ofrezca, majestad.

–He aquí la verdadera razón de mi viaje: ninguno de los tirios que quiera comerciar con Egipto podrá ser mercader de esclavos.

Sorprendido, el fenicio tuvo que recurrir a toda su sangre fría para no prorrumpir en vigorosas protestas.

–Majestad... La esclavitud es una ley natural, las sociedades mercantiles la practican desde siempre.

–No hay esclavitud en Egipto –dijo Ramsés–; los seres humanos son el rebaño de Dios, ningún individuo tiene derecho a tratar a otro como un objeto sin alma o una mercancía.

El fenicio nunca había escuchado un discurso tan aberrante; si su interlocutor no hubiera sido el faraón de Egipto, le habría creído loco.

–¿Majestad, acaso vuestros prisioneros de guerra no fueron reducidos a la esclavitud?

–En función de la gravedad de los hechos que se les reprochaban, fueron sometidos a períodos de trabajos forzados más o menos largos. Recuperada la libertad, actuaron como quisieron; la mayoría de ellos se quedaron en Egipto, muchos han fundado allí una familia.

–¡Los esclavos son indispensables para muchos trabajos!

–La ley de Maat exige un contrato entre el que ordena un trabajo y el que lo lleva a cabo; de lo contrario, la alegría no puede circular ni en la obra más sublime ni en el trabajo más modesto. Y ese contrato se basa en la palabra dada por una y otra parte. ¿Crees acaso que las pirámides y los templos podrían haber sido construidos por cohortes de esclavos?

–Majestad, no es posible modificar tan antigüas costumbres...

–No soy ingenuo y sé que la mayoría de los países seguirán practicando la esclavitud. Pero ahora ya conoces mis exigencias.

–Egipto podría perder importantes mercados.

–Lo esencial es que preserve su alma; el faraón no es el patrón de los mercaderes, sino el representante de Maat en la tierra y el servidor de su pueblo.

Las palabras de Ramsés se grabaron en el corazón de Merenptah; para él, el viaje a Tiro sería una etapa importante.

Uri-Techup estaba tan enojado que, para calmarse, había derribado con el hacha un sicomoro centenario que daba sombra a un estanque donde retozaban algunos patos. Asustado, el jardinero de la dama Tanit se había refugiado en la cabaña donde guardaba sus herramientas.

–¡Por fin has llegado! –exclamó el hitita cuando su esposa cruzó el umbral de su propiedad.

Tanit contempló el desolador espectáculo.

–¿Has sido tú el que...?

–¡Ésta es mi casa y hago lo que me place! ¿Qué has sabido en palacio?

–Deja que me siente, estoy cansada.

El pequeño gato atigrado saltó al regazo de su dueña; ella le acarició maquinalmente el cráneo mientras el animal ronroneaba.

–¡Habla, Tanit!

–Te llevarás una decepción: el verdadero objetivo del viaje de Ramsés es luchar contra la esclavitud, que no deja de desarrollarse en Tiro y en toda la región.

Uri-Techup abofeteó con violencia a Tanit.

–¡No me tomes el pelo!

Intentando defender a su dueña, el gatito arañó a Uri-Techup, quien agarró al animal por la piel del cuello y, con el filo de su daga de hierro, lo degolló.

Salpicada de sangre, horrorizada, Tanit corrió a refugiarse en su alcoba.

50

Ameni se sentía aliviado, Serramanna rabiaba.

–Ramsés ha regresado sano y salvo de Fenicia, ahora respiro mejor –reconoció el secretario particular del rey–. ¿Por qué estás de tan mal humor, Serramanna?

–Porque la pista de Narish termina en un callejón sin salida.

–¿Y qué esperabas?

–Tener la prueba de que el fenicio tenía negocios sucios con la dama Tanit. Podría haberla amenazado con inculparla si no me decía la verdad sobre Uri-Techup.

–¡El hitita te obsesiona! Acabará volviéndote loco.

–¿Olvidas que es el asesino de Acha?

–Falta la prueba.

–Por desgracia, tienes razón, Ameni.

El sardo sentía que se estaba haciendo viejo. ¡Respetar una ley! Debía resignarse y admitir su fracaso: Uri-Techup se había mostrado lo bastante astuto como para escapar a la justicia egipcia.

–Regreso a casa.

–¿Una nueva conquista?

–Ni siquiera eso, Ameni; estoy muy cansado y voy a dormir.

–Os espera una dama –anunció el intendente de Serramanna.

–¡No he citado a moza alguna!

–No se trata de una «moza» sino de una dama. Le he rogado que se instalara en la sala de huéspedes.

Intrigado, Serramanna cruzó el recibidor a grandes zancadas.

–¡Tanit!

La hermosa fenicia se levantó y, llorando, se arrojó en brazos del gigante. Iba despeinada y en las mejillas tenía señales de golpes.

–¡Protegedme, os lo suplico!

–De buena gana, ¿pero de qué... o de quién?

–¡Del monstruo que me ha convertido en su esclava!

Serramanna se guardó mucho de manifestar su satisfacción.

–Si deseáis que actúe de un modo oficial, dama Tanit, debéis presentar denuncia.

–Uri-Techup ha degollado mi gato, ha derribado un sicomoro de mi jardín y no deja de maltratarme.

–Son delitos por los que será condenado a una multa, tal vez a trabajos forzados. Pero no bastará para impedirle que siga haciendo daño.

–¿Velarán vuestros hombres por mí?

–Mis mercenarios forman la guardia personal del rey y no podrían intervenir en un asunto privado... A menos que se convirtiera en un asunto de Estado.

Secando sus lágrimas, Tanit se apartó del gigante y le miró a los ojos.

–Uri-Techup quiere asesinar a Ramsés. Está compinchado con el libio Malfi, con el que hizo una alianza en mi propia casa. Uri-Techup fue quien mató a Acha con una daga de hierro de la que nunca se separa. Y con esa misma daga quiere matar al rey. ¿Es ahora un asunto de Estado?

Un centenar de hombres se desplegaron alrededor de la mansión de la dama Tanit. Algunos arqueros treparon a los árboles que daban al jardín de la fenicia, otros a los tejados de las casas vecinas.

¿Uri-Techup estaba solo o con los libios? ¿Tomaría a los criados como rehenes si descubría el cerco? Serramanna había exigido un completo silencio mientras se aproximaban, consciente de que el menor incidente alertaría al hitita.

Y no dejó de producirse.

Al escalar el muro del recinto, un mercenario no pudo asegurar la presa y cayó a un bosquecillo.

Ululó una lechuza, los hombres de Serramanna se inmovilizaron. Unos minutos después, el sardo dio la orden de avanzar.

Uri-Techup ya no tenía posibilidad alguna de huir, pero no se rendiría sin combate; Serramanna esperaba capturarle vivo y hacerle comparecer ante el tribunal del visir.

En la alcoba de Tanit había luz.

Serramanna y una decena de mercenarios se arrastraron por el suelo húmedo de rocío, llegaron al enlosado que rodeaba la mansión y se lanzaron al interior.

La sierva lanzó un grito de espanto y soltó su candil de terracota, que se quebró al caer al suelo. Durante unos instantes, reinó la confusión; los mercenarios lucharon contra invisibles adversarios y rompieron los muebles a mandobles.

–¡Calma! –aulló Serramanna–. ¡Luz pronto!

Encendieron otras lámparas. Temblorosa, la sierva era prisionera de los soldados que la amenazaban con sus espadas.

–¿Dónde está Uri-Techup? –interrogó Serramanna.

–Cuando ha descubierto que la ama había desaparecido, ha saltado a lomos de su mejor caballo y se ha lanzado a todo galope.

Despechado, el sardo rompió de un puñetazo una vasija cretense. El instinto guerrero del hitita le había dictado su conducta; sintiéndose en peligro, había emprendido la fuga.

Para Serramanna, ser admitido en el austero despacho de Ramsés equivalía a penetrar en el corazón del santuario más secreto del país.

Estaban presentes Ameni y Merenptah.

–La dama Tanit ha regresado a Fenicia tras haber declarado ante el visir –indicó Serramanna–. Según varios testigos, Uri-Techup se dirigió hacia Libia, de modo que se ha reunido con su aliado Malfi.

–Simple hipótesis –estimó Ameni.

–¡No, certeza! A Uri-Techup ya no le queda otro refugio y nunca renunciará a combatir Egipto.

–Por desgracia –deploró Merenptah–, no logramos localizar su campamento; el libio se mueve sin cesar. Pensándolo bien, nuestro fracaso es tranquilizador: demuestra que Malfi no consigue reunir un verdadero ejército.

–Que nuestra vigilancia no se relaje –ordenó Ramsés–; la alianza de dos seres maléficos y violentos constituye un verdadero peligro.

–Majestad, tengo una petición que formularos –anunció Serramanna con dignidad.

–Te escucho.

–Estoy convencido de que nos cruzaremos de nuevo en el camino de ese monstruo de Uri-Techup. Solicito el privilegio de combatirle, esperando matarle con mis propias manos.

–Concedido.

–Gracias, majestad. Sea cual sea el porvenir, mi existencia, gracia a vos, habrá sido realmente hermosa.

El sardo se retiró.

–Pareces contrariado –le dijo Ramsés a Merenptah.

–Tras interminables trayectos a través de regiones más o menos hostiles, Moisés y los hebreos se acercan a Canaán, a la que consideran su Tierra Prometida.

–Qué feliz debe sentirse Moisés...

–Pero no las tribus de la región; temen la presencia de ese

pueblo belicoso. Por eso solicito, una vez más, autorización para intervenir militarmente y acabar de raíz con el problema.

–Moisés llegará al final de su búsqueda y creará un país en el que sus fieles vivirán a su guisa; y eso está bien, hijo mío, y no intervendremos. Mañana dialogaremos con el nuevo Estado y tal vez seamos sus aliados.

–¿Y si se convierte en enemigo?

–Moisés no será enemigo de su tierra natal. Preocúpate de los libios, Merenptah, no de los hebreos.

El hijo menor de Ramsés no insistió; aunque el argumento de su padre no le convenciera, se doblegó ante el deber de la obediencia.

–Hemos recibido noticias de tu hermano Hattusil –reveló Ameni.

–¿Buenas o malas?

–El emperador del Hatti reflexiona.

Incluso cuando el sol abrasaba, Hattusil tenía frío. Ni siquiera en el interior de su ciudadela de espesos muros de piedra lograba calentarse. Pegado al fuego que crepitaba en una gran chimenea, volvió a leer para su esposa Putuhepa las proposiciones del faraón de Egipto.

–¡La audacia de Ramsés es increíble! Le envío una carta de reconvenciones y eso es lo que se atreve a responderme: que le mande otra princesa hitita para contraer un nuevo matrimonio diplomático y reforzar la paz. Más aún, ¡que yo mismo vaya a Egipto!

–Maravillosa idea –consideró la emperatriz Putuhepa–; tu visita oficial demostrará, de modo evidente, que la paz firmada entre ambos pueblos es irreversible.

–¡Ni lo sueñes! Yo, el emperador de los hititas, no voy a presentarme como súbdito del faraón.

–Nadie pide que te humilles; no te quepa duda de que seremos recibidos con los honores debidos a nuestro rango. La carta de aceptación ya está redactada; sólo debes colocar tu sello.

–Debemos pensarlo mejor e iniciar conversaciones.

–El tiempo de las palabras ha pasado ya; preparémonos para el viaje a Egipto.

–¿Diriges tú ahora la diplomacia hitita?

–Mi hermana Nefertari y yo edificamos la paz; que el emperador del Hatti la consolide.

Putuhepa consagró un ferviente pensamiento al hombre más seductor que nunca hubiera conocido, Acha, el amigo de infancia de Ramsés, que vivía hoy en el paraíso de los justos. Para él, ese día sería de auténtico gozo.

51

Cuando Mat-Hor se enteró de la noticia que conmocionaba a todo Egipto, es decir, el anuncio de la visita oficial de sus padres, creyó que su desgracia había terminado. Ciertamente, gozaba de una dorada existencia en el harén de Mer-Ur y disfrutaba, sin hastiarse, de los innumerables placeres de su condición; pero no reinaba y era sólo una esposa diplomática, privada de cualquier poder.

La hitita escribió una larga carta a Ameni, secretario particular del monarca; exigía, con virulentos términos, ocupar la función de gran esposa real para recibir al emperador y la emperatriz del Hatti, y reclamaba una escolta para regresar al palacio de Pi-Ramsés.

La respuesta de Ramsés fue cortante: Mat-Hor no asistiría a las ceremonias y permanecería en el harén de Mer-Ur.

Tras una violenta cólera, la hitita reflexionó: ¿de qué modo podría perjudicar al faraón, sino impidiendo la llegada de Hattusil? Obsesionada por este proyecto, se las arregló para cruzarse en el camino de un sacerdote del dios cocodrilo, con una sólida reputación de ritualista.

–En el Hatti –le dijo–, consultamos con frecuencia a los adivinos para conocer el porvenir; leen en las entrañas de los animales.

–¿No es eso algo... grosero?

–¿Utilizáis vosotros otros métodos?

–Al faraón le toca discernir el mañana.

–Pero vosotros, los sacerdotes, conocéis el secreto de ciertas técnicas.

–Existe un cuerpo de magos del Estado, majestad, pero su formación es larga y exigente.

–¿No interrogáis a los dioses?

–En ciertas circunstancias, el sumo sacerdote de Amón formula una pregunta a la potencia creadora, con autorización del rey, y el dios responde por su oráculo.

–Y todos aceptan su decisión, supongo.

–¿Quién podría levantarse contra la voluntad de Amón?

Advirtiendo las reticencias del sacerdote, Mat-Hor no le molestó más.

Aquel mismo día, tras haber ordenado a su personal que no revelara su ausencia, se dirigió a Tebas.

La muerte de dulce sonrisa había acabado recordando la edad del venerable Nebú, el sumo sacerdote de Amón, que se había extinguido en su pequeña casa, junto al lago sagrado de Karnak, con la seguridad de haber servido bien al dios oculto, principio de toda vida, y al faraón Ramsés, su representante en la tierra.

Bakhen, el segundo profeta de Amón, había avisado enseguida al rey, quien había acudido a rendir homenaje a Nebú, uno de aquellos hombres íntegros gracias a quienes se perpetuaba la tradición egipcia, fueran cuales fuesen los asaltos de las fuerzas del mal.

El silencio del luto gravitaba sobre el inmenso templo de Karnak; tras haber celebrado los ritos del alba, Ramsés se encontró con Bakhen junto al escarabeo gigante que, en el ángulo noroeste del lago sagrado, simbolizaba el renacimiento del sol tras su victoria sobre las tinieblas.

–Ha llegado la hora, Bakhen. Desde nuestro lejano enfrentamiento, has recorrido un largo camino sin pensar nunca en ti mismo. Si los templos de Tebas son espléndidos, lo deben en parte a ti; tu gestión es irreprochable y todo el mundo se felicita por tu autoridad. Sí, ha llegado la hora de nombrarte sumo sacerdote de Karnak y primer profeta de Amón.

La voz grave y ronca del antiguo supervisor de los establos tembló de emoción.

–Majestad, no creo que... Nebú...

–Nebú te propuso como sucesor hace ya mucho tiempo y sabía juzgar a los hombres. Te entrego el bastón y el anillo de oro, insignias de tu nueva dignidad; gobernarás esta ciudad santa y procurarás que no se aparte de su función.

Bakhen se sobreponía ya; Ramsés advirtió que se uncía a sus innumerables tareas, sin pensar en el prestigio que el tan deseado título le confería.

–Mi corazón no puede permanecer mudo, majestad. Aquí, en el Sur, algunos nobles se sienten escandalizados por vuestra decisión.

–¿Estás hablando del viaje oficial del emperador y la emperatriz del Hatti?

–Exactamente.

–Varios notables del Norte comparten su opinión, pero la visita se celebrará pues consolida la paz.

–Muchos religiosos desean la intervención del oráculo. Si el dios Amón os da su conformidad, cesará cualquier protesta.

–Prepara la ceremonia del oráculo, Bakhen.

Aconsejada por un administrador del harén de Mer-Ur, Mat-Hor había llamado a la puerta adecuada: la de un rico comerciante sirio a quien no se le escapaba el menor acontecimiento de la vida tebana. Vivía en una suntuosa propiedad de la orilla este, no lejos del templo de Karnak, y recibió a la reina en una sala con dos columnas, decorada con pinturas que representaban iris y acianos.

–¡Qué honor, majestad, para un modesto comerciante!

–Esta entrevista no se ha celebrado nunca y nunca nos hemos encontrado: ¿queda claro?

La hitita ofreció un collar de oro al sirio, que se inclinó sonriente.

–Si me proporcionas la ayuda que necesito, seré muy generosa.

–¿Qué deseáis?

–Me interesa el oráculo de Amón.

–El rumor se ha confirmado: precisamente Ramsés va a consultarlo.

–¿Por qué motivo?

–Pedirá al dios que apruebe la venida a Egipto de vuestros padres.

La suerte ayudaba a Mat-Hor; el destino había hecho el trabajo y sólo tenía que terminarlo.

–¿Y si Amón se niega? –preguntó.

–Ramsés tendrá que inclinarse... ¡Y no me atrevo a imaginar la reacción del emperador del Hatti! ¿Pero no es el faraón hermano de los dioses? La respuesta del oráculo no puede ser negativa.

–Pues exijo que lo sea.

–¿Cómo?

–Te lo repito: ayúdame y te haré muy rico. ¿Cómo responde el dios?

–Unos sacerdotes llevan la barca de Amón, el primer profeta interroga al dios. Si la barca avanza, su respuesta es «sí»; si retrocede, «no».

–Compra a los portadores de la barca y que Amón rechace la respuesta de Ramsés.

–Es imposible.

–Arréglatelas para que los más reticentes sean sustituidos por hombres seguros, utiliza pociones que enfermen a los incorruptibles. Consíguelo y te cubriré de oro.

–Los riesgos...

–Ya no tienes elección, mercader: ahora eres mi cómplice. No renuncies y no me traiciones; de lo contrario, seré implacable.

Solo ante las bolsas repletas de pepitas de oro y piedras preciosas que la hitita le ofrecía como un adelanto de su futura fortuna, el sirio reflexionó largo rato. Algunos afirmaban que Mat-Hor nunca recuperaría la confianza del rey, otros estaban convencidos de lo contrario. Y ciertos sacerdotes de Karnak, celosos por el ascenso de Bakhen, estaban dispuestos a hacerle una jugarreta.

Sobornar a todos los portadores de la barca sagrada era imposible, pero bastaba con comprar los brazos más robustos; el dios vacilaría, dividido entre avanzar y retroceder, luego manifestaría claramente su negativa.

Era una partida que podía jugarse... ¡Y es tan tentadora la riqueza!

Tebas estaba conmocionada. Tanto en la campiña como en los barrios de la ciudad se sabía que iba a celebrarse «la hermosa fiesta de la audiencia divina» durante la que Amón y Ramsés demostrarían, una vez más, su comunión.

En el patio del templo donde se desarrollaba el ritual no faltaba una sola personalidad de la gran ciudad del Sur. El alcalde, los administradores, los terratenientes no querían perderse en modo alguno aquel excepcional acontecimiento.

Cuando la barca de Amón salió del templo cubierto para mostrarse a plena luz, todos contuvieron el aliento. En el centro de la barca de madera dorada se situaba el naos que contenía la estatua divina, oculta a las miradas humanas. Y, sin embargo, ella, efigie viva, iba a tomar la decisión.

Avanzando por el suelo de plata, los portadores caminaban con lentitud. El nuevo sumo sacerdote de Amón, Bakhen, vio caras nuevas; ¿pero no le habían hablado ya de una indisposición alimentaria que había impedido a varios titulares participar en la ceremonia?

La barca se detuvo frente al faraón, Bakhen tomó la palabra.

–Yo, servidor del dios Amón, le interrogo en nombre de Ramsés, el Hijo de la Luz; ¿hace bien el faraón de Egipto invitando a esta tierra al emperador y la emperatriz del Hatti?

Incluso las golondrinas habían dejado su enloquecida carrera por el azul del cielo; cuando el dios hubiera respondido afirmativamente, los pechos se liberarían para aclamar a Ramsés.

Sobornados por el mercader sirio, los portadores más robustos se consultaron con la mirada e intentaron dar un paso atrás.

En vano.

Creyeron que sus colegas, decididos a avanzar, manifestaban una resistencia que duraría muy poco; desplegaron pues una energía que iba a ser decisiva. Sin embargo, una fuerza extraña les obligó a avanzar. Deslumbrados por una luz que procedía del naos, renunciaron a luchar.

El dios Amón había aprobado la decisión de su hijo Ramsés, el regocijo podía comenzar.

52

Era él.

Algo encorvado, con los cabellos canosos y la mirada inquisitiva como siempre, tenía, a primera vista, el aspecto de un hombre bastante ordinario del que nadie desconfiaba. Él, Hattusil, emperador del Hatti, envuelto en un grueso manto de lana para luchar contra la sensación de frío que, tanto en invierno como en verano, nunca le abandonaba.

Él, jefe de una nación guerrera y conquistadora, comandante supremo de las tropas hititas en Kadesh, pero también negociador del tratado de paz; él, Hattusil, dueño indiscutible de un país difícil en el que había aniquilado cualquier oposición.

Y Hattusil acababa de poner el pie en la tierra de Egipto, seguido por dos mujeres, su esposa Putuhepa y una joven princesa hitita, huraña.

–Es imposible –murmuró el emperador del Hatti–, del todo imposible... No, esto no es Egipto.

Y sin embargo, no soñaba: el propio Ramsés el Grande se acercaba a su antiguo adversario para darle un abrazo.

–¿Cómo está mi hermano Hattusil?

–Envejezco, hermano Ramsés.

La huida de Uri-Techup, enemigo común de Egipto y del Hatti buscado por asesinato, había terminado con los obstáculos a la visita oficial de Hattusil.

–A Nefertari le habría gustado este momento extraordinario –dijo Ramsés a Putuhepa, soberbia con su larga túnica roja y adornada con joyas egipcias de oro que el faraón le había ofrecido.

–A lo largo de todo nuestro viaje, no he dejado de pensar en ella –confesó la emperatriz–; independientemente de cuánto dure vuestro reinado, siempre será vuestra única esposa real.

Las declaraciones de Putuhepa allanaban cualquier dificultad diplomática. A la luz de un ardiente estío, Pi-Ramsés estaba en fiestas; brillando con todos sus fulgores, la ciudad de turquesa había recibido miles de dignatarios llegados de todas las ciudades de Egipto para asistir al recibimiento de los soberanos del Hatti y a las numerosas ceremonias previstas en su honor.

La belleza y la riqueza de la capital deslumbraron a la pareja imperial. Sabiendo que el dios Amón había dado su conformidad a Ramsés, la población ofreció una entusiasta acogida a los ilustres visitantes. De pie junto al faraón, en su carro tirado por dos empenachados caballos, Hattusil iba de sorpresa en sorpresa.

–¿No tiene mi hermano protección alguna?

–Mi guardia personal vela –respondió Ramsés.

–Pero esa gente, tan cerca... ¡Nuestra seguridad corre peligro!

–Observa la mirada de mi pueblo, Hattusil: no hay en ella odio ni agresividad. Hoy nos agradece que hayamos edificado la paz, su alegría lo demuestra.

–Una población que no está dominada por el terror... ¡Qué extraño! ¿Y cómo consiguió Ramsés formar un ejército capaz de resistir los ataques hititas?

–Los egipcios aman su país tanto como lo aman los dioses.

–Tú, Ramsés, me impediste vencer; tú y nadie más. Desde hace unos instantes, ya no lo lamento.

El emperador del Hatti se quitó el manto de lana; ya no tenía frío.

–El clima me conviene –advirtió–. Qué lástima... Me hubiera gustado vivir aquí.

En el palacio de Pi-Ramsés, la primera recepción fue grandiosa. Había tal cantidad de platos deliciosos que Hattusil y Putuhepa sólo pudieron picar un poco, humedeciendo sus labios con un vino excepcional. Encantadoras intérpretes de pechos desnudos hechizaron sus oídos y sus ojos, y la emperatriz disfrutó de la elegancia de los vestidos que llevaban las nobles damas.

–Me gustaría que la fiesta estuviese dedicada a Acha –sugirió Putuhepa–. Dio su vida por la paz, por esa felicidad que ahora gozan nuestros dos pueblos.

El emperador lo aprobó, pero parecía contrariado.

–Nuestra hija no está presente –se lamentó Hattusil.

–No cambiaré mi decisión –declaró Ramsés–; aunque Mat-Hor haya cometido graves errores, seguirá siendo el símbolo de la paz y, por ello, será honrada como merece. ¿Debo darte más precisiones?

–Es inútil, hermano Ramsés; a veces es bueno ignorar ciertos detalles.

Ramsés evitó pues mencionar el arresto del mercader sirio que había denunciado a Mat-Hor, creyendo que iba a librarse si calumniaba a la reina.

–¿Desea el faraón hablar con su futura esposa?

–No será necesario, Hattusil; celebraremos con fasto la segunda boda diplomática, y nuestros dos pueblos nos lo agradecerán. Pero el tiempo de los sentimientos y los deseos ha pasado.

–Nefertari es realmente inolvidable... Y eso es bueno. No creo que la princesa que he elegido, hermosa pero de frágil inteligencia, pueda conversar con Ramsés el Grande. Descubrirá el placer de vivir a la egipcia y se alegrará por ello. Por lo que a Mat-Hor respecta, ya no amaba el Hatti y disfrutará, cada día más, en su país de adopción, donde tanto deseaba vivir. Con la edad se hará prudente.

Hattusil acababa de sellar el destino de ambas princesas hititas. En aquel cuadragésimo año del reinado de Ramsés, ya no existía un solo motivo de querella entre el Hatti y Egipto. Por esta razón, los ojos marrones de la emperatriz Putuhepa se habían iluminado, revelando una intensa alegría.

Los pilonos, los obeliscos, los colosos, los grandes patios al aire libre, las columnatas, las escenas de ofrenda y los suelos de plata fascinaron a Hattusil, quien se interesó también por la Casa de Vida, la mansión de los libros, los almacenes, los establos, las cocinas y los despachos donde trabajaban los escribas. El emperador del Hatti salió muy impresionado de sus entrevistas con el visir y sus ministros; la arquitectura de la sociedad egipcia era tan grandiosa como la de sus templos.

Ramsés invitó a Hattusil a quemar incienso para encantar el olfato de las divinidades y atraerlas hacia la morada que los hombres les habían construido. La emperatriz participó en los ritos de apaciguamiento de las fuerzas peligrosas, dirigidos por Kha con su rigor habitual. Y luego se celebró la visita a los templos de Pi-Ramsés, especialmente los santuarios dedicados a los dioses extranjeros; y el emperador disfrutó sin ambages unos instantes de reposo en los jardines de palacio.

–Hubiera sido lamentable que el ejército hitita destruyese tan hermosa ciudad –le dijo a Ramsés–; la emperatriz está encantada con el viaje. Puesto que estamos en paz, ¿me permite mi hermano solicitar un favor?

La relativa pasividad de Hattusil comenzaba a intrigar a Ramsés; luchando contra el hechizo de Egipto, el estratega tomaba la iniciativa.

–La emperatriz y yo mismo estamos deslumbrados por tantas maravillas, pero a veces hay que pensar en realidades menos risueñas –prosiguió Hattusil–; hemos firmado un tratado de ayuda mutua en caso de agresión contra nuestros respectivos países, y me gustaría observar el estado del ejército egipcio. ¿Me autoriza el faraón a visitar el cuartel principal de Pi-Ramsés?

Si Ramsés respondía que se trataba de un «secreto militar» o dirigía al emperador hacia un cuartel secundario, Hattusil sabría que estaba preparando una jugarreta; era el momento de la verdad, y por ello había aceptado ese viaje.

–Merenptah, mi hijo menor, es el general en jefe del ejército egipcio. Él acompañará al emperador del Hatti en su visita al cuartel principal de Pi-Ramsés.

Tras un banquete organizado en honor de la emperatriz Putuhepa, Hattusil y Ramsés dieron un paseo junto a un estanque cubierto de lotos azules y blancos.

–Experimento un sentimiento que me era desconocido hasta ahora –reconoció Hattusil–: la confianza. Sólo Egipto sabe crear seres de tus dimensiones, hermano Ramsés... Haber logrado moldear una auténtica amistad entre dos soberanos dispuestos antaño a destruirse es un milagro. Pero tú y yo envejecemos y debemos pensar en nuestra sucesión... ¿A quién has elegido entre tus innumerables hijos reales?

–Kha es un hombre de ciencia, profundo, ponderado, capaz de apaciguar los espíritus en cualquier circunstancia y de convencer sin forzar; sabrá preservar la coherencia del reino y madurar sus decisiones. Merenptah es valeroso. Sabe mandar y administrar, la casta de los militares le ama y la de los altos funcionarios le teme. Ambos son aptos para reinar.

–Dicho de otro modo, dudas todavía; el destino te enviará una señal. Con semejantes hombres, no me preocupa el porvenir de Egipto. Sabrán prolongar tu obra.

–¿Y tú sucesión?

–La tomará un mediocre, elegido entre mediocres. El

Hatti declina, como si la paz hubiera cercenado su virilidad y le hubiera arrebatado cualquier ambición; pero no lo lamento en absoluto, pues no había otra elección. Al menos habremos vivido algunos años tranquilos y habré ofrecido a mi pueblo una felicidad que antes no había conocido. Por desgracia, mi país no sabrá evolucionar y desaparecerá. Ah... tengo que hacerte otra petición. En mi capital no suelo caminar tanto y mis pies están doloridos. Me han insinuado que la médico en jefe del reino es muy competente y que, por añadidura, se trata de una mujer muy hermosa.

Neferet abandonó la gran sala de recepciones de palacio, donde conversaba con Putuhepa, para ocuparse de los dedos de los pies del emperador.

–Se trata de una enfermedad que conozco y que puedo tratar –afirmó tras examinarlos–. Primero aplicaré una pomada a base de ocre rojo, miel y cáñamo. Mañana por la mañana utilizaré otro remedio compuesto de hojas de acacia y de azufaifo, polvo de malaquita y el interior de un mejillón, todo machacado y pulverizado. Esta segunda pomada os producirá una agradable sensación de frescor, pero tendréis que caminar con los tobillos vendados.

–Si os ofreciera una fortuna, Neferet, ¿querríais venir conmigo al Hatti y ser mi médico personal?

–Bien sabéis que no, majestad.

–De modo que nunca podré vencer a Egipto –dijo Hattusil con una leve sonrisa.

53

Bellos-Muslos silbaba una canción a la gloria de Ramsés mientras caminaba, con su asno cargado de alfarería, hacia la frontera noroeste del Delta. No lejos de la costa corroída por las olas del Mediterráneo, el mercader ambulante tomaba sinuosos senderos para dirigirse a una aldea de pescadores donde estaba seguro de vender su producción.

Bellos-Muslos estaba orgulloso del nombre que le habían puesto las muchachas que presenciaban las carreras de velocidad entre varones por la arena húmeda, junto al mar; desde hacía más de dos años, ningún competidor había conseguido vencerle. Y las admiradoras apreciaban el esfuerzo de los atletas desnudos, que desplegaban sus energías para seducirlas. Gracias a sus muslos, el corredor más rápido del oeste del Delta no podía contar sus conquistas.

Pero aquel éxito también tenía su parte negativa, pues a las damiselas les gustaban los adornos y Bellos-Muslos tenía que hacer buenos negocios para mantenerse a la altura de su fama de campeón soberbio y generoso. De manera que recorría los caminos con ardor, para obtener el máximo beneficio de su comercio.

Unas grullas pasaron por encima de su cabeza, precediendo las nubes bajas empujadas por el viento; observando la posición del sol, Bellos-Muslos comprendió que no llegaría a su meta antes de que anocheciese. Mejor sería detenerse en una de las cabañas de caña que jalonaban la pista, pues cuando las tinieblas hubieran invadido la zona costera, peligrosas criaturas saldrían de sus cubiles y agredirían a los imprudentes.

Bellos-Muslos descargó su asno, lo alimentó y después hizo brotar una llama con sílex y un bastón de fuego. Degustó dos pescados asados y bebió el agua fresca conservada en una jarra. Luego se tendió en su estera y se durmió.

Cuando estaba soñando con su próxima carrera y su nuevo triunfo, un insólito ruido le despertó. El asno rascaba el suelo con su pezuña delantera. Una señal inequívoca de que acechaba algún peligro.

Bellos-Muslos se levantó, apagó el fuego y se ocultó tras unos matorrales espinosos. Hizo bien, pues unos treinta hombres armados, cubiertos con cascos y corazas, surgieron de la oscuridad. La luna era llena aquella noche y le permitió ver claramente al jefe del grupo. Llevaba la cabeza desnuda, sus cabellos eran largos y tenía el pecho cubierto de bello rojizo.

–Aquí había un espía y ha huido –exclamó Uri-Techup clavando su lanza en la estera.

–No lo creo –objetó un libio–; mira esos cacharros y el asno: es un mercader ambulante que ha decidido descansar aquí.

–Todas las aldeas al oeste de esta zona están bajo nuestro control; hay que encontrar al espía y acabar con él. Despleguémonos.

Habían transcurrido cuatro años desde la visita del emperador Hattusil y la emperatriz Putuhepa. Las relaciones entre Egipto y el Hatti seguían siendo muy buenas y el espectro de la guerra se había desvanecido. Un regular flujo de visitantes hititas acudía a admirar los paisajes y las ciudades del Delta.

Las dos esposas hititas de Ramsés se entendían a las mil maravillas; las ambiciones de Mat-Hor se habían disuelto debido a su lujosa existencia, y su compatriota saboreaba glotonamente la cotidianidad. Juntas y sin lamentarlo, habían admitido que Ramsés el Grande, de setenta años de edad, se había convertido en una leyenda viva, fuera de su alcance. Y el faraón, tras descubrir que los fuegos destructores no lamían ya el alma de ambas reinas, había aceptado su presencia en algunas ceremonias oficiales.

En el año 43 de su reinado, ante la insistente petición de Kha, Ramsés había celebrado su quinta fiesta de regeneración, en presencia de la comunidad de los dioses y las diosas, llegados a la capital en forma de estatuas animadas por el *ka*. En adelante, el faraón tendría que recurrir frecuentemente al procedimiento ritual para poder soportar el peso de la edad, cada vez más abrumador.

Y Ramsés tenía que ponerse también, regularmente, en manos de Neferet, la médico en jefe. Ignorando el mal humor de su ilustre paciente, al que a veces le costaba aceptar el envejecimiento, le evitaba los sufrimientos dentales y frenaba la evolución de la artrosis. Gracias a sus tratamientos, la vitalidad del monarca seguía intacta y su ritmo de trabajo no se hacía más lento.

Tras haber despertado el poder divino en su santuario y celebrado los ritos del alba, Ramsés hablaba con el visir, Ameni y Merenptah, el trío encargado de concretar sus directrices. Por la tarde, estudiaba con Kha los grandes rituales del Estado y les daba nuevas formulaciones.

El rey iba apartándose poco a poco de la administración del país, y acudía a menudo a Tebas para ver a su hija Meritamón y recogerse en su templo de millones de años.

Cuando Ramsés regresó a Karnak, donde el sumo sacerdote Bakhen realizaba su tarea con general satisfacción, un preocupado Merenptah acudió a recibirlo al puerto de Pi-Ramsés.

–Acaban de darme una información inquietante, majestad.

El general en jefe del ejército egipcio condujo personalmente el carro real hasta palacio.

–Si los hechos son ciertos, majestad, debo acusarme de una culpable ligereza.

–Explícate, Merenptah.

–Al parecer, una pandilla armada a las órdenes de Malfi ha atacado el oasis de Siwa, junto a la frontera libia.

–¿De cuándo data la información?

–De hace unos diez días.

–¿Por qué dudas de ella?

–Porque la identificación del oficial encargado de la seguridad del oasis no es correcta; pero tal vez la urgencia y el ardor de la acción sean la causa del error. Si el oasis ha sido atacado, debemos reaccionar de inmediato; y si se trata de Malfi, hemos de acabar de raíz con su revuelta.

–¿Por qué te consideras responsable, hijo mío?

–Porque no he estado alerta, majestad; la paz con el Hatti me hizo olvidar que la guerra podría brotar al oeste. Y el maldito Uri-Techup sigue en libertad... Permíteme que vaya a Siwa con un regimiento y aplaste la sedición.

–¡Pese a tus treinta y ocho años, Merenptah, sigues teniendo el ardor de la juventud! Un oficial experimentado se encargará de la misión. Por tu parte, pon en estado de alerta nuestras fuerzas.

–¡Os juro que eran bandidos libios! –le repitió Bellos-Muslos al somnoliento guardia fronterizo.

–No digas tonterías, pequeño; por aquí no hay libio alguno.

–He corrido hasta perder el aliento, ¡querían matarme! Si no hubiera sido un campeón, me habrían alcanzado. Cascos, corazas, espadas, lanzas... ¡Un verdadero ejército!

Tras una serie de bostezos, el guardia fronterizo miró al joven con malos ojos.

–La cerveza fuerte se te ha subido a la cabeza... ¡Deja de beber! Los borrachos acaban mal.

–Había luna llena –insistió Bellos-Muslos–; pude ver a su jefe antes de huir. Un coloso de largos cabellos, con el pecho cubierto de bello rojizo.

Aquellos detalles despertaron al funcionario. Como el conjunto de oficiales del ejército, la policía y las aduanas, había recibido un dibujo que representaba al criminal Uri-Techup, con la promesa de una buena prima para quien contribuyera al arresto del hitita.

El guardia fronterizo blandió el retrato ante los ojos de Bellos-Muslos.

–¿Es él?

–Sí, ¡él es el jefe!

A lo largo de la franja desértica occidental del Delta, entre el territorio egipcio y el mar, la administración militar había hecho construir fortines bajo los cuales habían nacido algunas aldeas. Estaban separados unos de otros por una jornada de carro o dos días de marcha rápida. Y las guarniciones tenían la orden de avisar a los generales de Pi-Ramsés y Menfis ante el menor movimiento sospechoso de los libios. Aquélla era una región que el alto mando consideraba como rigurosamente vigilada.

Cuando el gobernador militar de la zona fronteriza recibió un informe alarmista basado en las declaraciones de un mercader ambulante, se guardó mucho de transmitirlo a sus superiores por temor a ponerse en ridículo. La eventualidad de la captura de Uri-Techup, sin embargo, le incitó a enviar una patrulla al lugar donde, al parecer, el hitita había sido descubierto.

Por esa razón Nakti y sus hombres, privados de su habitual tranquilidad, avanzaban a marchas forzadas por una región inhóspita, infestada de mosquitos, con una sola idea en la cabeza: terminar realmente cuanto antes aquella penosa misión.

Nakti maldecía a cada paso; ¿cuándo le destinarían por fin a Pi-Ramsés, a un cómodo cuartel, en vez de perseguir a inexistentes enemigos?

–Fortín a la vista, jefe.

«Tal vez los guardias fronterizos nos tomen por imbéciles –pensó Nakti–, pero al menos nos darán bebida y comida, y mañana por la mañana nos pondremos de nuevo en marcha.»

–¡Cuidado, jefe!

Un soldado tiró hacia atrás de Nakti; en el sendero había un enorme escorpión negro, en posición de ataque. Si el oficial, perdido en sus reflexiones, hubiera seguido avanzando, sin duda le habría picado.

–Mátalo –ordenó Nakti a su salvador.

El soldado no tuvo tiempo de tender su arco. Las flechas brotaron de las almenas del fortín y se clavaron en la carne de los egipcios; con la precisión de experimentados arqueros, los libios al mando de Uri-Techup derribaron a todos los miembros de la patrulla de Nakti.

Con su daga de hierro, el propio hitita degolló a los heridos.

54

Como todas las mañanas, el gobernador militar de la zona fronteriza con Libia acudió a su despacho para consultar los informes enviados desde los fortines; por lo general, la tarea acababa enseguida, pues en las tablillas de madera figuraba una sola mención: «Sin novedad».

Aquella mañana, sin embargo, no recibió ningún informe.

Era inútil buscar al culpable: el soldado encargado de la distribución del correo oficial todavía no se habría levantado. Furioso, el gobernador militar se prometió privarle de sus funciones y nombrarle lavandero. En el patio del fortín, un soldado manejaba sin muchas ganas su escoba; dos jóvenes infantes se entrenaban en el manejo de la espada corta. El gobernador marchó rápidamente hacia el barrio de los carteros y los exploradores.

En las esteras no había nadie.

Estupefacto, el gobernador se preguntó a qué se debería aquella anomalía; ni informes ni soldados encargados de transmitirlos... ¿Cuál sería la causa de tan increíble desorden?

El oficial se quedó boquiabierto cuando, de pronto, la puerta del fortín fue derribada por los golpes de un ariete manejado por desencadenados libios, con una pluma hincada en sus cabellos.

Terminaron a hachazos con el barrendero y los dos infantes, y después partieron el cráneo del gobernador, quien se había quedado tan petrificado que ni siquiera había intentado huir. Uri-Techup escupió sobre el cadáver.

–El oasis de Siwa no ha sido atacado –le dijo el oficial superior a Merenptah–; hemos sido víctimas de una información falsa.

–¿Muertos?

–Ni muertos ni sedición; he ido hasta allí para nada.

A solas, Merenptah fue presa de la angustia; ¿no habrían distraído su atención para poder atacar en otra parte?

Sólo Ramsés podría apreciar la magnitud del peligro.

Cuando Merenptah subía a su carro, su ayuda de campo corrió hacia él.

–General, hemos recibido un mensaje de una guarnición cercana a la frontera libia... ¡Un ataque en masa contra nuestros fortines! La mayor parte de ellos ha caído ya y, al parecer, han matado al gobernador de la zona.

Los caballos de Merenptah nunca habían galopado a tanta velocidad. Saltando en marcha de su carro, el hijo menor del rey subió corriendo la escalera de palacio. Con la ayuda de Serramanna, interrumpió la audiencia que el faraón concedía a los jefes de provincia.

A Ramsés le bastó con ver el rostro descompuesto de Merenptah para comprender que acababa de suceder algo grave. De modo que despidió a sus huéspedes prometiéndoles una próxima entrevista.

–Majestad –declaró el general en jefe–, probablemente los libios han invadido el noroeste del Delta; desconozco la gravedad del desastre.

–¡Uri-Techup y Malfi! –exclamó Serramanna.

–Efectivamente, el hitita aparece mencionado en el deslavazado informe que he recibido. Y Malfi ha conseguido reunir los clanes libios que luchaban entre sí. Nuestra reacción debe ser violenta y rápida... A menos que se trate de una nueva trampa, como la de Siwa.

Si el grueso de las tropas corría hacia el noroeste del Delta y se trataba de una añagaza, Malfi atacaría a la altura de Tebas y no encontraría resistencia alguna. Pasaría a sangre y fuego la ciudad santa del dios Amón.

La decisión de Ramsés comprometía el porvenir de todo Egipto.

–Majestad –dijo Serramanna con timidez–, me prometisteis...

–No lo he olvidado: vendrás conmigo.

Ojos negros y crueles en un rostro cuadrado; Malfi era considerado por sus hombres la encarnación de un demonio del desierto, capaz de ver por la espalda y desgarrar a cualquiera de sus adversarios con sus dedos cortantes como dagas. Después de largas conversaciones, casi todas las tribus libias se habían colocado bajo su mando porque había sabido atizar su viejo odio contra Egipto. Frente a la ferocidad de los guerreros libios, debilitados tras un largo período de paz, emprenderían la huida. Y la presencia del hitita Uri-Techup, cuya valentía era muy conocida, galvanizaba a los conquistadores.

–Allí, a menos de dos horas de marcha –dijo Uri-Techup tendiendo el brazo derecho–, están las primeras aldeas del Delta. Pronto nos apoderaremos de ellas. Luego destruiremos Pi-Ramsés, cuyas defensas estarán reducidas al mínimo. Serás proclamado faraón, Malfi, y lo que quede del ejército egipcio se colocará a tus órdenes.

–¿Es infalible tu estrategia, Uri-Techup?

–Lo es, conozco bien a Ramsés. La diversión de Siwa le habrá turbado y convencido de que hemos decidido abrir varios frentes. Su prioridad será proteger Tebas y sus templos; por ello enviará dos regimientos al Sur, sin duda al mando de Merenptah. El tercero se encargará de la seguridad de Menfis. Y como Ramsés tiene la vanidad de creerse invencible, se pondrá a la cabeza del cuarto para aniquilarnos. Sólo tendremos ante nosotros algunos millares de hombres, Malfi, y les venceremos fácilmente. Sólo te pido un favor: déjame matar a Ramsés con mi daga.

El libio asintió con la cabeza. Habría preferido disponer de más tiempo para seguir entrenando a sus tropas, pero la alerta dada por un mercader ambulante le había obligado a adelantar el ataque.

Un solo regimiento no asustaba a Malfi. Los libios deseaban combatir; multiplicado por la droga, su ardor les daría ventaja sobre los timoratos egipcios.

Una sola consigna: sin cuartel.

–Ahí están –anunció Uri-Techup.

En los ojos de Malfi brilló un fulgor de deseo.

Por fin iba a vengar el honor de Libia, burlado por los faraones desde hacía tantos siglos, arrasar opulentas aldeas y quemar cosechas. Los supervivientes serían esclavos.

–Ramsés marcha a la cabeza de sus tropas –advirtió el hitita exaltado.

–¿Quién va a su derecha?

El rostro de Uri-Techup se ensombreció.

–Su hijo menor, Merenptah.

–¿Pero no debía mandar las tropas acantonadas en Tebas?

–Mataremos al padre y al hijo.

–¿Y el hombre que marcha a la izquierda del rey?

–Serramanna, el jefe de su guardia personal... ¡El destino nos es favorable, Malfi! A éste le desollaré vivo.

Infantes, arqueros y carros se desplegaban por el horizonte, en perfecto orden.

–No hay un solo regimiento –calculó Malfi.

Consternado, Uri-Techup no se atrevió a responder. Minuto a minuto, la vasta llanura se cubría de soldados egipcios.

El libio y el hitita se rindieron a la evidencia: Ramsés había corrido el riesgo de acudir a su encuentro con los cuatro regimientos de los dioses Amón, Ra, Ptah y Set. Era la totalidad de las fuerzas de ataque egipcias la que se disponía a caer sobre sus enemigos.

Malfi apretó los puños.

–¡Y creías conocer bien a Ramsés, Uri-Techup!

–Su estrategia es aberrante... ¿cómo se atreve a correr tanto riesgo?

El libio comprobó que la retirada era imposible. Los arqueros nubios, al mando del virrey Setaú, le cerraban el camino.

–Un libio vale, al menos, por cuatro egipcios –aulló Malfi dirigiéndose a sus hombres–. ¡Al ataque!

Mientras Ramsés permanecía impasible en su carro, los libios se lanzaron al asalto de la primera línea egipcia; los infantes se arrodillaron, para posibilitar que los arqueros apuntaran, diezmando con sus disparos al adversario.

Los arqueros libios respondieron, pero con menor eficacia; y la segunda oleada de asalto, demasiado desordenada, se rompió contra los infantes del regimiento de Set; se produjo el contraataque de los carros: por orden de Merenptah, destrozaron a los rebeldes, quienes pese a las invectivas de Malfi, iniciaron la desbandada.

Los fugitivos chocaron con los nubios de Setaú, cuyas flechas y lanzas fueron devastadoras. Entonces no cupo ninguna duda sobre el resultado del combate; la mayoría de los libios, abrumados por el número, depuso las armas.

Ebrio de furor, Malfi reunió a su alrededor a sus últimos partidarios; Uri-Techup había desaparecido. Sin pensar ya en el cobarde que le había abandonado, el libio sólo tenía una idea en la cabeza: matar el mayor número de egipcios. Y su primera víctima sería Merenptah, que estaba al alcance de su lanza.

En pleno combate, las miradas de ambos hombres se cruzaron. Pese a la distancia que los separaba, el hijo menor de Ramsés percibió el odio del libio.

Las dos lanzas surcaron el aire al mismo tiempo.

La de Malfi rozó el hombro de Merenptah, la del general en jefe se clavó en la frente del libio.

Malfi permaneció inmóvil unos instantes, vaciló y se derrumbó.

Serramanna estaba pasando una agradable jornada. Manejando la pesada espada de doble filo con notable destreza, ya había perdido la cuenta del número de libios a los que había hecho pedazos. La muerte de Malfi desalentó a sus últimos partidarios y el gigante sardo pudo detenerse.

Al volverse hacia Ramsés, lo que vio le dejó aterrorizado.

Tocado con un casco y protegido por una coraza que cubría su vello rojizo, Uri-Techup había conseguido infiltrarse en las filas egipcias y acercarse, por detrás, al carro real.

El hitita iba a asesinar a Ramsés.

Gracias a una carrera enloquecida, derribando a los hijos reales, Serramanna consiguió interponerse entre el carro y Uri-Techup, pero no evitó el violento golpe que propinó el hitita. La daga de hierro se hundió en el pecho del gigante sardo.

Mortalmente herido, Serramanna aún tuvo fuerzas para agarrar el gaznate de su enemigo jurado, al que estranguló con sus dos enormes manos.

–¡Has fracasado, Uri-Techup, estás vencido!

El sardo sólo soltó su presa cuando el hitita dejó de respirar. Entonces, como una fiera que sintiera la proximidad de la muerte, se tendió de lado.

Ramsés sostuvo la cabeza del hombre que acababa de salvarle.

–Habéis obtenido una gran victoria, majestad... Y qué hermosa vida he tenido, gracias a vos...

Orgulloso de su hazaña postrera, el sardo partió hacia el más allá entregando el alma en brazos de Ramsés.

55

Jarros y aguamaniles de plata maciza con bordes de oro y unos quince kilos de peso, mesas de ofrenda de oro y plata de más de tres quintales, una barca de pino del Líbano cubierta de oro de sesenta y cinco metros de largo, chapas de oro destinadas a adornar las columnas, cuatrocientos kilos de lapislázuli, ochocientos de turquesas, ésos eran, entre otros muchos más, los tesoros que Ramsés ofreció a los templos de Tebas y Pi-Ramsés para agradecer a las divinidades que le hubieran concedido la victoria sobre los libios y hubieran salvado Egipto de la invasión.

Y el cuadragésimo quinto año de su reinado había visto el nacimiento de un nuevo templo de Ptah, en Nubia, en Gerf Hussein, donde una antigua gruta sagrada había sido transformada por Setaú en santuario. El rey había inaugurado aquel pequeño Abu Simbel, excavado también en una montaña de gres; allí, como en otros muchos parajes, se habían erigido colosales estatuas del monarca con su forma de Osiris.

Concluidas las festividades, Ramsés y Setaú contemplaron la puesta de sol sobre el Nilo.

–¿Te estás convirtiendo en un constructor infatigable, Setaú?

–El ejemplo llega de lo alto, majestad: el fuego de Nubia es tan ardiente que debe ser canalizado entre las piedras de los templos. ¿No serán acaso tu voz para la posteridad? Y además, ya tendremos tiempo de descansar en la eternidad. Nuestra corta existencia es lugar de esfuerzo, y sólo el esfuerzo nos concede longevidad.

–¿Tienes dificultades en tus nuevas funciones?

–Nada serio. Durante tu reinado, Ramsés, has puesto fin a la guerra. Paz con el Hatti, paz en Nubia, paz impuesta a Libia... Esta obra tiene la belleza de un edificio grandioso y contará entre tus más hermosas creaciones. ¡Esté donde esté, Acha debe ser muy feliz!

–Pienso a menudo en el sacrificio de Serramanna; ofreció su vida para salvarme.

–Todos tus amigos habríamos actuado como él, majestad. ¿Cómo podría ser de otro modo si eres nuestro portavoz ante el más allá?

Plantado durante el primer año del reinado de Ramsés, en el jardín del palacio de Tebas, el sicomoro se había convertido en un árbol magnífico que dispensaba una sombra bienhechora. Bajo su follaje, Ramsés había escuchado a su hija tocando el laúd, acompañada por el canto de los paros.

Como todos los días, los sacerdotes de los templos de Egipto se habían purificado con el agua de los lagos sagrados y habían celebrado los ritos en nombre del faraón; como todos los días, se habían llevado alimentos a los santuarios, grandes y pequeños, para ofrecérselos a las divinidades antes de ser distribuidos a los humanos. Como todos los días, el poder divino había despertado y la diosa Maat había podido decir al rey: «Vives en mí, el perfume de mi rocío te vivifica, tus ojos son Maat». La hija de Ramsés y Nefertari dejó el laúd al pie del sicomoro.

–Eres la reina de Egipto, Meritamón.

–Cuando me hablas así, majestad, es porque te dispones a turbar mi quietud.

–La avanzada edad me domina, Meritamón. Bakhen trabaja más horas de las que tiene el día para velar por la prosperidad de Karnak. Sé tú, hija mía, la guardiana de mi templo de millones de años. Gracias a su magia, tu madre y yo vencimos la adversidad; procura que los ritos y las fiestas se celebren en el momento adecuado, de modo que la energía del Ramesseum siga irradiando.

Meritamón besó la mano del rey.

–Padre mío... Sabes muy bien que nunca nos abandonarás.

–Afortunadamente, ningún hombre escapa a la muerte.

–¿No triunfaron sobre ella los faraones? Aunque te haya dado golpes muy duros, has resistido y creo, incluso, que la has domesticado.

–Pero ella tendrá la última palabra, Meritamón.

–No, majestad; la muerte dejó pasar la ocasión de aniquilarte. Hoy, tu nombre está en todos los monumentos de Egipto y tu fama ha superado nuestras fronteras; Ramsés ya no puede morir.

La revuelta de los libios había sido aplastada, reinaba la paz, el prestigio de Ramsés no dejaba de crecer, pero los asuntos espinosos seguían amontonándose sobre la mesa de Ameni, cada vez más gruñón. Y ni el general en jefe Merenptah ni el sumo sacerdote Kha podrían solucionar el insoluble problema con el que el secretario particular del rey estaba rompiéndose la cabeza. El propio visir se había declarado incompetente. ¿A quién recurrir, si no a Ramsés?

–No reprocho a tu majestad que viaje –declaró Ameni–; pero cuando estás lejos de la capital, los problemas tienden a acumularse.

–¿Está en peligro nuestra prosperidad?

–Sigo pensando que, en una arquitectura monumental, el más minúsculo defecto puede acarrear su ruina. Yo no trabajo con lo grandioso, sino con las dificultades cotidianas.

–Ahórrame un largo discurso.

–He recibido una queja del alcalde de la ciudad de Sumenu, en el Alto Egipto; el pozo sagrado que alimenta la localidad está secándose, y el clero local se confiesa incapaz de impedir la catástrofe.

–¿Has mandado ya especialistas?

–¿Estás acusándome de no cumplir debidamente mis funciones? Todo un ejército de técnicos ha fracasado. Y me encuentro con ese pozo recalcitrante y una población angustiada.

Varias amas de casa se habían reunido a orillas de uno de los canales que irrigaban los campos de la ciudad de Sumenu. A media tarde iban a lavar la vajilla, a una distancia considerable de las lavanderas, para quienes se reservaba otra porción del canal. Charlaban, se hacían confidencias, murmuraban chismes y no se privaban de criticar a ésta o aquélla. La lengua más viperina de la ciudad era la de Morenita, la hermosa esposa de un carpintero.

–Si el pozo se seca –dijo–, tendremos que abandonar la ciudad.

–¡Imposible! –protestó una sirvienta–; mi familia vive aquí desde hace varias generaciones y no quiero que mis hijos crezcan lejos de Sumenu.

–¿Cómo lo harás sin el agua del pozo?

–¡Los sacerdotes deben intervenir!

–Han fracasado. Incluso los más sabios de todos ellos han sido incapaces de remediar la calamidad.

Un anciano ciego y cojo se aproximó al grupo de mujeres.

–Tengo sed... Dadme de beber, os lo ruego.

Morenita intervino con rigor.

–¡No nos molestes, pordiosero! Gánate la vida y podrás beber.

–La suerte acabó, la enfermedad me abruma y...

–Ya hemos oído demasiadas fábulas. Lárgate o te apedrearemos.

El ciego se batió en retirada, las conversaciones se reanudaron.

–¿A mí tampoco me daréis agua?

Las mujeres se volvieron, subyugadas por el sexagenario que se dirigía a ellas. Era fácil reconocer, por su prestancia, a un poderoso personaje.

–Señor –dijo Morenita–, estamos dispuestas a satisfaceros.

–¿Por qué habéis rechazado a aquel infeliz?

–Porque es un inútil y nos molesta sin cesar.

–Recordad la ley de Maat: «No os burléis de los ciegos, no ridiculicéis a los enanos, no hagáis daño alguno a los cojos, pues todos, sanos o tullidos, estamos en manos de Dios. Que nadie quede abandonado y sin cuidados».

Avergonzadas, las amas de casa bajaron los ojos; pero Morenita se rebeló.

–¿Quién sois vos para hablarnos en ese tono?

–El faraón de Egipto.

Petrificada, Morenita se refugió entre las faldas de sus compañeras.

–Un maleficio pesa sobre el pozo principal de Sumenu a causa de vuestra actitud, despectiva y despreciable, para con ese infeliz: ésa es la conclusión a la que he llegado, tras haber pasado aquí varios días.

Morenita se prosternó ante Ramsés.

–¿Bastará con que rectifiquemos nuestra actitud para salvar el pozo?

–Habéis enojado al dios que lo habita y debo apaciguarlo.

Cuando la monumental estatua del dios Sobek, hombre con cabeza de cocodrilo sentado en un trono, salió del taller de los escultores de la Casa de Vida de Sumenu, los habitantes de la ciudad se apretujaron a su paso. Tirada por un equipo de talladores de piedra que la hacían resbalar sobre unos troncos dispuestos en el mojado suelo, la efigie progresó lentamente hacia el pozo principal, donde la aguardaba Ramsés, que recitó personalmente las letanías rogando a Sobek que hiciera brotar del Nun, el océano primordial que rodea la tierra, el agua indispensable para la supervivencia de los humanos.

Luego, el rey ordenó a los artesanos que bajaran al dios hasta el fondo del pozo, donde llevó a cabo su obra de vida.

Al día siguiente, el pozo de Sumenu proporcionaba de nuevo el precioso líquido a los habitantes de la ciudad, que organizaron un banquete en el que se codearon el ciego y la esposa del carpintero.

56

Nacido de padre egipcio y madre fenicia, Hefat había hecho una brillante carrera. Alumno aplicado, había ingresado antes de tiempo en la Universidad de Menfis, donde sus dotes en matemáticas habían deslumbrado a profesores exigentes.

Al terminar sus estudios había dudado mucho entre varios puestos antes de entrar en el servicio central de hidrología que se encargaba de las aguas del Nilo, desde las previsiones sobre la crecida hasta los métodos de irrigación.

Con el transcurso de los años, Hefat se había convertido en interlocutor obligado del visir, los ministros y los jefes de provincia. Su habilidad para halagar a sus superiores le había permitido avanzar regularmente en la jerarquía, haciendo olvidar que su modelo había sido Chenar, el hermano primogénito del faraón. Chenar, traidor a su patria, pero cortesano y político de fascinante ambición. Por fortuna, Hefat se había mostrado prudente evitando tomar abiertamente partido a favor de Chenar, que había tenido un fin trágico.

Con unos dinámicos cincuenta años, casado y padre de dos hijos, Hefat parecía un notable acomodado en lo más alto de una administración cuyos mecanismos controlaba con mano dura. ¿Quién podría haber imaginado que se trataba del último miembro importante de una red de influencias organizada por Chenar con el único propósito de conquistar el trono?

Esos lejanos recuerdos deberían haber permanecido enterrados en el pasado, pero el alto funcionariado había conocido al mercader fenicio Narish, cuya fortuna le había deslumbrado y Hefat había llegado a la conclusión de que un hombre de su calidad, que dispusiera de su competencia, podía llegar a ser también muy rico.

Cenando con el fenicio, a Hefat se le habían abierto los ojos. Ramsés pronto cumpliría los setenta y entregaría el gobierno del país a hombres convencionales, incapaces de tomar iniciativas. Su hijo mayor, Kha, era un místico alejado de las exigencias de la Administración; Merenptah obedecía ciegamente a su padre y quedaría desamparado cuando éste desapareciera; y Ameni, escriba envejecido, sería marginado.

Pensándolo bien, el poder vigente era mucho más frágil de lo que parecía. Obligado a recurrir a la magia de las fiestas de regeneración y a los cuidados de Neferet, la médico en jefe, Ramsés declinaba.

¿No había llegado el momento de dar el golpe decisivo y realizar el sueño de Chenar?

Merenptah introdujo al embajador del Hatti en la gran sala de audiencias del palacio de Pi-Ramsés. El diplomático estaba solo, sin la cohorte habitual de portadores de regalos; se inclinó ante Ramsés.

–Majestad, tengo que comunicaros una triste noticia: vuestro hermano, el emperador del Hatti, acaba de morir.

La memoria del faraón se llenó de numerosas escenas, desde la batalla de Kadesh a la visita a Egipto del emperador del Hatti. Hattusil había sido un adversario temible antes de comportarse como un aliado leal; con él, Ramsés había edificado un mundo mejor.

–¿Ha sido designado su sucesor?

–Sí, majestad.

–¿Está decidido a respetar el tratado de paz?

A Merenptah se le hizo un nudo en la garganta.

–Las decisiones de nuestro difunto emperador comprometen a sus sucesores –respondió el embajador–. Ni una sola cláusula del tratado será cuestionada.

–Transmitirás mi pésame y mis afectuosos pensamientos a la emperatriz Putuhepa.

–Lamentablemente, majestad, la emperatriz estaba enferma y la muerte del emperador Hattusil precipitó su fin.

–Asegura al nuevo dueño del Hatti mi amistad y mi benevolencia; que sepa que no le faltará la ayuda de Egipto.

En cuanto el embajador se marchó, Ramsés se dirigió a su hijo.

–Ponte inmediatamente en contacto con nuestros informadores y que me envíen, en el más breve plazo, un informe detallado sobre la situación en el Hatti.

El egipcio Hefat recibió al fenicio Narish en su hermosa mansión de Pi-Ramsés; le presentó a su esposa y a sus dos hijos, se felicitó por su excelente educación y el hermoso porvenir que les aguardaba. Tras una agradable comida, durante la que se intercambiaron muchas trivialidades, el jefe del servicio de hidrología y el mercader extranjero se retiraron a un quiosco de madera de sicomoro, de columnas finamente trabajadas.

–Vuestra invitación me honra –reconoció el fenicio–, sin embargo me gustaría que me dijerais qué esperáis a cambio. Yo me dedico al comercio, vos sois un técnico superior... No tenemos ningún punto en común.

–He oído decir que la política comercial de Ramsés no os satisfacía.

–Su ridículo cuestionamiento de las bases de la esclavitud nos perjudica, es cierto; pero Egipto acabará comprendiendo que está aislado y que su posición es insostenible.

–Eso podría requerir muchos años... Y a vos, como a mí, nos gustaría enriquecernos sin tardanza.

El fenicio parecía intrigado.

–Capto mal el sentido de vuestro discurso, Hefat.

–Hoy, Ramsés reina sin discusión; pero siempre no fue así. Y ese poder absoluto oculta una debilidad grave: su edad. Y no hablo de la ineptitud de sus dos favoritos para sucederle, Kha y Merenptah.

–No me meto en política, y menos aún en la de Egipto.

–Pero creéis en la omnipotencia del beneficio, ¿no es cierto?

–¿No es acaso el porvenir de la humanidad?

–¡Pues aceleremos este porvenir! Aunque por distintas razones, tanto vos como yo tenemos que vengarnos de Ramsés, un viejo rey incapaz ya de reaccionar. Pero no es esto lo esencial; es posible aprovechar la degeneración del poder central para realizar una fantástica operación de comercio.

–¿De qué tipo?

–Como mínimo, triplicar la riqueza de Fenicia. Y sin duda estoy muy por debajo de la verdad. Es inútil decir que el instigador de ese feliz acontecimiento, vos, Narish, llegará a la cima.

–¿Y vos, Hefat?

–Al principio, prefiero permanecer en la sombra.

–¿Cuál es vuestro plan?

–Antes de desvelarlo, debo asegurarme de vuestro silencio.

El mercader sonrió.

–Mi querido Hefat, la palabra dada sólo tiene valor en Egipto; si os lanzáis a los negocios, tendréis que abandonar muy pronto esta moral arcaica.

El alto funcionario vaciló en dar el paso. Si el fenicio le traicionaba, acabaría sus días en la cárcel.

–De acuerdo, Narish; voy a explicároslo todo.

A medida que Hefat iba hablando, el fenicio se preguntaba cómo era posible que semejante locura hubiera germinado en la cabeza de un súbdito del faraón. Pero él, Narish, no corría peligro alguno, y el egipcio tenía razón: si la operación tenía éxito, obtendrían una fortuna fenomenal y el reinado de Ramsés terminaría en un verdadero desastre.

Merenptah no conseguía dejar de pensar en el episodio libio. Él, general en jefe a cargo de la seguridad del territorio, no había podido desbaratar la maniobra de Malfi. Sin la clarividencia y la audacia de Ramsés, los rebeldes habrían invadido el Delta, saqueado la capital y matado a miles de egipcios.

Beneficiándose de la experiencia, el propio Merenptah había inspeccionado los fortines encargados de observar los desplazamientos de las tribus libias y dar la alarma en caso de peligro. El hijo menor del rey había procedido a indispensables mutaciones, restablecido la disciplina e insistido en la misión vital que cumplían los militares destinados a esa ingrata tarea.

Merenptah no creía en la derrota definitiva de Libia. Ciertamente Malfi había desaparecido, pero otros revanchistas, tan rabiosos como él, le sustituirían predicando la guerra a ultranza contra Egipto. De modo que el general en jefe había comenzado a reforzar la protección del flanco noreste del Delta, con la plena conformidad de Ramsés.

¿Pero cómo evolucionaría la situación en el Hatti? La muerte de Hattusil, soberano inteligente y realista, podía señalar el comienzo de una crisis interna, que el embajador había intentado disimular con unas tranquilizadoras declaraciones. Los hititas no dudarían ni un momento en acceder al trono utilizando el puñal o el veneno, y el anciano emperador tal vez se había equivocado cuando creyó haber aniquilado cualquier forma de oposición. Impaciente por conseguir noticias seguras del Hatti, Merenptah mantenía sus regimientos en pie de guerra.

Aunque no desdeñaba el pescado, *Vigilante* sentía una evidente preferencia por la carne roja; con la mirada tan vivaz como los precedentes representantes de su dinastía, al perro de Ramsés le gustaban las entrevistas con su dueño; una comida sin buenas palabras no tenía el mismo sabor.

El rey y *Vigilante* acababan su almuerzo mano a mano cuando Merenptah llegó a palacio.

–Majestad, tengo todos los informes de nuestros indicadores y he hablado largo rato con el jefe de nuestros agentes destacados en Hattusa.

Ramsés sirvió vino en una copa de plata y se la ofreció a su hijo.

–No me ocultes nada, Merenptah; quiero saber la verdad.

–El embajador del Hatti no nos mintió: el sucesor de Hattusil está firmemente decidido a respetar el tratado de paz y a mantener las excelentes relaciones con Egipto.

57

La crecida del Nilo... Un milagro renovado año tras año, un don de los dioses que despertaba el fervor de la población y su agradecimiento hacia el faraón, el único ser capaz de hacer que las aguas del río subieran para fecundar la tierra.

Y la crecida de ese año era notable: ¡once metros! Desde el comienzo del reinado de Ramsés, el agua vivificadora, que brotaba de las profundidades del océano celestial, jamás había faltado a la cita.

Confirmada la paz con el Hatti, el estío se presentaba rico en festejos y paseos de una población a otra, gracias a múltiples barcas reparadas durante el invierno. Como todos sus compatriotas, el alto funcionario Hefat admiraba el grandioso espectáculo que ofrecía el Nilo, transformado en lago del que emergían los cerros sobre los que se habían construido las aldeas. Su familia se había marchado a Tebas para pasar unas semanas de vacaciones en casa de sus padres, y él tenía las manos libres para actuar a su guisa.

Mientras los campesinos descansaban, los responsables de la irrigación trabajaban sin descanso. Pero Hefat observaba la crecida con otros ojos. Mientras los estanques de reservas se llenaban, separados por diques de tierra que iban rompiéndose a medida que era necesario, Hefat se felicitaba por la genial idea que iba a convertirle en un hombre más rico y poderoso que Ramsés el Grande.

Los altos responsables de la Administración egipcia habían solicitado audiencia a Ramsés para presentarle una proposición que consideraban razonable. Sin ponerse de acuerdo, unos y otros habían llegado a la misma conclusión.

El monarca les había escuchado atentamente. A pesar de que no les había respondido con una negativa categórica, les había desaconsejado la gestión que insinuaban, cuyo éxito, sin embargo, deseaba. Interpretando las palabras de Ramsés como una incitación, el director del Tesoro, a quienes todos sus colegas apreciaban por su valor, había ido a ver a Ameni aquella misma noche, cuando el secretario particular del faraón se quedó solo en su despacho.

Cerca ya de los setenta, Ameni seguía siendo como el estudiante que había jurado fidelidad a Ramsés antes incluso de convertirse en faraón. De tez pálida, enclenque, siempre tan delgado y tan hambriento a pesar de lo mucho que comía, con perpetuos dolores de espalda que no le impedían soportar fatigas que habrían deslomado a cualquier coloso, trabajador encarnizado, preciso y meticuloso, dormía pocas horas y examinaba personalmente todos los expedientes.

–¿Algún problema? –le preguntó al director del Tesoro.

–No exactamente.

–¿A qué se debe esta visita, entonces? Estoy trabajando.

–Nos hemos reunido, bajo la dirección del visir y...

–¿Nos? –preguntó Ameni.

–Bueno... El director de la Doble Casa blanca, el ministro de Agricultura, el...

–Ya veo. ¿Y cuál era el motivo de esta reunión?

–A decir verdad, había dos.

–Veamos el primero.

–Por los servicios prestados a Egipto, vuestros colegas de la Alta Administración desean ofreceros una mansión en la localidad que elijáis.

Ameni dejó el pincel.

–Interesante... ¿Y el segundo motivo?

–Habéis trabajado mucho, Ameni, mucho más de lo que exige la Administración. A causa de vuestra abnegación, sin duda, no habéis pensado en ello... ¿Pero no ha llegado ya, para vos, la hora de retiraros? Una jubilación apacible, en una casa confortable, sin olvidar la estima general. ¿Qué os parece?

El hombre interpretó el silencio de Ameni como un buen augurio.

–Sabía que escucharíais la voz de la razón –concluyó el director del Tesoro, encantado–; cuando mis colegas se enteren de vuestra decisión, se sentirán muy satisfechos.

–No estoy tan seguro de ello.

–¿Perdón?

–Nunca voy a jubilarme –declaró Ameni con ardor–, y nadie, a excepción del faraón, me hará salir de este despacho. Mientras él no exija la dimisión, seguiré trabajando a mi ritmo y con mis métodos. ¿Queda claro?

–Nosotros habíamos pensado que, por vuestro interés...

–Pues no sigáis pensándolo.

Hefat y el fenicio Narish volvieron a verse en casa del egipcio, durante una cálida jornada de estío. El mercader apreció la cerveza fresca, ligera y digestiva que le servían.

–No quisiera mostrarme pretencioso –dijo Narish–, pero creo haber hecho un excelente trabajo: los mercaderes fenicios están dispuestos a comprar Egipto. ¿Pero estáis vos, Hefat, dispuesto a venderlo?

–No he cambiado de opinión.

–¿Fecha exacta?

–Me es imposible violar las leyes de la naturaleza, pero no tendremos que esperar mucho.

–¿Algún obstáculo serio?

Hefat demostró su confianza.

–Gracias a mi posición administrativa, ninguno.

–¿No os será indispensable el sello del sumo sacerdote de Menfis?

–Sí, pero el sumo sacerdote es Kha y está sumido en su búsqueda espiritual y su amor por las antiguas piedras. Ni siquiera advertirá el documento que está firmando.

–Me preocupa un detalle –reconoció el fenicio–; ¿por qué odiáis a vuestro país?

–Gracias a nuestro trato, Egipto no sufrirá en absoluto y se abrirá por fin al mundo exterior, que barrerá sus viejas supersticiones y sus antañonas costumbres, como deseaba mi modelo, Chenar. Él deseaba abatir a Ramsés y yo derribaré al tirano. Los hititas, los libios y los hechiceros han fracasado, y Ramsés ya no desconfía, pero yo, Hefat, lo venceré.

–La respuesta es no –dijo Ameni al jefe de la provincia de los Dos Halcones, un fuerte mocetón de voluntariosa barbilla.

–¿Por qué razón?

–Porque ninguna provincia gozará de privilegios especiales en detrimento de las demás.

–Sin embargo, he recibido el aliento de la Administración Central.

–Es posible, pero ninguna Administración está autorizada a dictar la ley. Si hubiera seguido siempre a nuestros altos funcionarios, Egipto estaría arruinado.

–¿Es una negativa definitiva?

–El sistema de irrigación no va a modificarse, y el agua de los estanques será liberada en el período establecido, no antes.

–En ese caso, exijo ver al rey.

–Os recibirá, pero no le hagáis perder el tiempo.

Perjudicado por la desfavorable opinión de Ameni, el jefe de provincia no tenía posibilidad alguna de obtener la conformidad de Ramsés; ya sólo le quedaba regresar a su capital.

Ameni estaba intrigado.

Por correo o durante entrevistas directas, seis jefes de provincias importantes le habían pedido que confirmara la decisión tomada por los servicios hidrológicos de Menfis: soltar enseguida el agua de los estanques para aumentar la superficie cultivable.

Doble error, pensaba Ameni, pues, por una parte, semejante desarrollo agrícola no era necesario y, por la otra, la irrigación no podía llevarse a cabo de manera brutal, sino progresivamente. Por fortuna, los técnicos ignoraban que la mayoría de los jefes de provincia, con ejemplar discreción, consultaban siempre al secretario particular del rey antes de meterse en terreno resbaladizo.

Si no hubiera tenido tantos problemas que resolver, Ameni habría realizado de buena gana una investigación para identificar a los responsables de tales aberraciones.

El escriba comenzó a estudiar un informe referente a las plantaciones de sauce en el Medio Egipto pero, incapaz de concentrarse, interrumpió su lectura. Decididamente, el incidente era demasiado grave para desdeñarlo.

Ramsés y Kha cruzaron el pilono de acceso al templo de Thot en Hermópolis, atravesaron un patio inundado de sol y fueron recibidos por el sumo sacerdote del dios, en el umbral del templo cubierto. El rey y su hijo admiraron las salas donde sólo penetraban los servidores de Thot, patrón de los escribas y de los sabios, y se recogieron en su santuario.

–Aquí termina mi búsqueda –declaró Kha.

–¿Has descubierto el libro de Thot?

–Durante mucho tiempo creí que se trataba de un escrito muy antiguo, oculto en la biblioteca de un templo. Pero por fin he comprendido que cada una de las piedras de nuestros santuarios era una de las letras de este libro, redactado por el dios del Conocimiento para dar sentido a nuestra vida. Thot ha transmitido su mensaje en cada escultura y cada jeroglífico, y es a nuestro espíritu a quien le corresponde la tarea de reunir lo esparcido, del mismo modo que Isis reunió los fragmentos dispersos del cuerpo de Osiris. Todo nuestro país, padre mío, es un templo a imagen del cielo; y es el faráon quien debe mantener este libro abierto para que los ojos del corazón puedan descifrarlo.

Ningún poeta, ni siquiera Homero, habría encontrado palabras para describir la alegría y el orgullo que sintió Ramsés al escuchar las frases del sabio.

58

Aunque sencilla, la idea del técnico Hefat tendría una temible eficacia: liberar antes de hora las reservas de agua acumuladas en los estanques de irrigación y endosar el error a la Administración, y en primer lugar a Kha, el primogénito de Ramsés, encargado de poner su sello en el documento que comprometía su teórica autoridad de supervisor de los canales.

Tranquilizados por los falsos estudios que Hefat se había encargado de mandarles, los jefes de provincia habían caído en la trampa y habían creído que podían disponer de reservas suplementarias para desarrollar sus cultivos y enriquecer la región. Cuando fueran conscientes de la acumulación de errores, sería demasiado tarde. Ya no habría suficiente agua para la irrigación y la esperanza de las cosechas se reduciría a la nada.

Y los máximos responsables del desastre serían Kha y Ramsés.

Entonces intervendrían Narish y los mercaderes fenicios, que ofrecerían, a precios exorbitantes, los productos que Egipto necesitara; el Tesoro estaría obligado a aceptar sus condiciones y el viejo faraón se vería arrastrado por la tormenta, mientras Hefat recogía los enormes beneficios de la transacción. Si las circunstancias se prestaban a ello, expulsaría al visir para ocupar su lugar; de lo contrario, una vez conseguida su fortuna, se instalaría en Fenicia.

Última formalidad que debía cumplir: pedir a Kha que pusiera su sello. Hefat ni siquiera tendría que ver al sumo sacerdote, quien ordenaría a su secretario que se encargara de la tarea.

Éste recibió cálidamente al técnico.

–Tenéis suerte, el sumo sacerdote está aquí y os recibirá de buena gana.

–No será necesario –protestó Hefat–; no quisiera molestarle.

–Seguidme, os lo ruego.

Hefat fue conducido a una biblioteca donde Kha, vestido con una túnica que parecía cortada en una piel de pantera, estudiaba unos papiros.

–Me satisface veros, Hefat.

–Para mí es un gran honor, príncipe; pero no deseaba interrumpir vuestros estudios.

–¿De qué modo puedo seros útil?

–Una simple formalidad administrativa...

–Mostradme el documento.

La voz de Kha era grave, su tono autoritario; el sumo sacerdote no se parecía al soñador que Hefat había imaginado.

–Es una proposición insólita que exige un examen atento –consideró Kha.

Al técnico se le heló la sangre.

–No, príncipe, sólo un método trivial para facilitar la irrigación.

–¡Sois en exceso modesto! Como soy incapaz de dar una opinión, transmitiré el documento a una personalidad competente.

«Otro especialista», pensó Hefat, tranquilizado; no le costaría convencerle, utilizando su posición preeminente en la jerarquía.

–He aquí a quien va a juzgaros –anunció Kha.

Ramsés apareció en la estancia vestido con una túnica de

lino fino de manga larga y ataviado con sus dos famosos brazaletes de oro, cuyo motivo central, de lapislázuli, representaba un pato silvestre.

La mirada del faraón perforó el alma de Hefat y le obligó a retroceder hasta chocar con los anaqueles cargados de papiros.

–Has cometido un grave error al creer que tu saber bastaría para arruinar a tu país –declaró Ramsés–; ¿ignoras que la avidez es una enfermedad incurable que vuelve sordo y ciego? Aunque estás considerado como uno de nuestros mejores técnicos, has sido muy superficial al pensar que Egipto estaba gobernado por unos incapaces.

–Majestad, os suplico que...

–No malgastes tus palabras, Hefat; no eres digno de utilizarlas. En tu comportamiento distingo la marca de Chenar, la abulia que lleva a un hombre a destruirse traicionando a Maat. Tu porvenir está ahora en manos de los jueces.

Gracias a una rigurosa investigación, Ameni había salvado el país de un peligro inminente. Al rey le habría gustado recompensarle, ¿pero cómo hacerlo sin ofenderle? Entre ambos hombres había bastado una simple mirada de complicidad. Y Ameni había vuelto al trabajo.

Habían transcurrido las estaciones y los días, sencillos y felices, hasta la primavera del quincuagésimo cuarto año del reinado de Ramsés el Grande, quien tras haber consultado a Neferet, la médico en jefe, había tomado una decisión a pesar de sus consejos. Revitalizado por la celebración de su novena fiesta de regeneración, el monarca había sentido deseos de recorrer la campiña egipcia.

El mes de mayo suponía el regreso del fuerte calor, benefactor para los reumatismos del rey.

Era el tiempo de las cosechas. Los campesinos avanzaban manejando una hoz con mango de madera y segaban muy altas las espigas de trigo maduras; luego las reunían en haces y las llevaban a las eras a lomos de asnos de inagotable valor. La confección de los pajares exigía manos expertas, capaces de erigir pirámides truncadas que debían aguantar buena parte del año. Para reforzar el pajar se plantaban dos largos bastones.

En cuanto el faraón entraba en una aldea, los notables le presentaban una mesa de ofrenda cargada de espigas y flores; luego el monarca se sentaba en un quiosco y escuchaba las quejas. Los escribas tomaban notas y las transmitían a Ameni, que había exigido leer todos los informes redactados durante el viaje.

El rey comprobó que, en conjunto, la agricultura iba bien y no existían males sin remedios, aunque no se hubiera alcanzado la perfección. Salvo un campesino de Bani Hasan, cuya vehemencia sorprendió al entorno del faraón, los quejosos no se mostraban agresivos.

–Me paso el día cultivando –se lamentaba– y la noche reparando mis herramientas, corro detrás de mis animales, que no dejan de huir, y ahora llega el inspector de los impuestos y me desvalija. Con su ejército de buitres, me trata de ladrón, me tunde a golpes porque soy incapaz de pagar y encarcela a mi mujer y a mis hijos. ¿Cómo puedo ser feliz?

Todo el mundo temió una reacción violenta de Ramsés, pero éste permaneció impasible.

–¿Deseas formular otra crítica?

El campesino se quedó pasmado.

–No, majestad, no...

–Uno de tus íntimos es escriba, ¿no es cierto?

El hombre no consiguió disimular su turbación.

–Sí, pero...

–Te ha enseñado un texto clásico que se estudia en todas las escuelas de escribas en el que se exalta su oficio para saber denigrar mejor a los demás, y lo has recitado bastante bien; ¿pero realmente sufres todos los males que acabas de describirme?

–Siempre hay animales que huyen y pasan de un campo a otro... Y eso supone querellas.

–Si no logras entenderte amistosamente con tus vecinos, recurre al juez de la aldea. Y no aceptes nunca la injusticia, por ínfima que sea. Así ayudarás a gobernar al faraón.

Ramsés inspeccionó numerosos graneros y ordenó a los medidores de grano que manejaran con rigor el celemín. Luego inauguró en Karnak la fiesta de las cosechas, comenzando por llenar uno de los grandes graneros del dominio de Amón. Sacerdotes y dignatarios advirtieron que, a pesar de su edad, el señor de las Dos Tierras todavía tenía la mano firme y seguro el ademán.

Bakhen, el sumo sacerdote, acompañó a su ilustre huésped por un camino que atravesaba espléndidos campos, cercanos al templo, antes de llegar a un embarcadero. Fatigado, Ramsés había aceptado que le transportaran en una silla de manos.

Bakhen fue el primero que divisó al perezoso que, en vez de trabajar con sus camaradas, dormitaba bajo un sauce. Esperaba que el rey no le viera, pero los ojos de Ramsés eran agudos aún.

–La falta será castigada –prometió el sumo sacerdote.

–Sé indulgente por una vez; ¿acaso no fui yo quien hizo plantar sauces en todo Egipto?

–Ese hombre nunca sabrá lo que os debe, majestad.

–A veces yo también siento la tentación de dormirme bajo un árbol y olvidar el peso de mi función.

No lejos del embarcadero, Ramsés ordenó a los porteadores que le bajaran.

–Majestad –se preocupó Bakhen–, ¿por qué vais a caminar?

–Mira aquella capillita, allí... Está en ruinas.

Un modesto santuario de la diosa de la Cosechas, una cobra hembra, había sufrido numerosos desperfectos causados por el tiempo y la indiferencia; entre las dislocadas piedras crecían los hierbajos.

–Ésa es una verdadera falta –afirmó Ramsés–. Haz que restauren y amplíen esta capilla, Bakhen, proporciónale una puerta de piedra y que una estatua de la diosa, creada por los escultores de Karnak, resida en su seno. Son las divinidades que moldearon Egipto; no debemos desdeñarlas, ni siquiera en sus aspectos más modestos.

El señor de las Dos Tierras y el sumo sacerdote de Amón depositaron flores silvestres al pie del santuario, como homenaje al *ka* de la diosa; en lo alto del cielo, un halcón describía círculos, planeando.

59

En el camino de regreso a la capital, Ramsés se detuvo en Menfis para hablar con su hijo Kha, que acababa de concluir el programa de restauración de los monumentos del Imperio Antiguo y embellecer más aún el templo subterráneo de los toros *Apis*.

En el embarcadero, fue la médico en jefe Neferet, siempre tan hermosa y elegante, la que recibió al rey.

–¿Cómo estáis, majestad?

–Algo cansado y con dolores dorsales, pero el cuerpo aguanta. Parecéis conmovida, Neferet.

–Kha está muy enfermo.

–¿Queréis decir que...?

–Se trata de una enfermedad que conozco pero que no podré curar. El corazón de vuestro hijo está desgastado, los remedios ya no actúan.

–¿Dónde está?

–En la biblioteca del templo de Ptah, entre los textos que tanto ha estudiado.

El rey acudió inmediatamente junto a Kha.

Próximo a los sesenta, el rostro anguloso y severo del sumo sacerdote se había tornado sereno. En sus ojos de un azul oscuro había florecido la paz interior de un ser que, durante toda su vida, se había preparado para enfrentarse al más allá. Ningún temor deformaba sus rasgos.

–¡Majestad! Esperaba tanto veros antes de mi partida...

El faraón tomó la mano de su hijo.

–Que el faraón permita a su humilde servidor descansar en la montaña de vida como un amigo útil a su señor, pues no existe mayor felicidad... Permíteme alcanzar el hermoso Occidente y seguir siendo uno de tus íntimos. He intentado respetar a Maat, he ejecutado tus órdenes cumpliendo las misiones que me has confiado...

La voz grave de Kha se extinguió suavemente, Ramsés la recogió en su seno como si se tratara de un tesoro inalterable.

Kha había sido enterrado en el templo subterráneo de los toros *Apis,* junto a aquellos queridos seres cuya forma animal ocultaba la expresión del poder divino. Ramsés había depositado sobre el rostro de la momia una máscara de oro y había elegido personalmente las piezas del mobiliario fúnebre, muebles, jarras y joyas, otras tantas obras maestras creadas por los artesanos del templo de Ptah y destinadas a acompañar el alma de Kha por los hermosos caminos de la eternidad.

El anciano rey había dirigido la ceremonia de los funerales con sorprendente vigor, dominando su emoción para abrir los ojos y la boca de su hijo, con el fin de que partiera vivo hacia el otro mundo.

Merenptah estaba constantemente dispuesto a socorrer a su padre, pero Ramsés no manifestó debilidad alguna. Sin embargo, Ameni sentía que su amigo de infancia obtenía de lo más profundo de sí mismo la fuerza necesaria para mostrar una dignidad ejemplar frente a la nueva tragedia que le abrumaba.

Se colocó la tapa sobre el sarcófago de Kha, la tumba fue sellada.

Y cuando estuvo fuera de la vista de los cortesanos, Ramsés lloró.

Era una de aquellas mañanas cálidas y soleadas que tanto gustaban a Ramsés. Había cedido a un sumo sacerdote la tarea de celebrar, en su nombre, los ritos del alba y sólo hablaría con el visir al finalizar la mañana. Para intentar olvidar su sufrimiento, el rey trabajaría como de costumbre, aunque le faltara su habitual energía.

Pero sus piernas estaban paralizadas y no consiguió levantarse. Llamó al mayordomo con su imperiosa voz.

Minutos más tarde, Neferet estaba a la cabecera del monarca.

–Esta vez, majestad, tendréis que escucharme y obedecerme.

–Me pedís demasiado, Neferet.

–Por si seguíais dudándolo, vuestra juventud se ha esfumado definitivamente y debéis cambiar de comportamiento.

–Sois el adversario más temible que he debido afrontar.

–Yo no, majestad: la vejez.

–Vuestro diagnóstico... ¡Y no me ocultéis nada, sobre todo!

–Manaña mismo volveréis a caminar, pero utilizando un bastón; y cojearéis un poco a causa de la artrosis de la cadera derecha. Procuraré atenuar el dolor, pero el descanso es indispensable, y en adelante tendréis que evitar esfuerzos. No os sorprendáis si alguna vez os sentís anquilosado, con una sensación de parálisis; sólo será pasajera, si aceptáis varios masajes cotidianos. Algunas noches tendréis dificultades para tenderos por completo; unas pomadas calmantes os ayudarán. Y frecuentes baños con barro del Fayyum completarán el tratamiento medicinal.

–Medicinas... ¿Todos los días? ¡Me consideráis pues un vejestorio impotente!

–Ya os lo he dicho, majestad, ya no sois un joven y no volveréis a conducir vuestro carro; pero si os comportáis como un paciente dócil, evitaréis una rápida degradación de vuestro estado de salud. Algunos ejercicios cotidianos, como caminar o nadar, siempre que no cometáis excesos, preservarán vuestra movilidad. Para ser un hombre que ha olvidado descansar durante toda su vida, vuestro estado general es más bien satisfactorio.

La sonrisa de Neferet consoló a Ramsés. Ningún enemigo había conseguido vencerle, salvo la maldita vejez de la que se quejaba el autor preferido de Nefertari, el sabio Ptahhotep. ¡Pero él había llegado a los ciento diez años cuando redactó sus *Máximas*! Maldita vejez, cuya única ventaja era aproximarle a los seres queridos con quienes tanto había deseado reunirse en los fértiles campos del otro mundo, donde no existía la fatiga.

–Vuestro punto más débil son vuestros dientes –añadió la médico en jefe–; pero velaré por ellos para evitaros cualquier riesgo de infección.

Ramsés accedió a las exigencias de Neferet. En pocas semanas recuperó parte de sus fuerzas, pero había comprendido que su cuerpo, desgastado por el exceso de combates y pruebas, ya sólo era una herramienta envejecida, a punto de quebrarse.

Aceptarlo fue su postrera victoria.

En el silencio y la oscuridad del templo de Set, la formidable potencia del cosmos, Ramsés el Grande tomó su última decisión.

Antes de hacerla oficial en forma de decreto, que tendría fuerza de ley, el señor de las Dos Tierras convocó al visir, los ministros, los altos funcionarios y todos los dignatarios que ocupaban algún puesto de responsabilidad, a excepción de su hijo Merenptah, a quien confió la tarea de establecer el balance de la economía del Delta.

El rey habló largo rato con los hombres y mujeres que, día tras día, seguían edificando Egipto. Durante aquellas entrevistas, Ramsés fue ayudado por Ameni, cuyas numerosas notas resultaron preciosas.

–No has cometido demasiados errores –le dijo a su secretario particular.

–¿Has descubierto alguno, majestad? ¡En ese caso, indícamelo!

–Era sólo una fórmula para testimoniarte mi satisfacción.

–Admitámoslo –gruñó Ameni–; ¿pero por qué has confiado tan extravagante misión a tu general en jefe?

–¿Intentas hacerme creer que no lo has adivinado?

Apoyándose en su bastón, Ramsés caminaba lentamente por una sombreada avenida, en compañía de Merenptah.

–¿Cuáles son los últimos resultados de tus investigaciones, hijo mío?

–Los impuestos de la región del Delta, que tú me pediste que controlara, se han establecido sobre la base de 8.760 contribuyentes; cada patrón vaquero tiene la responsabilidad de quinientos animales, y he contado 13.080 cabreros, 22.430 cuidadores de aves de corral y 3.920 arrieros que se encargan de varios miles de asnos. Las cosechas han sido excelentes, los defraudadores escasos. Como sucede con excesiva frecuencia, la Administración se ha mostrado puntillosa, pero me he mostrado muy firme en que los jefezuelos no deben importunar a la gente honesta y se preocupen más por los tramposos.

–Conoces bien el Delta, hijo mío.

–Esta misión me ha enseñado muchas cosas; hablando con los campesinos, he sentido latir el corazón del país.

–¿Olvidas acaso a los sacerdotes, los escribas y los militares?

–Los he tratado mucho; me faltaba un contacto directo y prolongado con los hombres y mujeres de la tierra.

–¿Qué te parece este decreto?

Ramsés tendió a Merenptah un papiro escrito por su propia mano. Su hijo lo leyó en voz alta.

–«Yo, Ramsés, faraón de Egipto, asciendo al príncipe Merenptah, escriba real, custodio del sello y general en jefe del ejército, a la función de soberano del Doble País.»

Merenptah contempló a su padre, apoyado en su bastón.

–Majestad...

–Ignoro el número de años de existencia que el destino va a concederme, Merenptah, pero ha llegado el momento de asociarte al trono. Actúo de la misma manera que lo hizo mi padre, Seti; soy un anciano, tú eres un hombre maduro que acaba de cruzar el último obstáculo que le había impuesto. Sabes gobernar, administrar y combatir; toma en tus manos el porvenir de Egipto, hijo mío.

60

Habían transcurrido doce años y Ramsés, con noventa y nueve años ya, reinaba sobre Egipto desde hacía sesenta y siete. De acuerdo con su decreto, confiaba a Merenptah el cuidado de gobernar. Pero el hijo menor del rey consultaba con frecuencia a su padre que, para los habitantes de las Dos Tierras, seguía siendo el faraón reinante.

El monarca residía parte del año en Pi-Ramsés y la otra en Tebas, siempre acompañado por el fiel Ameni; pese a su avanzada edad y a los múltiples dolores, el secretario particular del rey seguía trabajando con los mismos métodos de siempre.

Nacía el estío.

Tras haber escuchado las melodías que su hija Meritamón había compuesto, Ramsés efectuaba su paseo cotidiano por la campiña próxima a su templo de millones de años, donde había fijado su residencia. El bastón era ahora su mejor aliado, pues cada paso se le hacía difícil.

En su decimocuarta fiesta de regeneración, celebrada el año anterior, Ramsés había pasado toda una noche conversando con Setaú y Loto, que habían hecho de Nubia una provincia rica y feliz. El robusto encantador de serpientes se había convertido también en un anciano, e incluso la hermosa Loto había cedido a los embates de la avanzada edad. ¡Cuántos recuerdos habían evocado! ¡Cuántas horas exaltantes habían vivido! Y nadie había hablado de un porvenir que ninguno de ellos podía ya moldear.

Al borde del camino, una anciana cocía pan en un horno; el aroma llegó al olfato del rey.

–¿Me das una torta?

El ama de casa, con la cabeza gacha, no pudo reconocer al rey.

–Hago un trabajo ingrato.

–Y que merece ser retribuido, claro... ¿Te bastará este anillo?

La vieja miró la joya y la hizo brillar frotándola con el vuelo de su paño.

–¡Con esto podría comprarme una hermosa casa! Guárdate el anillo y come mi pan... ¿Quién eres tú que posee semejantes maravillas?

La corteza estaba convenientemente dorada; sabores de infancia brotaron de ella, borrando por un instante los tormentos de la vejez.

–Guárdate el anillo, sabes hacer el pan mejor que nadie.

Ramsés pasó gustosamente una hora o dos en compañía de un alfarero. Le gustaba ver cómo sus manos amasaban la arcilla para darle la forma de una jarra que serviría para conservar el agua o alimentos sólidos. ¿Acaso el dios de cabeza de carnero no creaba, a cada instante, el mundo y la humanidad en su torno de alfarero?

El rey y el artesano no se dijeron ni una palabra. Juntos, escuchaban la música del torno, vivían en silencio el misterio de la transformación de una materia informe en un objeto útil y armonioso.

Nacía el estío y Ramsés pensaba en marcharse hacia la capital, donde el calor sería menos asfixiante. Ameni ya no salía de su despacho bien aireado por las altas ventanas, y al rey le sorprendió no encontrarle en su mesa de trabajo.

Por primera vez en su larga carrera, el secretario particular de Ramsés no sólo se había tomado un momento de reposo en pleno día sino que se exponía también al sol, a riesgo de quemarse la pálida piel.

–Moisés ha muerto –declaro Ameni trastornado.

–¿Lo ha conseguido?

–Sí, majestad; ha encontrado su Tierra Prometida, donde su pueblo vivirá en adelante libremente. Nuestro amigo ha llegado al final de su larga búsqueda, el ardor que le animaba se ha transformado en un paraje donde el agua será generosa y la miel abundante.

Moisés... Uno de los arquitectos de Pi-Ramsés, el hombre cuya fe había derrotado muchos años de incierta marcha, el profeta de indestructible entusiasmo. Moisés, hijo de Egipto y hermano espiritual de Ramsés, Moisés, cuyo sueño se había convertido en realidad.

El equipaje del rey y su secretario particular estaba listo. Antes de que terminara la mañana, embarcarían hacia el Norte.

–Acompáñame –le pidió el faraón a Ameni.

–¿Adónde quieres ir?

–¿No es una jornada espléndida? Me gustaría descansar bajo la acacia de mi templo de millones de años, bajo el árbol plantado durante el segundo año de mi reinado.

El tono de voz del monarca hizo que Ameni se estremeciera.

–Estamos a punto de partir, majestad.

–Ven, Ameni.

La gran acacia del templo de millones de años brillaba al sol, y sus hojas verdes rumoreaban bajo la ligera brisa. ¿Cuántas acacias, tamariscos, higueras, perseas, granados, sauces y demás representantes del pueblo de los árboles, que tan querido le era, había hecho plantar Ramsés?

Vigilante, el viejo perro heredero de una dinastía de fieles compañeros del rey, había olvidado sus dolores para seguir a Ramsés. Ni él ni su dueño se preocuparon por el ruidoso ballet de las abejas que, incansables, recogían el néctar de la suntuosa acacia en flor, cuyo sutil perfume alegró el olfato del animal y el del hombre.

Ramsés se sentó contra el tronco del árbol, *Vigilante* se acurrucó a sus pies.

–¿Recuerdas, Ameni, las palabras que pronuncia la diosa de la acacia de Occidente cuando acoge a las almas en el más allá?

–«Recibe esta agua fresca, que tu corazón se apacigüe gracias a ella, gracias a esta agua divina que procede del estanque ritual de la necrópolis; acepta esta ofrenda, para que tu alma reciba en mi sombra.»

–Nuestra madre celestial nos ofrece la vida –recordó Ramsés–, y ella coloca el espíritu de los faraones entre las estrellas infatigables e indestructibles.

–Tal vez tengas sed, majestad. Voy a buscar...

–Quédate, Ameni. Estoy cansado, amigo mío, una fatiga mortal me invade. ¿Recuerdas cuando hablábamos del auténtico poder? A tu entender, sólo el faraón estaba en condiciones de ejercerlo, y tenías razón, siempre que respete la regla de Maat luchando sin cesar contra las tinieblas. Si ese poder se debilita, la solidaridad entre el cielo y la tierra desaparece y la humanidad es librada a la violencia y la injusticia. La historia de un reinado debe ser la de una fiesta, decía mi padre; que tanto el pequeño como el grande reciban del faraón su subsistencia, que no se olvide a uno en beneficio de otro. Hoy, las mujeres van y vienen a su guisa, los niños ríen, los ancianos descansan a la sombra de los árboles. Gracias a Seti, gracias a Nefertari, gracias a los íntimos y a los fieles que han trabajado por la grandeza y el brillo de nuestra civilización, he intentado actuar con rectitud para que el país fuera feliz. Ahora, que los dioses me juzguen.

–¡No, majestad, no te vayas!

Vigilante suspiró. Un suspiro intenso, profundo como el océano primordial, apaciguado como una puesta de sol en el Nilo. Y el último representante de la dinastía de los *Vigilante* se extinguió a los pies de su dueño.

Nacía el estío y Ramsés el Grande acababa de entrar en la eternidad, bajo la acacia de Occidente.

Ameni hizo un gesto que nunca había osado realizar durante ochenta años de indefectible amistad: tomó las manos del faraón entre las suyas y las besó con fervor.

Luego, el portasandalias y secretario particular del faraón se sentó en la posición del escriba y, con un pincel nuevo, trazó algunos jeroglíficos sobre una tablilla de madera de acacia.

–Consagraré el resto de mi existencia a escribir tu historia –prometió–; en este mundo y en el otro, nadie olvidará al Hijo de la Luz.

Título de la edición original: *Ramsès. Sous l'acacia d'Occident*
Traducción del francés: Manuel Serrat,
cedida por Editorial Planeta, S. A.
Diseño: Emil Tröger
Ilustración de la sobrecubierta: Julio Vivas

Círculo de Lectores, S.A. (Sociedad Unipersonal)
Travessera de Gràcia, 47-49, 08021 Barcelona
www.circulolectores.com
3 5 7 9 9 9 0 4 8 6 4 2

Licencia editorial para Círculo de Lectores
por cortesía de Editorial Planeta, S. A.
Está prohibida la venta de este libro a personas que no
pertenezcan a Círculo de Lectores.

Depósito legal: B. 7762-1999
Fotocomposición: Víctor Igual, S.L., Barcelona
Impresión y encuadernación: Printer industria gráfica, s.a.
N. II, Cuatro caminos s/n, 08620 Sant Vicenç dels Horts
Barcelona, 1999. Impreso en España
ISBN 84-226-7622-2
N.º 27144